A Vida Viva

Do autor:

A Tirania do Prazer
A Reinvenção do Mundo
A Força da Convicção
A Vida Viva

Jean-Claude Guillebaud

A Vida Viva

Contra as novas dominações

Tradução
Nicolás Campanário

Copyright © Éditions des Arènes, Paris, 2011
Todos os direitos reservados para todos os países

Título original: *La Vie vivante*

Capa: Raul Fernandes

Editoração: Futura

Texto revisado segundo o novo
Acordo Ortográfico da Língua Portuguesa

2015
Impresso no Brasil
Printed in Brazil

Cip-Brasil. Catalogação na publicação.
Sindicato Nacional dos Editores de Livros, RJ.

G975v Guillebaud, Jean-Claude, 1944-
    A vida viva: contra as novas dominações / Jean-Claude Guillebaud; tradução Nicolás Campanário. — 1. ed. — Rio de Janeiro: Bertrand Brasil, 2015.
    252 p.; 23 cm.

    Tradução de: La vie vivante: contre les nouveaux pudibonds
    ISBN 978-85-286-2022-1

    1. Economia - Filosofia. 2. Economia. I. Título.

15-22285
                                            CDD: 330.01
                                            CDU: 330.1

Todos os direitos reservados pela:
EDITORA BERTRAND BRASIL LTDA.
Rua Argentina, 171 — 2º andar — São Cristóvão
20921-380 — Rio de Janeiro — RJ
Tel.: (0xx21) 2585-2076 — Fax: (0xx21) 2585-2084

Não é permitida a reprodução total ou parcial desta obra, por quaisquer meios, sem a prévia autorização por escrito da Editora.

Atendimento e venda direta ao leitor:
mdireto@record.com.br ou (0xx21) 2585-2002

Para Sophie e Laurent

Sumário

Mensagem pessoal. Mudança de tom   9

Introdução. Dominação: uma categoria mutante   11
O nomadismo integral — A velocidade de liberação — A dominação: um fio de Ariadne — Os homens do levante

Capítulo 1. O imaterial e os novos poderes   27
Toda a memória do mundo — A felicidade ambígua da "gratuidade" — O capitalismo do acesso — Um sistema que abrange tudo — Um lugar para os "especialistas" — O que escapa aos algoritmos — A fabricação de consumidores — Conectados e famintos

Capítulo 2. Os direitos humanos e o mercado   55
Um direito a minima — O pensamento morcego — A "santa ignorância" jurídica — Adeus, Filadélfia; bom dia, Marrakech — "Ele estará na superabundância" — Uma racionalidade aleijada — Três pistas abertas

Capítulo 3. "Gender studies": quem domina quem?   83
Sacudir a "república straight" *— Dos inuits canadenses à* French theory *— A dupla figura do cyborg — O corpo é um simples "texto"? — Apogeu ou fim do feminismo? — A ambivalência das normas — Mas o corpo existe...*

Capítulo 4. Pós-humanidade: a grande desmontagem   111
Da convergência à singularidade — Uma utopia substituta? — Uma releitura incômoda dos sixties *— A era dos tecnoprofetas — Uma indiferença assustadora — O homem: uma experiência fracassada? — Da utopia aos negócios...*

Capítulo 5. Ódio do corpo e novos pudicos   139
   *A inteligência artificial: forte e fraca — O ser humano em um disquete
   — Uma gravidez protegida das "entranhas" — Meu corpo pertence a mim
   — O novo modelo: uma imagem digitalizada do corpo — Saúde perfeita:
   a promessa e o pecado — O corpo em leilão — O prazer capturado pela
   técnica*

Capítulo 6. O "cientista louco": uma figura enganadora   169
   *De Mabuse a Tournesol — A ciência e sua falsificação — Uma "transcen-
   dência negra" — Lyssenko e a "ciência proletária" — Obedecer à natureza
   ou dominá-la? — O homem-macaco de Ivanov — Para onde vai a ciência
   "democrática"? — As novas vertigens da tecnociência*

Capítulo 7. A Resistência a partir de dentro   197
   *O "controle" desqualificado — Em favor de um pensamento de alto-mar
   — Um retorno à resistência? — A rede das redes — Uma insurreição das
   consciências? — A doença do tempo — A doença do dinheiro*

Capítulo 8. A carne do mundo   225
   *O erro produtivista — Quando se esquece o subjetivo — Sobre a pudicícia
   religiosa... — As novas "conveniências" da Índia moderna — O islã: uma
   sensualidade repudiada — O cristianismo esquecido de si mesmo — Contra
   um "cristianismo insosso" — O amargo sabor da vida — O "escândalo" da
   encarnação*

Introdução

Mudança de tom

Este livro pretende inaugurar uma "pesquisa sobre as novas dominações". Essa frase exige uma explicação. De 1995 a 2009, dediquei sete volumes àquilo que chamei de "confusão contemporânea". Esses livros procuravam tornar mais inteligíveis as mudanças históricas e antropológicas que vivíamos. A palavra "confusão" estava ligada à dificuldade que tínhamos em compreender o que estava acontecendo. Estavam ocorrendo mudanças demais ao mesmo tempo para que o seu sentido geral fosse perceptível logo de início. Há uma velha regra da história que diz: o alcance das transformações só pode ser apreendido *a posteriori* e retrospectivamente. As grandes inflexões da aventura humana — queda do Império Romano, Renascimento, Iluminismo etc. — são vividas em um estado de perplexidade, de indecisão e — muitas vezes — de temor.

A "confusão" ocorre quando ninguém é capaz de responder com clareza à eterna interrogação: o que está acontecendo conosco? Se o mundo se tornou mais imprevisível há vinte anos, é melhor aceitar esse desafio do que ficar angustiado. Investigar essa confusão implicava que renunciássemos, previamente, às afirmações peremptórias, às posturas proféticas ou apocalípticas, mesmo que estas fossem gratificantes. Cada um de nós é perseguido por duas tentações quando confrontado com a mudança: a imbecilidade da recusa e a ingenuidade da adesão. Ora, é igualmente estúpido aderir sem reservas ou condenar sem discernimento. A simples razão nos obriga a avançar passo a passo, com os olhos abertos, mais desejosos de compreender o "novo" que de rejeitar em bloco.

Nessas circunstâncias, o medo é mau conselheiro, mas a nostalgia é ainda pior. Respeito os conservadores que sentem a falta de um mundo desaparecido. Tenho simpatia pelas saudades que moram neles, mas, indefinidamente repetidos, seus discursos provocam-me tédio. Não creio nas "restaurações". Eu quis evitar o pessimismo pretensioso e as explosões teatrais. Em minha opinião, cada mudança — seja ela tecnológica, econômica, biogenética ou geopolítica — carrega dentro de si, intimamente mesclados, o melhor e o pior. Superar a confusão e sacrificar-se à *gaia ciência*, era justamente dotar-se dos meios para tomar parte na "triagem" democrática, na arbitragem voluntarista entre as ameaças e as promessas. E isso sem jamais renunciar a esse "gosto pelo futuro" que para Max Weber significava uma das definições de democracia.

Esta obra, como as que se seguirão, pretende ser mais combativa. Às vezes há nela um tom diferente. Isso foi algo deliberado. À medida que nossa compreensão das coisas progride, nos tornamos mais sensíveis às injustiças, às desigualdades, às dominações que nos reaparecem. A crise bancária, e depois econômica e social, que começou em setembro de 2008 — esse grande assalto planetário — marcou uma etapa. Tal acontecimento abriu os olhos justamente daqueles que ainda duvidavam do poder das novas dominações. Devem causar ainda mais temor por utilizarem a temática da "mudança" como um chamariz. Elas avançam sob a proteção de uma cortina de fumaça. Em nome da modernidade ou da "ruptura", os dominantes nos prometem as migalhas que poderiam cair de suas mesas de festim. Essas retóricas são mais sutis e envolventes do que se pensa, o que não faz com que deixem de ser mentirosas.

Tudo isso merece ser dito — e mostrado — com mais clareza.

J.-C. G.

Introdução

Dominação: uma categoria mutante

> Cada geração crê que seu destino é refazer o mundo. A minha, no entanto, sabe que não poderá fazer isso. Mas sua missão talvez seja maior ainda. Ela consiste em impedir que o mundo se desfaça.
>
> Albert Camus[1]

Há trinta anos nossa época procura pelas palavras que a definem.

A enormidade do que está acontecendo conosco deixa nossos contemporâneos sem voz. Falar em "crise" tornou-se risível. Usar o termo *oscilação* implica contentar-se com um clichê. Dessa forma, todos procuram pela expressão mais acertada. Para definir o fim da primeira modernidade, o Prêmio Nobel de química, Ilya Prigogine, falava da "grande bifurcação". Muito antes, em 1944, o historiador da economia Karl Polanyi, em um livro famoso, anunciava a "grande transformação". Outros autores evocam um "momento axial", expressão tomada do filósofo alemão Karl Jaspers. Eu mesmo já sugeri "refundação do mundo" ou "começo de um mundo". O etnólogo e sociólogo francês Georges Balandier, por sua vez, escolheu uma bela expressão arcádica, "a grande perturbação".[2] Foi desse modo que em 1755 os arcadianos, instalados até então no Canadá, batizaram sua transferência para a Louisiana, transmigração forçada que metamorfoseou sua identidade e os obrigou a reinventar sua cultura. Uma outra palavra também circula atualmente, como veremos mais adiante: a *singularidade*.

---

[1] *Discours de Stockholm*, 1957.
[2] Georges Balandier, *Le Grand Dérangement*, Paris, PUF, 2005.

Isso para não falar nos incontáveis vocábulos brandidos — como é de costume — pelos espíritos melancólicos: declínio, ruína, desastre, guerra de civilizações, fim da história, barbárie etc. De todos eles, o discurso da angústia é o mais loquaz. Reúne os falsários e serve comodamente aos demagogos. Hoje, os mercadores do medo estão bem estabelecidos e têm espaço na mídia. Somos convidados a ter saudades dos bons e velhos tempos, o que equivale a falar e acabar não dizendo nada. Que bons e velhos tempos?

*
* *

Uma coisa é certa: a busca lexical não se encerrou. Por si sós, essas indeterminações da linguagem são um sintoma. O que está ocorrendo realmente é algo considerável. Ainda há pouco era possível tranquilizar-se observando que as sucessivas gerações sempre imaginaram viver uma mutação histórica. Não estaríamos fazendo nada diferente disso, e assim estaríamos superestimando a importância da mudança. Afinal de contas, dizia-se, a globalização não faz senão prolongar uma tendência iniciada no século XIX. Na verdade, essa visão *a minima* não é mais pertinente. Estamos diante de um fenômeno de outra ordem. Cada pessoa compreende, ou vislumbra, que está em curso uma inflexão decisiva da aventura humana. Ela não possui nada em comum com as mutações históricas do passado. Aparenta-se, por enquanto, a um turbilhão enigmático que abala nossa percepção do real e, pouco a pouco, transforma — ou "aumenta" — este último.

Como designar essa "coisa"? A sua simples descrição torna-se incômoda, e toda previsão, risível. A pane que afeta a linguagem é mais séria do que se pode imaginar. As palavras nos dão a sensação de estarem erodidas, como um material que se tornou friável. Para usar uma outra imagem, seu sentido primeiro é como a luz proveniente de uma estrela morta. A clareza que ela traz provém de uma ilusão de ótica. As palavras, em suma, não *falam mais*. Por contágio, essa desagregação do vocabulário arruína a pertinência dos debates contemporâneos mais ordinários. Nossas discussões cotidianas tornam-se, com excessiva frequência, simples engodos. Elas são teatrais mas defeituosas. Isso não deve causar surpresa: sua virulência participa de uma realidade desaparecida. O tumulto gerado por elas mascara o esgotamento de seu conteúdo. Peremptórias e simplificadoras, essas disputas com roupagem de época geralmente designam clivagens ultrapassadas há muito tempo. Acampam em "linhas de frente" que, nesse meio-tempo, já foram deslocadas. Reencenam, sem o perceber, lutas reconhecíveis mas caducas. Baseiam-se em antagonismos binários e telegênicos, mas que não acrescentam muito à nossa reflexão.

Tudo isso compõe, dia após dia, um fluxo ininterrupto, um rumor, um clamor. Essa fanfarra maniqueísta, em geral, funciona no modo da injunção ou da reprovação. Você é a favor ou contra a ciência? Você considera a Internet algo positivo ou não? Você prefere o individualismo ou o vínculo social? É preciso restaurar a moral natural ou combatê-la? A globalização é "boa" ou calamitosa? Deve-se defender *a* família? Restaurar a autoridade? É preciso regulamentar a sexualidade ou, pelo contrário, dispensar os últimos tabus?

Fora da mídia, e até mesmo dentro das universidades, embates com argumentos somente um pouco melhores são travados frente contra frente, filósofo "com o martelo" contra moralista rígido, autoconfiança contra autoconfiança, suficiência contra suficiência. Insolúveis, esses enfrentamentos lembram os combates entre cervídeos durante os quais os machos investem incansavelmente seus chifres uns contra os outros, após tomar impulso e juntar forças. Na verdadeira vida, os guardas florestais conservam na mente o barulho desses choques sob as grandes árvores, metrônomo regular da dominação animal: choque atrás de choque, até o amanhecer... Esse tipo de música provoca, sobretudo, o desvio da atenção. Enquanto os cervídeos confrontam seus furores, outros antagonismos, esses sim bastante reais, aparecem sub-repticiamente. Aparecem novas formas de dominação, emergem injustiças inéditas, surgem ameaças, barbáries abrem caminho sem o conhecimento das testemunhas mobilizadas pelo espetáculo. Sob a casca das grandes árvores, sob a cobertura da folhagem, longe das clareiras midiáticas trabalhadas pelos grandes cervos, crescem perigos mal identificados. Os defensores de um e outro lado rapidamente se tornam suplentes inconscientes, alistados à revelia pelos novos dominadores.

Decididamente, a época fracassa em definir a si própria.

O nomadismo integral

Faltam-nos palavras, de fato. Quando não há substantivos, ainda se pode recorrer à metáfora. Com proveito. O uso dela geralmente é prospectivo.

Os dicionários nos dizem que essa figura da retórica está "na origem dos novos sentidos de uma palavra" (Le Petit Robert, 2008). Prudentemente empregada, a metáfora pode ajudar a rejuvenescer a linguagem. Procuremos tirar partido daquela de que o filósofo Michel Serres gosta, mas ampliando o seu alcance. Serres afirma que, sem nos darmos conta, pouco a pouco estamos saindo do neolítico.[3] Há cerca de dez a doze mil anos, com efeito, a aventura humana deixou o paleolítico para entrar no neolítico. Simplificando o argumento, dir-se-á que essa perturbação, que se estendeu durante vários séculos, correspondia a três mutações concomitantes. Os grupos humanos passaram da caça para a criação de animais, da colheita para a agricultura, do nomadismo para o sedentarismo. Eles renunciavam tanto à vida nômade como à incerta predação natural. Ao mesmo tempo, com o sedentarismo (mesmo que relativo), estabeleceram uma relação durável com o lugar, o território, o país, com a continuidade cultural, com um princípio de permanência. A cidade — a *pólis* dos gregos — entrava na história e, junto com ela, a política, a cultura, a civilidade, sendo que esta última gerou a civilização.

O enraizamento neolítico original está se desfazendo atualmente. Voltamos a ser "nômades", e não apenas no sentido migratório do termo. Nem a facilidade das viagens nem as migrações humanas aceleradas esgotam o novo sentido adquirido pelo substantivo. Entramos em uma era de *nomadismo integral*, enfrentamos uma *mobilidade* que se tornou princípio organizador por ter englobado o próprio pensamento. A itinerância dos humanos tornou-se ontológica. Ela é declinada e enunciada de mil maneiras: incerteza, imprevisibilidade, inacabamento, emergências, substituição do conhecido pelo inédito, surgimento de novos mundos. O "novo", sem trégua, exige e transforma imediatamente o "já conhecido" em nostalgia. "A grande perturbação contemporânea", observa Balandier, "marca a passagem, através da ruptura, de um passado desfeito para um presente em que o inédito se estende, em que o devir se produz na transformação contínua sem conclusões identificáveis".[4] Puxando-nos indefinidamente para a frente, ele nos convida incessantemente a fazer as malas, até mesmo a ir embora sem nada. O termo *sedentário* vem do latim *sedere*, que significa "estar sentado".

A época, e isso é um fato, não se assenta mais.

---

[3] Michel Serres retoma essa ideia em um de seus últimos (pequenos) livros: *Temps des crises*, Le Pommier, 2009.
[4] Georges Balandier, *Le Grand Dérangement*, op. cit., p. 2.

Vem à mente o seguinte verso de Aragon: "Chego aonde sou estrangeiro." Poderíamos declinar essa constatação na primeira pessoa do plural: a partir de agora, avançamos rumo ao futuro como imigrantes que não conhecem nem a língua nem a gramática do novo mundo rumo ao qual se dirigem.[5] Somos viajantes que se aproximam, desprotegidos, de uma realidade totalmente *outra*. Nossa *desorientação* é mais gritante frente à efervescência das tecnologias. "Há entre nós e o universo tecnológico", segundo o ensaísta canadense Ollivier Dyens, "um profundo silêncio. Nada nesse universo nos responde, nada parece nos ouvir, reconhecer a nossa presença. Não é essa, de algum modo, a angústia que o universo máquina provoca em nós? Não o temor de uma dominação das máquinas sobre o humano, como tantos filmes propuseram, mas antes o medo da indiferença das máquinas, a angústia diante da ideia de que elas nos esqueçam, de que nos ignorem, de que construam um mundo novo, estranho, sem sequer nos ver, nos ouvir, nos reconhecer?"[6]

Na vida cotidiana, a inércia repetitiva da deliberação política ilustra o sonambulismo que atualmente governa a marcha dos povos. Não vivemos um "fim da história", mas sim uma dissolução (provisória) de sua inteligibilidade. Estamos privados de uma *narração* inaugural. Nossa relação com o mundo se fundava em uma narrativa que ligava o passado ao futuro, a tradição à mudança. Esse vínculo foi rompido. Os grandes sistemas, historicamente mobilizadores, entraram em falência. Depois do comunismo, é o capitalismo que passou a não mais conseguir produzir sentido e, mais que isso, valorizar o futuro. Este último não é mais definido como uma promessa, e sim como um perigo.

Isso não é tudo. O grande mercado funciona baseando-se em valores e relações que não foram criados por ele. É como um herdeiro ingrato que ainda vive de um "legado" civilizador em vias de esgotamento, que bebe de uma fonte que logo estará exaurida. Ainda que seja capaz de produzir riqueza (e injustiça), o mercado não sabe *fabricar*, por si só, as normas mínimas que permitem que os humanos vivam juntos.

---

[5] Tomo essa imagem, modificando-a, de Georges Balandier, que se refere a ela também em outro livro: *Le Dépaysement contemporain. L'immédiat et l'essentiel*. Entrevistas com Joël Birman e Claudine Haroche, PUF, 2009, p. 69.
[6] Ollivier Dyens, *La Condition inhumaine. Essai sur l'effroi technologique*, Flammarion, 2007, p. 186.

O sociólogo alemão Norbert Elias (1897-1990) evocava, já em 1969, o intervalo, o vazio, a anomia nos quais os ocidentais tentam se deslocar. "Períodos como o que vivemos", dizia ele, "períodos de transição, oferecem à nossa reflexão uma oportunidade dupla: as normas antigas são em parte questionadas, e normas mais novas, mais sólidas, ainda não existem. Os homens perdem suas certezas quando se trata de controlar o próprio comportamento. A situação atual faz, pois, com que o 'comportamento' se torne uma questão atual."[7]

Sob o risco da indiferença

"Nela, a supermodernidade *desfaz* — quadros de vida, profissões e empregos, saberes logo alcançados pela obsolescência, vínculos sociais e relações consigo, engajamentos militantes e crenças, modos de viver a época —, abala o curso das vidas, repete as provações, os momentos que são vividos como fracasso e não mais como sucesso. O prazer e a fascinação de ter acesso a facilidades instrumentais rapidamente renovadas, frequentemente inéditas, não são suficientes para compensar o que é percebido como perda, falta, impossibilidade. E isso se tornou ainda mais claro, uma vez que as antigas linguagens da esperança e da expectativa, da contestação e da revolta, da crença em uma história desejável e realizável se tornaram anêmicas.

O tecnicismo e, mais ainda, o economicismo do resultado impõem uma linguagem que enfraquece todas as outras. É a linguagem do sucesso, do desempenho e da superação, uma linguagem que discrimina, marginaliza, exclui sem abertura conhecida para um futuro diferente e próximo, sem limites que possam realmente ser opostos à expansão da *indiferença*."

Georges Balandier, *Le Grand Dérangement*, op. cit., p. 104.

Percebemos confusamente que uma outra direção, um outro modelo, uma escolha diferente seriam imagináveis, mas ninguém é capaz de definir claramente essa alternativa. A sorte repentina dos prefixos "pós" ou "alter" e a imprecisão que carregam são o sinal de um novo tipo de derrelição política. Mais uma vez, a metáfora do nomadismo pode ser esclarecedora. O luto da "narração" que nos afeta não é resultado de uma "perda" provisória que simplesmente seria preciso substituir. É mais profundo que isso. Talvez não estejamos mais aptos a construir uma narrativa capaz de configurar nossa relação com o tempo e com a história? O nomadismo que nos cabe

---

[7] Norbert Elias, *La Dynamique de l'Occident* [1969], Pocket-Agora, 2003, p. 308-309.

diz respeito até mesmo às nossas ideias, às nossas convicções, aos nossos engajamentos. A mobilidade e a imprevisibilidade presidem nossa saída do neolítico. Elas tornam incômoda toda enunciação de uma vontade coletiva, problemática a designação de um projeto, temerária a simples fixação de um itinerário. Prova disso são as interjeições que, infalivelmente, pontuam os debates políticos: há uma solução de reserva? Há um plano B? Que modelo está sendo proposto?

A velocidade de liberação

Os conceitos — verdadeiros tijolos do pensamento — que tornavam possível a "narração" tendem a fugir quando queremos apreendê-los. Suas significações são provisórias, mutáveis, incertas, entremescladas. Alexandre Leupin, professor do departamento de estudos franceses da Louisiana State University, propõe o termo *homonimização* para definir essa metamorfose da linguagem resultante das transformações contemporâneas e de uma fragilidade permanente dos paradigmas.[8] As próprias ideias são nômades. Quem ainda consegue definir com algum grau de certeza o que é hoje um indivíduo, um ser humano, uma consciência, uma realidade, a matéria? Para retomar um velho termo, todos os conceitos que definem nossa relação com o mundo tornaram-se *suspeitos*.

Nômades no espaço e no pensamento, somos nômades também no tempo. Esse nomadismo temporal assume vários rostos. Por exemplo, o da pressa obrigatória, primeira injunção da época. A "narração", cujo luto carregamos, se inscrevia em uma temporalidade linear que não existe mais. Na linguagem usual, costuma-se dizer que o tempo se acelera. Em sentido estrito, essa constatação é inexata — não é o tempo que se acelera, é a relação que mantemos com ele —, mas o sentimento que expressa é fundamentado. A constatação tornou-se banal: a velocidade, a imediatez, a instantaneidade sobredeterminam a maior parte das atividades humanas: economia, cultura, tecnologia, finanças, informação. Em cada um desses domínios, nunca mais alguém tem *tempo*. Agora fomos desalojados de nossas vidas pela "velocidade

---

[8] Vários de seus livros foram publicados na França. Ver: Alexandre Leupin, *Fiction et Incarnation*, Flammarion, 1994.

de liberação", para retomar a expressão do urbanista e ensaísta Paul Virilio. (Trataremos dele mais adiante.)

A velocidade, sempre hegemônica, pulveriza o tempo humano. Ela nos torna *nômades* do tempo. Ela nos designa, como locais habitáveis, segmentos temporais cada vez mais exíguos. Utilizo propositalmente a palavra "local" para falar do tempo. Apertando até o estrangulamento o laço fundador entre o tempo e o espaço, a velocidade torna estreita *in fine* nossa relação com o próprio espaço e, portanto, com o mundo. No fim das contas, não somos mais simplesmente nômades, e sim, também, *exilados*. Essa é a ideia sugerida pelo imenso — e infelizmente pouco conhecido — filósofo alemão Hans Blumenberg (1920-1990) quando destaca a oposição inconteste entre o "tempo da vida" e o "tempo do mundo".[9] A tecnologia, assim como a economia, as finanças ou a informação, emancipa-se do tempo arcaicamente "humano", julgado demasiado lento. Curiosamente, a superabundância de bens disponíveis e o aperfeiçoamento dos instrumentos técnicos nunca fazem com que se *ganhe* tempo, mas, pelo contrário, reduzem o tempo que podemos consagrar a cada um desses objetos ou dessas técnicas.[10] Os grandes sistemas, inclusive os culturais, não gerenciam mais estoques, e sim fluxos. "A moda não é mais escandida em jornadas por atividades rituais, mas pela necessidade que todos têm de respeitar as *deadlines*, com seus riscos e perigos".[11] O tempo obrigatório é o do minuto, do segundo, até mesmo do nanossegundo. A escolha dessa lógica do luxo no lugar da do estoque consiste em *privilegiar o tempo em vez do espaço*. Essa substituição insidiosa resulta na inversão da relação entre o espaço e o tempo. O espaço se estreita à medida que o tempo se torna mais breve. Toda a obra da Paul Virilio evidencia esse paradoxo. Ele é potencialmente perigoso. Esse espaço-tempo, com efeito, está fora do alcance do cérebro humano. A temporalidade contemporânea torna-se, por isso, incontrolável. Entramos em estado de errância, ao mesmo tempo exilados e desorientados. Passamos do sincrônico para o diacrônico. Não perdemos tempo, mas *o* tempo.

---

[9] Ver especialmente seu último livro (póstumo) publicado na França: *La Lisibilité du monde*, Cerf, "Passages", 2007.
[10] Essa é uma das teses — convincentes — de Hartmut Rosa, *Accélération. Une critique sociale du temps*, trad. Didier Renault, La Découverte, 2010.
[11] Michaël Foessel, "Tout va plus vite et rien ne change: le paradoxe de l'accélération", *Esprit*, junho de 2010, p. 26-31.

O nomadismo espaço-temporal assume outras formas, inclusive genealógicas. Percebe-se hoje que, pela primeira vez na história, uma "perturbação" tão ampla se dá *no intervalo de uma única geração*. A aventura humana nunca experimentou uma mutação tão rápida. Essa experiência é ainda mais difícil porque a perturbação não é a mesma para todos. No conjunto do planeta, as mutações não afetam todos os povos de modo idêntico, nem sequer todos os humanos de um determinado território. A espécie humana pouco a pouco ganha a aparência de uma procissão heteróclita de temporalidades diferentes. A humanidade se parece com esses exércitos em campanha cujas linhas se alongam até a ruptura. Homens ou mulheres separados por vinte ou trinta anos não vivem mais realmente *juntos*. Eles deixam de ser *contemporâneos*. Isso é ainda mais verdadeiro quando se pensa nos abismos históricos que separam atualmente um camponês africano de um jovem estudante do hemisfério norte. Como reunir na mesma universalidade humana um artesão do Bihar e um *trader* da City londrina? Ao viver temporalidades diferentes, vivem eles no mesmo mundo?

Certamente a coexistência de níveis de desenvolvimento desiguais sempre existiu na história, mas nunca de modo tão abrupto. Retomemos o nosso exemplo da revolução neolítica. Essa expressão foi proposta em 1930 pelo grande arqueólogo australiano Vere Gordon Childe (1892-1957), que é o seu teorizador.[12] Ela se presta à confusão. O termo leva a crer que a mutação neolítica ocorreu de modo súbito, determinista e universal. Sabe-se agora que as coisas não ocorreram desse modo. De sensibilidade marxista, Childe abusivamente avançava o conceito de "revolução", ao qual aderia em seu foro íntimo. Na verdade, o processo foi longo, progressivo e diferenciado. Prolongou-se durante vários séculos, até mesmo um milênio. Foi interrompido por retrocessos, refreado por períodos de estagnação. Em razão disso, atualmente os arqueólogos preferem falar em *neolitização*.

Pode-se acrescentar que, mesmo hoje, a tal neolitização ainda não se encerrou realmente. Muitos povos do hemisfério sul ainda vivem no paleolítico, praticando a coleta, a predação e a itinerância. Entre nós, alguns — as pessoas que viajam muito — permanecem presos ao nomadismo. Do mesmo modo, a caça, que se tornou esporte ou tradição, pode ser compreendida,

---

[12] A maior parte das obras de Gordon Childe foi publicada em francês nos anos 1950, mas não foi reeditada. Especialmente a mais significativa delas: *La Naissance de la civilisation*, Médiations, 1964.

sem juízo de valor, como uma sobrevivência paleolítica em vias de extinção. As culturas populares, e até o cinema de Hollywood, de bom grado mostram certos aspectos dessa neolitização inacabada. Isso pode ser percebido na oposição entre fazendeiros sedentários e condutores de rebanhos, tema eterno dos *westerns*. O grande espaço se opõe à cerca; à fazenda familiar, signo de uma vida ordenada, opõe-se a solidão nômade do caubói.

Naturalmente, a referência feita aqui à revolução neolítica é apenas uma metáfora. Em compensação, a inconteste lentidão do processo de neolitização nos ajuda, por contraste, a avaliar o fulgor da grande perturbação que vivemos. Essencialmente, tudo ocorreu em trinta anos (1980-2010): abertura mundial dos mercados, informatização das sociedades, banalização da Internet, efetiva aplicação das neurociências, generalização das biotecnologias etc. A disparada planetária da mudança teria obedecido a um *clique* que pode ser localizado no começo dos anos 1980. Esse clique resultou, ele próprio, da conjugação de escolhas políticas voluntárias (financeiras, por exemplo) e de novidades tecnológicas, especialmente no terreno das NTCs (novas tecnologias de comunicação). A partir de então, passamos a viver no ritmo de algo que poderia ser chamado de *aceleração da aceleração*.

No que diz respeito às dificuldades experimentadas pelas diferentes comunidades humanas para serem "contemporâneas" umas das outras, o que se pode dizer é que elas não têm mais nenhuma relação com os escalonamentos temporais que marcaram o longo processo de neolitização. As *diferenças* que separam os humanos de acordo com o grau de desenvolvimento não são mais da mesma natureza que as que outrora distinguiam um cortesão de Versailles de um "selvagem" trazido do Caribe ou do Taiti. Elas não se limitam a costumes ou hábitos diferenciados; passaram a incluir a agilidade cognitiva, o funcionamento neuronal, o controle biológico. Em grande medida, o nomadismo temporal reconfigurou as mentes segundo diferentes modalidades, o que a um só tempo *rompe a unicidade da espécie humana*.

Abriu-se uma brecha no princípio de humanidade. Nessa brecha, infiltram-se dispositivos desigualitários e dominações de um novo tipo. Eles são ainda mais difíceis de criticar — e de combater —, pois avançam mascarados, até mesmo travestidos de benevolência ou de bons sentimentos. Na verdade, são os primeiros aproveitadores da extenuação da linguagem, do desregramento da temporalidade histórica, das impossibilidades de narração, do desaparecimento do objeto. Para simplificar, o pensamento crítico não dá mais conta dessas figuras inéditas da injustiça. Também faltam palavras e conceitos a esse pensamento.

Esses novos lapsos (provisórios?) do pensamento crítico acarretam uma terrível despolitização de nossas sociedades. Christopher Lasch, em *A cultura do narcisismo*, mostrava de que maneira o "homem histórico", engajado na cidade e capaz de sacrificar seu presente ou sua vida pelo futuro, havia sido substituído pelo "homem terapêutico", mobilizado tão somente pela imediatez. "Hoje", diz ele, "os indivíduos não aspiram mais à salvação pessoal, menos ainda à restauração de uma era dourada, mas sim à sensação, à ilusão efêmera do bem-estar, da saúde e da segurança psíquicos pessoais. A paixão dominante consiste em viver no presente — viver para si mesmo, não para seus predecessores ou para sua posteridade".[13]

A dominação: um fio de Ariadne

O conceito de *dominação* parece-me útil para enfrentar essa grande imprecisão, fornecendo uma espécie de fio de Ariadne. Devido às reflexões conjuntas de Judith Butler e de Catherine Malabou, escolhi referir-me a ele, entre um capítulo e outro. Ele se mostra mais útil — e menos ambíguo — que as referências mais comumente utilizadas para designar a injustiça. Lamentavelmente, a palavra *igualdade* foi profanada pelos totalitarismos do século XX. Por causa disso, seu uso se presta à confusão. O de *exploração* é correlato, de modo excessivamente restritivo, à esfera econômica. Há ainda o termo — enfático — *barbárie*, que está gasto. A dominação é uma categoria mais aberta, visto que se adapta a diferentes contextualidades. Permanece identificável mesmo quando muda. Melhor que isso, ajuda-nos a compreender a ambiguidade de certos *consentimentos* contemporâneos que provêm da *servidão voluntária* definida por Étienne de La Boétie e analisada por Hegel.

Aliás, foi ao debater contraditoriamente um texto conhecido de Hegel que Catherine Malabou e Judith Butler justificaram — e refinaram — seu uso do termo *dominação*.[14] O texto em questão está na *Fenomenologia*

---

[13] Christopher Lasch, *La Culture du narcissisme*, Climats, 2000.
[14] Judith Butler e Catherine Malabou, *Sois mon corps. Une lecture contemporaine de la domination et de la servitude chez Hegel*, Bayard, 2010.

do espírito e trata das relações ambivalentes entre dominação e servidão. Nos próximos capítulos, veremos até que ponto essa ambivalência está mais evidente que nunca e, além disso, generalizada. A adesão irrefletida a uma série de inovações tecnocientíficas, a tolerância frente a certas transgressões, a crença em duvidosas profecias: ganha-se em interpretar tudo isso por meio de dominação e servidão dialeticamente correlacionadas. Certamente, uma boa parte da resignação contemporânea pode ser explicada — primeiramente — pela névoa que envolve as perturbações que estão em ação e é agravada pela paralisia da linguagem, que evocamos anteriormente. A hipótese do consentimento hegeliano à servidão não deve ser abandonada.

Vejamos o exemplo das adversidades que precisariam ser combatidas. É quase impossível personalizá-las. Raramente são homens, grupos, partidos que servem à dominação com o rosto descoberto. Geralmente estamos confrontados a *sistemas*. Eles são proliferantes e pouco governáveis. Carregam, misturando de modo confuso, promessas e ameaças. Raramente é fácil identificar a ideologia que mora neles. Geralmente ela é invisível. A sedução que exercem resulta desse intrincamento, cada vez mais cerrado, do melhor e do pior, da racionalidade e da ideologia. A *economia mundial* tornou-se um "sistema". A *tecnociência*, mais um. O *aparelho midiático* planetário, que tomou o lugar do antigo jornalismo, assemelha-se a um sistema. O *ciberespaço* é um dispositivo comparável. A mesma observação pode ser feita a respeito da *finança planetária*, vasta rede sem país definido que a expressão "mercados financeiros" descreve relativamente mal. Esses diferentes sistemas criam as mesmas dificuldades para a cidadania democrática e para os Estados-nações. Quem os governa realmente? A que propósito obedecem? Como diferenciar os benefícios que trazem das dominações que induzem? Que posição tomar para resistir a eles?

O fato de não possuírem uma sede física confere-lhes um poder inédito. Desterritorializados, esses sistemas estão fora do alcance dos povos. Os Estados democráticos estão relativamente desprotegidos frente a seu avanço. Eles são mecanismos sem propósitos particulares — e menos ainda escolhidos —, relojoarias sem relojoeiros, canteiros sem mestres de obras. Obedecem apenas à rotação de suas engrenagens. "A economia moderna", reconhece Luc Ferry, "funciona como a seleção natural de Darwin: cada empresa deve inovar constantemente para adaptar-se, mas o processo global que essa pressão absoluta produz não possui um fim. É um 'processo sem sujeito', desprovido de qualquer espécie de ideal comum."[15]

Não se deve pensar que esses sistemas intervêm apenas em escala global ou macroeconômica. Seus efeitos se fazem sentir em nossa vida cotidiana. Nas relações que mantemos com nosso banco, com nosso fornecedor de acesso à Internet, com a operadora de nosso celular, e ainda em muitos outros casos, somos confrontados a contrapartes humanas, mas submetidas a protocolos de comunicação geridos por máquinas. Desse modo, nossas requisições são engolidas por um labirinto de servidores impessoais aos quais os códigos e senhas em vigor nos dão acesso. Daí resulta uma forte sensação de impotência, até mesmo de abandono ou de indiferença. Conforme os instrumentos informáticos se aperfeiçoam, a confrontação humana se dissolve ainda mais. Os famosos centros de atendimento deslocalizados que ainda estão em serviço e nos quais os operadores, sub-remunerados, atendem com uma polidez formatada não são mais do que uma etapa transitória rumo à generalização dos robôs falantes. Por sua vez, os assalariados das empresas multinacionais têm cada vez mais dificuldade, nesses labirintos, em identificar quem é *o* responsável ao qual eles poderiam se dirigir.

O enorme poder — pertencente aos sistemas — que surge no mundo não se parece com nenhum dos poderes que os humanos enfrentaram em sua história. Esse poder remete, significativamente, a certas figuras modernas da *catástrofe*. Pode-se pensar aqui naqueles rios de lava que não podem ser parados por nada. Pense-se também nas nuvens tóxicas (Chernobil) ou nos surtos epidemiológicos capazes de cobrir o planeta em um piscar de olhos, ou ainda no desregramento financeiro, cujo contágio internacional é ainda mais fulminante. Esse tipo de poder desarma a ação coletiva tradicional. Ele desacredita, logo de saída, os ataques do pensamento crítico. Torna-se necessária a criação de outras formas democráticas. Devem ser inventados novos engajamentos intelectuais. Em outras palavras, os intelectuais críticos devem aceitar a possibilidade de eles próprios se tornarem nômades, correndo o risco de colocar em perigo as ideias que consideram como verdadeiras.

Os cidadãos comuns, por sua vez, devem acostumar-se a lidar de modo astuto com a lógica dos sistemas de modo a poder jogar a dominação contra si mesma. Tentativas desse tipo são feitas esporadicamente, mas se está longe

---
[15] *Le Monde*, 13 de junho de 2009.

de atingir o objetivo. Às vezes cita-se o conceito de "multidões inteligentes", proposto pelo escritor americano Howard Rheingold, inventor do conceito de *smart mobs*, coletividades efêmeras e não hierárquicas que aparecem de modo espontâneo para resistir a uma injustiça ou para resolver um problema.[16] Existem outras pistas, outras dissidências surgem.[17]

Os homens do levante

O adjetivo *mutante* que foi anexado à palavra dominação não foi escolhido por acaso. Ele sugere o aparecimento, sempre possível, de formas mutantes, no sentido de monstruosas, da dominação. Os historiadores da modernidade, assim como os antropólogos, algumas vezes utilizaram a expressão *sociedades-monstro* para qualificar as formas sociais criadas pelos dois totalitarismos do século XX. Eles se referiam às formas sociais monstruosas que essas sociedades haviam produzido (extermínio, deportações em massa, racismo radical, destituição do humano etc.). Ninguém pode descartar o reaparecimento dessas "sociedades-monstro" na atualidade. Elas não se parecerão com as precedentes. Não será fácil identificá-las. Talvez não sejam produzidas sob a conduta de uma ideologia coerente e louca, mas sim como uma consequência última daquela "desesperança estúpida" denunciada em outra época por Emmanuel Mounier. "O cavaleiro do absurdo", dizia ele, "apresenta-se como o herói da era moderna. Joga-se sem futuro, corpo e alma, sobre o nada. Ele não é mais sustentado por qualquer cumplicidade natural ou sobrenatural. Nunca uma loucura mais completa parece ter se lançado rumo aos abismos da experiência."[18]

Tentar perceber as primícias de uma *sociedade-monstro* implica a renúncia, por antecipação, a todo fatalismo. Trata-se, pelo contrário, de entrar resolutamente, mas com os olhos abertos, nos turbilhões da "grande perturbação". Essa intrepidez crítica parece menos natural nos ocidentais que nos agitados inovadores do Extremo Oriente. Nessa frente, os europeus parecem ser os mais hesitantes, os menos decididos. É como se os ocidentais que somos consentissem ser, verdadeiramente, "homens do poente", homens cansados

---

[16] Howard Rheingold, *Foules intelligentes* (título original: *Smart Mobs*), M21 éditions, 2005.
[17] Ver, mais adiante, capítulo 7: "A Resistência a partir de dentro".
[18] Emmanuel Mounier, *L'Affrontement chrétien* [1945], Parole et Silence, 2006, p. 34.

assombrados pelo medo do declínio ou do fim do mundo. No contrapelo da geografia, seria preciso tentar ser, novamente, apesar de tudo, "homens do levante". Em um pequeno livro fulgurante, Robert Scholtus encontrou as palavras perfeitas no momento em que disse: "Para que o novo surja, não basta decretá-lo, não basta sequer tomar a iniciativa e agir, é preciso incansavelmente esperá-lo e espreitá-lo, surpreendê-lo e acolhê-lo."[19]

---

[19] Robert Scholtus, *Petit christianisme d'insolence*, Bayard-Christus, 2004, p. 66.

Capítulo 1

O imaterial e os novos poderes

> A generalização das representações virtuais não poderá deixar de *virtualizar o mundo* e nos tornar algo mais ou menos virtual.
> Philippe Quéau[20]

Se há um domínio no qual as novas dominações avançam mascaradas, esse domínio é, em primeiro lugar, o da revolução digital e do mundo virtual. Sua presença deve ser percebida por trás da tela de um progresso verdadeiro, de um avanço tecnológico que gera, a justo título, celebrações entusiasmadas. À primeira vista, o aparecimento do *sexto continente*, o do imaterial, tem tudo para nos deixar satisfeitos. Este último introduziu em nossa relação com o mundo uma fluidez, uma leveza e uma agilidade que nenhum grupo humano jamais conheceu. Nossos deslocamentos se dão sem esforço e nossos pedidos são satisfeitos instantaneamente nesse sexto continente. Experimentamos uma embriaguez tão particular que, na verdade, não conseguimos sair dela. É verdade que as coisas ocorreram tão rápido que temos dificuldade em sair da *sideração*. A prontidão dessa mudança nos deixa estupefatos. Prontidão é uma palavra fraca para descrever isso.

Já parece antediluviana a época em que foi anunciada, pelas forças armadas americanas, a primeira ligação em rede de seus computadores, espalhados no território dos Estados Unidos para escapar de eventuais ataques soviéticos. Isso ocorreu entre 1967 e 1972, anos durante os quais foi inaugurado o sistema ARPA, que depois se tornou ARPANET (Advanced Research Projects Agency Network). O mesmo sistema, retrabalhado pelos engenheiros do Conselho Europeu para a Pesquisa Nuclear — especialmente

---
[20] *Le Virtuel. Vertus et vertiges*, Champ Vallon, 1993, p. 39.

pelo inglês Timothy John Berners-Lee—, originou a Internet em 1989. Há menos de trinta anos!

Mais perto de nós ainda: parece-nos tão longínqua a época em que os franceses, inicialmente incrédulos, abandonaram seu Minitel nacional para ter acesso à Web planetária. Isso foi nos anos 1990, o que equivale a dizer ontem. Parecem hoje obsoletas as recorrentes polêmicas sobre a Internet que agitaram os intelectuais, alguns louvando o milagre da liberdade, outros denunciando o "novo esgoto do mundo". Devemos esfregar os olhos para perceber que esses pugilatos ainda ocorrem. Vinte anos, dez anos... No fim das contas, foi preciso apenas o espaço de uma geração para que a imaterialidade da Web invadisse maciçamente nossas vidas cotidianas, transformasse nosso acesso à informação, ao comércio, às finanças, à música, à saúde, à defesa nacional e a muitas outras coisas. É possível encontrar em toda a nossa história um único exemplo de mutação tão repentina?

Apesar disso, as sociedades humanas se apoderaram sem grande dificuldade do novo instrumento. Elas digeriram coletivamente a mudança. O segundo e terceiro estágios dessa adaptação foram completados, e a mudança não cessa de se acelerar e de se expandir. As gerações do pós-guerra teriam dificuldade em reconhecer o mundo em que vivemos. E o processo ainda não acabou. Passamos a compreender há pouco tempo que a Internet e seus múltiplos usos são apenas a parte visível — poder-se-ia dizer anedótica — de uma ruptura antropológica mais profunda. O surgimento do virtual transformou para sempre nossa relação com o mundo.

Com a ajuda de uma certa sideração, nossas sociedades têm dificuldade em avaliar a amplitude da metamorfose. Digitalizada, a totalidade do que existe passa a estar ao alcance de um clique. Saberes, imagens, sons, informações, pontos de vista, dados, cores tornaram-se de acesso tão fácil que já interiorizamos essa proximidade sem sequer prestar atenção à sua estranheza. Ao mundo tradicional — o da matéria, do concreto, da carne — foi sobreposto um continente labiríntico, uma vastidão que dez mil vidas humanas não seriam suficientes para explorar. Flutua desse modo, ao lado do velho mundo dos territórios, um segundo planeta com propriedades singulares. Ele pode ser percorrido na ponta dos dedos sem que a velocidade seja diminuída pela rigidez dos antigos conceitos de tempo e espaço. Essa circulação aérea, convenhamos, inicialmente é alegre. Quatro sentimentos presidem nossa entrada coletiva na era do virtual: profusão, liberdade, mobilidade, gratuidade. Todos eles são positivos.

Toda a memória do mundo

A *profusão*, em primeiro lugar, é tão desmedida que mal conseguimos compreender o que ela realmente significa em escala mundial. Para citar tão somente o aspecto cultural das coisas, a Biblioteca Digital Mundial (BDM), lançada em 2009 pela Unesco, já reúne trinta e duas instituições parceiras e dá acesso a um conjunto praticamente ilimitado de dados escritos, sonoros, fotográficos, cinematográficos, em sete línguas diferentes até agora, e, no futuro, muitas mais. "É a mãe de todas as bibliotecas", diz Éric Scherer. "Estão ao alcance das mãos bilhões de bilhões de vezes as bibliotecas de Alexandria ou do Congresso americano."[21] Acrescentemos que essa biblioteca mundial não representa senão um ínfimo fragmento da oferta disponível na Internet. Bilhões de outros sites — desde enciclopédias on-line até os portais especializados ou as redes ditas sociais — permitem que qualquer um tenha acesso, em alguns segundos, a qualquer tipo de informação.

Tudo ocorre como se uma fabulosa *memória coletiva* fosse acrescentada, 24 horas por dia, à nossa. Sua consulta é cada vez mais simples e rápida. Aqui não existe mais a limitação de prateleiras, imóveis, espaços, fichas, arquivos ou classificações. Os mecanismos de pesquisa substituíram os antigos procedimentos de arquivamento e de localização. Quando nos familiarizamos com o instrumento digital, integramos aos nossos hábitos mentais essa disponibilidade da memória total. Um limiar é ultrapassado na definição e na prática do *saber*, um limiar que se abre para um futuro que ninguém pode predizer. Inteligência coletiva (*crowdsourcing*)? Prática generalizada do compartilhamento? Interatividade planetária? Competições e violências de um novo tipo? Sem dúvida, é uma mistura de tudo isso.

O segundo benefício, que também é ambivalente, é a *liberdade*. Ela é mais completa do que antes. Em seus fundamentos históricos, a Internet é de inspiração libertária. Os traços dessa cultura original — a do Vale do Silício — são indeléveis. Não haverá queixas quanto a isso. Michel Elie, único europeu presente no dia 29 de outubro de 1969 na sala de cálculo da Universidade da Califórnia Los Angeles (UCLA), onde foi feita a primeira experiência, deu testemunho, quarenta anos depois, dessa aspiração fundadora. "A liberdade de expressão", dizia ele em 2009, "se tornará um cavalo de batalha dos pioneiros da Internet: na rede, deve-se poder dizer tudo,

---

[21] Éric Scherer, *La Révolution numérique. Glossaire*, Dalloz, 2009, p. 29.

é 'proibido proibir'; cada um deve possuir espírito crítico, filtrar e recortar a informação."[22] De fato, na Internet, a livre expressão não é mais impedida de nenhuma maneira, ao menos nos regimes democráticos. Ela gera uma multiplicação de opiniões, de revelações, de argumentações que não pode ser impedida ou controlada por nada. A própria vida associativa é transformada e multiplicada graças à facilidade de contatos e de informação mútua. Não há mais circulares a serem impressas, seladas e enviadas. Campanhas de dimensão internacional são possíveis a partir de um simples computador em uma aldeiazinha do interior.

Essa permissividade de princípio é, em primeiro lugar, um desafio permanente às dissimulações institucionais, às censuras estatais e aos conformismos sociais. Os papéis determinantes desempenhados por esse "ciberprotesto" no Irã, durante o verão de 2009, ou na Tunísia, em janeiro de 2011, são exemplos disso, dentre os mais espetaculares. Tudo leva a crer que revoltas comparáveis ocorrerão novamente no mundo, em todos os lugares em que as ditaduras pretendem calar os povos. Portas tão abertas às dissidências têm do que se regozijar. A verticalidade descendente — daquele que sabe na direção daquele que aprende — foi substituída por uma horizontalidade participativa, anárquica, proliferante, às vezes duvidosa em termos de exatidão, mas frequentemente útil. As hierarquias educativas e informativas de outrora foram, para não dizer mais, abaladas. As instituições democráticas do antigo mundo — imprensa escrita, escola ou política — são atingidas em cheio. Seus defensores têm razão em lembrar que dados *brutos* não constituem um conhecimento, que um rumor não verificado não corresponde a uma informação, ou que comentários apressados, até mesmo injuriosos, não substituem uma deliberação. Por mais corretas que sejam, essas advertências produzem pouco efeito. A abundância de opiniões e a embriaguez expressiva que prevalecem na Internet mudaram o jogo. Elas condenam as instituições citadas anteriormente a se reformarem caso não queiram desaparecer. Acrescentemos que a manutenção dessa liberdade não está garantida *ad vitam aeternam*. Em dezembro de 2010, a repentina repressão organizada pelos Estados contra o site WikiLeaks, assim como o controle atento da Internet pelo regime chinês, recordou a todos que essa liberdade era mais frágil do que às vezes se acredita.

---

[22] *Le Monde*, 25 de dezembro de 2009.

A *mobilidade* é o terceiro benefício. Ela se aprimora incessantemente, amplia-se de acordo com a necessidade. Toda reflexão a respeito corre, pois, o risco de, assim que formulada, estar atrasada em relação a algum novo avanço. Basta constatar a banalização dos smartphones. Com esses celulares *inteligentes*, o livre acesso à Internet se libertou da incômoda materialidade do computador, mesmo que este fosse portátil. O acesso à tela se libertou do escritório, da sala ou do quarto de dormir. A banalização das ligações Wi-Fi (transmissão sem fio) correspondeu a uma "revolução dentro da revolução" cujo alcance não foi percebido imediatamente. *O princípio de conexão tornava-se constitutivo de nossa época.*

A rede passou a nos cercar como uma onda. Ela nos acompanha em todos os nossos deslocamentos. Um iPhone, assim como um Blackberry, permite que nos mantenhamos conectados em qualquer lugar: trem, campo, metrô, avião. Desse modo, basta um instrumento do tamanho de um maço de cigarros para que todo o planeta virtual — com seus bilhões de bilhões de conteúdos — nos siga o dia inteiro. Concordar-se-á que não é pouca coisa possuir virtualmente, no fundo do bolso ou da maleta, o museu do Louvre, em Paris, e do Hermitage, em São Petersburgo, ou estar conectado a três quartos de século de arquivos musicais, a bilhões de imagens ou a notícias ocorridas no outro lado do mundo.

Tornada possível pela generalização da banda larga, a Web 2.0 permite, por sua vez, mixar e reunir conteúdos de naturezas diferentes (som, imagem, vídeo, texto), ao mesmo tempo que se pode tirar proveito do compartilhamento horizontal de informações. Uma "Internet colaborativa" sucede a "Internet contemplativa", e a primeira já parece uma antiguidade. Contudo, não nos enganemos com ilusões desse tipo. O aparecimento dessa Internet colaborativa, em meados dos anos 2000, foi acompanhado por um discurso promocional que não deveria ser aceito sem um maior exame, especialmente no terreno da dominação. Lançada pelo americano Tim O'Reilly em uma famosa conferência ocorrida em outubro de 2004, a Web 2.0 surgiu dos escombros da bolha da Internet, que fora inflada abusivamente na Bolsa durante os anos anteriores. Os princípios dessa Internet são sem dúvida colaborativos, mas certamente não são altruístas. Da aplicação desses princípios haviam nascido inovações como eBay, YouTube, Dailymotion, MySpace ou Wikipédia, inovações "participativas" que a Web 2.0 procurava sistematizar.

Esse movimento resultou no desenvolvimento planetário dos blogs gratuitos, das páginas pessoais e dos *users' contents*, mas também em um melhor controle da sociedade mercantil. Fundador de uma editora especializada em informática, Tim O'Reilly não esconde seus objetivos neocapitalistas. Ampliação incontestável da mobilidade virtual, a Web 2.0 também ilustrava — sobretudo — uma das mutações do capitalismo conquistador.[23] Voltaremos a tratar do aspecto particular dessa astúcia do imaterial.

No que diz respeito às ideias de *profusão* e de *mobilidade*, é preciso compreender que a digitalização do mundo continuará a se acelerar nos próximos anos, e de mil maneiras diferentes. A pesquisa científica, civil e militar, usará cada vez mais a *modelização* informática, já amplamente utilizada no estudo dos fenômenos. Ela se tornará a norma. A integração da informática aos instrumentos da vida cotidiana se generalizará. Hoje, um automóvel topo de linha contém mais de oitenta processadores que controlam a frenagem, a suspensão, a combustão, a velocidade média etc. Sua onipresença aumentará ainda mais com a generalização da "Internet dos objetos". Em uma outra ordem de ideias, a criação de redes de computadores ou de um aglomerado de redes de computadores permitirá a realização de cálculos de infinita complexidade. A isso se dedica, na França, o Institut des Grilles do Centre National de la Recherche Scientifique (CNRS), que coloca à disposição dos pesquisadores uma grade de produção que reúne vinte mil processadores disseminados em vinte centros ou universidades, todos eles interconectados. Há um computador já disponível, em Orsay, para o Institut du Développement et des Ressources en Informatique Scientifique (Idris) do CNRS, que é capaz de realizar duzentos e sete mil bilhões de cálculos por segundo.

No futuro, a criação eventual de um computador quântico ampliará ainda mais essas possibilidades, quase ao infinito. Ainda em estágio muito experimental — especialmente no Massachusetts Institute of Technology (MIT) —, esse computador quântico foi construído com base em conjuntos de moléculas orgânicas. Alguns pesquisadores estimam que, embora não seja para amanhã, ele poderia se tornar operacional em dez anos. Ele tornaria retrospectivamente insignificantes os desempenhos dos mais poderosos computadores utilizados atualmente.

---

[23] Uma longa entrevista de O'Reilly pode ser consultada na Internet: www.internetactu.net

Como reconhece Michel Beaudouin-Lafon, do Laboratoire de Recherche en Informatique de Orsay, o problema será então evitar que, frente a tal *profusão*, a sociedade da informação venha a desabar sob seu próprio peso.[24]

A felicidade ambígua da "gratuidade"

O quarto benefício que extraímos de nossa entrada na era virtual certamente é a *gratuidade*. Ele é o mais extraordinário, mas também o mais incômodo. A rápida diminuição do custo de fabricação e de duplicação dos conteúdos tornou a *gratuidade* uma das leis não escritas do universo virtual. Na Internet, salvo exceções, o acesso a um dado não *custa* nada, assim como o intercâmbio *peer to peer* (P2P) não implica nenhum custo nem tampouco qualquer transferência de posse para aquele que "dá". Se eu envio a meu vizinho ou a um amigo um concerto de Mozart em formato MP3, o benefício que pode ser extraído dele não corresponde a nenhuma perda de minha parte. O mesmo raciocínio se aplica a uma galeria de fotos, a um texto de mil páginas ou a um filme digitalizado. Esse modo de troca, inicialmente encorajado pelo site Napster (por volta de 2000), generalizou-se rapidamente. Evidentemente, o princípio de gratuidade subverte as três modalidades tradicionais da troca: o escambo, a venda e a doação. Aquele que dá não renuncia a nada. A ontologia da troca não é mais a mesma, e os modelos de antes de ontem se tornam obsoletos. A emergência da "outra" lógica é ao mesmo tempo feliz e cataclísmica.

Ainda não foram bem avaliadas as consequências dessa substituição sobre o funcionamento econômico dos sistemas, especialmente no domínio cultural. Ora, a gratuidade é considerada como algo evidente para todos aqueles que têm menos de quarenta anos de idade. Os *digital natives*, que nasceram e cresceram com computadores, nunca imaginaram ter de pagar para beneficiar-se com a *profusão* evocada há pouco. Eles não renunciariam facilmente a esse presente. Prova disso é a violência dos protestos com os quais é recebida a menor veleidade de regulação ou de imposição de tarifas. A lei de 12 de junho de 2009, chamada de lei Hadopi (acrônimo de Haute Autorité pour la Diffusion des Œuvres et la Protection des droits sur

---

[24] Retomo aqui as informações apresentadas no *CNRS Journal*, nº 250, novembro de 2010.

Internet), é um bom exemplo dessa grande luta. Supõe-se que ela opõe um princípio de liberdade a intenções mercantis.

Na verdade, as coisas não são tão simples assim.

A gratuidade já possui seus teóricos. Estes últimos nem sempre são filantropos puros. O mais citado é o jornalista americano Chris Anderson, redator-chefe da revista *Wired*. Ele inspirou a teoria de marketing da *cauda longa*, que postulava a existência de uma nova lei de mercado. A Internet, com seus catálogos infinitos, disponíveis vinte e quatro horas por dia em qualquer lugar do mundo, repentinamente tornaria rentáveis, segundo Anderson, as pequenas vendas tradicionalmente deficitárias. Em seus livros, Anderson converte-se em advogado de uma "economia da gratuidade".[25] Ele tende a ser severo em relação ao uso que pode ser feito do termo *gratuidade* para "enganar os consumidores", mas nem por isso deixa de manter a convicção de que no futuro "cada empresa deverá fabricar produtos gratuitos ou entrar em concorrência com companhias cujos produtos serão gratuitos".[26] De acordo com esse modelo, a gratuidade permite ou adquirir informações sobre o internauta (hábitos, desejos), que são revendidas sem o seu conhecimento, ou atrair público e vender um serviço exclusivo para alguns. No que diz respeito ao resto — todo o resto —, Chris Anderson é um ardente defensor da economia de mercado, em sua acepção mais liberal.

O fortalecimento do princípio da gratuidade, portanto, nem sempre é irônico, como acreditam — e defendem — alguns *geeks* (a palavra designa os apaixonados pela sociabilidade informática). No cotidiano, ela não deixa de corresponder a um lucro espetacular. A consulta de bilhões de dados por cada um de nós ainda permanece gratuita, apesar dos esforços do sistema mercantil para transformar a Internet em um supermercado planetário (somente 0,3% dos arquivos em circulação é pago!). No longo prazo, contudo, repete-se em todos os matizes, essa gratuidade fragiliza as atividades culturais — sobretudo a música e o cinema — e destrói a imprensa escrita em numerosos países. No futuro, os danos colaterais provocados por ela serão mais insidiosos. Deve-se ter em mente o seguinte paradoxo: as sociedades proprietárias de mecanismos de busca geralmente têm resultados

---

[25] Chris Anderson, *Free! Entrez dans l'économie du gratuit*, trad. de Michel Le Séac'h, Pearson, 2009.
[26] Entrevista no *Libération*, 20 de março de 2009.

financeiros gigantescos. Para citar apenas um exemplo, a capitalização do Google na Bolsa atingiu cento e quarenta e cinco bilhões de dólares em 2010. Quanto à rede social Facebook, seu dono, Mark Zuckerberg, deu a entender que sem dúvida entraria na Bolsa em 2011 ou 2012, com uma capitalização de cinquenta bilhões de dólares. Ora, essas empresas existem apenas desde 1998 e 2006.

Gratuidade, por um lado, lucros exponenciais e valorização acionária fenomenal, por outro: a discordância deveria produzir reflexão. Na verdade, o conceito de *gratuidade* nem sempre é muito claro. Em geral, dissimula uma lógica mercantil que simplesmente tomou outros caminhos: onipresença publicitária, mercantilização de dados pessoais (no Facebook, cada internauta acaba alimentando um fabuloso questionário-cliente jamais sonhado pelos serviços de marketing antes da Internet), venda de arquivos de clientes, arquivamentos e comercialização de tendências de compra e de buscas etc. A dominação do sistema, em vez de desaparecer, muda de configuração e funciona de um outro modo.

O capitalismo também é uma categoria mutante.

O capitalismo do acesso

Em todo caso, os quatro benefícios já enumerados ilustram, até mesmo em sua ambiguidade, o movimento geral do qual somos contemporâneos: a passagem progressiva do real para o virtual, a relegação do antigo mundo dos territórios e da matéria em favor do sexto continente, cópia virtualizada dos outros cinco. Seria abusivo concluir a partir disso que o imaterial *substituiu* o real. Seria mais uma vez extrapolar uma *tendência*. É preferível a fórmula de Georges Balandier: "O universo imaterial abre algo como buracos negros em que o universo da materialidade se dissipa."[27] Deve-se colocar o próprio capitalismo entre os fragmentos de realidade que já foram amplamente dissipados.

Um dos primeiros a propor uma reflexão global sobre a mutação tendencial do capitalismo na época do virtual é o ensaísta americano Jeremy Rifkin, especialista em prospectiva econômica e científica, cuja influência é forte na Europa. Segundo seu ponto de vista, a lógica imaterial

---

[27] Georges Balandier, *Le Grand Dérangement, op. cit.*, p. 83.

do mundo provoca uma transformação, ao menos parcial, do conceito de propriedade. A interconexão generalizada, a complexificação das redes comerciais, a concorrência com as transações tradicionais enraizadas no real, tudo tende a relegar para o segundo plano a *propriedade*, no sentido em que nós a entendíamos até então. Rifkin se inspira, aqui, nas intuições clarividentes (pois datam de 1970) do canadense Crawford Macpherson, professor da Universidade de Toronto. Macpherson mostra que, em um mundo digitalizado e configurado em redes, o valor predominante não é mais necessariamente a propriedade, mas sim "o direito de não ser excluído do acesso aos [novos] recursos".

A escassez de inteligência

"Virtualmente superado, o capitalismo se perpetua utilizando um recurso abundante — a inteligência humana — para produzir escassez, inclusive a escassez de inteligência. Essa produção de escassez em uma situação de abundância potencial consiste em criar obstáculos à circulação e ao compartilhamento de saberes e conhecimentos: especialmente pelo controle e privatização dos meios de comunicação e de acesso, por meio da concentração em uma camada muito estreita das competências que são chamadas a funcionar como 'capital cognitivo'."

André Gorz, *L'Immatériel. Connaissance, valeur et capital*, op. cit., p. 81.

Desse ponto de vista, a inclusão participativa, a admissão em uma rede tende a se sobrepor — mesmo que ainda se esteja longe de atingir tal objetivo — ao desejo de posse. A conexão em sentido amplo, isto é, imediata e diversificada, torna-se necessária para quem deseja realizar seu "desenvolvimento pessoal" e ter "uma vida plenamente humana". No que diz respeito à curiosidade de cada pessoa, ou mais exatamente sua *atenção*, ela própria se torna um *valor mercantil* que o sistema procurará escalonar e rentabilizar. O imperativo da velocidade produz aqui todo o seu efeito. A propriedade, enquanto instituição central da antiga economia, com sua espessura patrimonial ou imobiliária, *funciona em um ritmo lento demais*. A nova economia opera em ciclos de minutos, segundos, até mesmo nanossegundos. A concretude de um patrimônio do tipo antigo é não apenas lenta demais para mover-se, também é excessivamente pesada.

Era essa a observação feita pelo filósofo Zygmunt Bauman ao evocar a nova "liquidez do mundo".[28]

Rifkin, nesse ponto, segue seus passos. "A troca de bens entre vendedores e compradores — característica central da economia de mercado moderna —", diz ele, "é substituída por um sistema de acesso de curto prazo que opera entre servidores e clientes organizados em redes. Os mercados clássicos subsistem, mas seu papel possui uma importância cada vez menor em nossa existência."[29] No mesmo trabalho, Rifkin acrescenta que logo a própria ideia de propriedade sem dúvida parecerá obsoleta, problemática, até mesmo completamente inadequada. Esse autor não exclui a possibilidade de que ela desapareça pouco a pouco em proveito do uso locativo, muito mais adequado a uma sociedade em transformação permanente. Essa prática já se banalizou no caso dos automóveis ou de certos equipamentos domésticos. É provável que ela se expanda.

É preciso acrescentar que as mercadorias, assim como as empresas que as produzem, também tendem a se tornar virtuais, e de várias maneiras. Em primeiro lugar, o valor de um produto pouco a pouco se desvincula de sua estrita materialidade. Encontra-se aqui todo o paradoxo das *marcas* e dos *logos* que prevalecia muito antes da Internet. O que é vendido não é mais realmente um objeto, e sim um signo, um símbolo de pertencimento. Em outras palavras, a verdadeira natureza do que é vendido é imaterial. Compro um tênis Nike não necessariamente pela qualidade de seu material, mas sim devido ao prestígio simbólico que veicula. Além disso, a maior parte das grandes marcas vendidas no mundo não mais corresponde a "empresas", no sentido antigo do termo. Elas às vezes não têm nem fábrica, nem escritório, nem linhas de montagem. Simplesmente coordenam o trabalho efetivo de incontáveis empresas terceirizadas. De um certo ponto de vista, o próprio âmago de sua atividade se tornou virtual. Essa tendência prolonga, ampliando uma lógica capitalista mais antiga, a da externalização.

O acesso e o símbolo como substitutos possíveis para a posse material alcançam as instituições mais antigas do filósofo Pierre Lévy, um dos primeiros a teorizar a cibercultura. "No ciberespaço", dizia ele em 2000,

---
[28] Ver especialmente Zygmunt Bauman, *L'Amour liquide. De la fragilité des liens entre les hommes*, trad. fr. Christophe Rosson, Le Rouergue-Chambon, 2004; reed., em livro de bolso, Hachette, "Pluriel", 2010.
[29] Jeremy Rifkin, *L'Âge de l'accès. La nouvelle culture du capitalisme*, La Découverte, 2005, p. 13.

"torna-se ainda mais evidente que são os movimentos de nossa atenção que dirigem tudo. A medição das passagens e dos retornos às páginas da Internet, o registro do menor clique de mouse, isto é, o rastreamento mais preciso já realizado da atenção coletiva e individual, é a matéria-prima do novo marketing, que passará a orientar o conjunto da produção."[30]

No fim das contas, a transformação do conceito de propriedade também altera o de "bem mercantil" em geral. O objeto do comércio, seu conceito operacional, muda de natureza. A concorrência organizada pelo sistema não mais visa apenas à sedução dos clientes potenciais, após a avaliação de seu poder de compra individual. Medida em segmentos de tempo, a própria vida de cada indivíduo adquire um valor comercial. Quanto tempo um homem precisará para alugar um automóvel? Qual pode ser a *duração* da atenção que uma mulher dedicará à fala de um decorador? A uma mensagem publicitária? Quantos anos de leitura paga se pode esperar de um assinante masculino com idade de cinquenta anos? O *tempo de vida* torna-se o primeiro conceito em torno do qual passam a gravitar todos os dispositivos comerciais. Teorizou-se sob a expressão *lifetime value* (LTV) ou "valor mercantil do momento de vida".

É esse "momento", essa mercadoria imaterial, que as empresas colocam no mercado e que seus clientes compram. O LTV já é considerado um conceito-chave do marketing. No glossário comercial francês, ele é enunciado do seguinte modo: "Margem de expectativa, valor do tempo de vida do cliente, isto é, estimação do lucro futuro gerado durante a vida de um cliente." Os alunos das grandes faculdades de comércio são calmamente convidados a refletir sobre esse novo "conceito operacional".

Essa formulação pode ser considerada fria.

Desse modo, sob o efeito de uma reviravolta espetacular, cada ser humano é levado a *comprar, sob a forma de segmentos pagos, um pouco de sua própria existência*. Com isso, pode-se ver o surgimento de uma nova figura da dominação. Ao transformar em valores mercantis a *atenção* e o *momento de vida*, ela abre caminho para um projeto de manipulação da mente. Além disso, essa nova lógica da troca paga deixa intacta uma questão muito importante: se o pensamento e o tempo humanos se tornam mercadorias, o que ocorrerá com os pensamentos e com as vidas que não serão imediatamente comercializáveis? Em outras palavras, restará algum lugar para o pensamento não

---

[30] Pierre Lévy, *World philosophie*, Odile Jacob, 2000, p. 127.

mercantil, para a ideia invendável, para a desatenção sonhadora, para o bem comum?

Será, em suma, que a gratuidade do imaterial nos conduzirá rumo a um mundo em que nada será gratuito? Essa pergunta, como veremos mais adiante, merece ser feita. "Quando todos são incorporados em todos os tipos de redes comerciais, de modo permanente, por toda uma série de vínculos financeiros do tipo locação, parceria pagante, assinaturas ou honorários, [...] o tempo cultural desaparece, e os únicos laços que mantêm a civilização coesa são vínculos comerciais."[31]

Um sistema que abrange tudo

Digamos logo de início: às críticas contundentes de Bauman ou de Rifkin respondem análises menos alarmistas. As da socióloga francesa Ève Chiapello, professora no HEC (École des Hautes Études Commerciales de Paris), merecem ser evocadas aqui. Para essa autora, cometer-se-á um erro caso sejam esquecidos os ganhos proporcionados aos consumidores por esse novo espírito do capitalismo (para retomar o título de um de seus livros, em coautoria com Luc Boltanski). A fluidez das redes através das quais ele se desenvolve, o caráter "enxuto" que lhe é conferido pela externalização cada vez maior de suas funções, tudo isso permite que o novo sistema responda melhor aos desejos dos consumidores. Estes últimos são cada vez mais individualizados, nômades, mutantes, instáveis, mas também imperiosos em seus desejos de compra. A brutalidade de seu funcionamento não é senão a tradução da impaciência quase libertária de seus clientes. Para responder a isso, o assim chamado sistema deve ser capaz de se adequar imediatamente a mercados cada vez mais caprichosos. O antigo capitalismo não era capaz disso. Ève Chiapello não está longe de perceber nessa transformação radical uma herança direta e feliz de... Maio de 1968.

Uma interpretação próxima, deliberadamente otimista também, é apresentada pelo comentarista econômico da *New Yorker*, James Surowiecki. Esse jornalista especializado, que também escreve para o *Wall Street Journal* e para o *New York Times*, considera que o novo capitalismo em rede permite aproveitar melhor a inteligência coletiva dos consumidores. Em sua opinião,

---

[31] Jeremy Rifkin, *L'Âge de l'accès, op. cit.*, p. 18.

eles literalmente tomaram o poder e agora ditam o rumo a ser seguido. A maquinaria econômica estaria hoje sob seu controle. O cliente teria se tornado rei, em suma. Ora, diz ainda Surowiecki, é legítimo contar com a "sabedoria das massas". A reação coordenada das massas seria sempre mais pertinente que qualquer decisão tomada por um único indivíduo ou por um pequeno grupo de responsáveis. Desse ponto de vista, a reatividade sem precedentes de uma rede digital contribuiria para uma maior sabedoria nas escolhas cotidianas ditadas pelos consumidores. Daí resultaria um inegável "mais" em termos de qualidade dos produtos, de custo ou de melhoria funcional dos dispositivos de produção.

Em sua obra *A Sabedoria das Multidões*, o jornalista propõe uma reformulação digital — e aperfeiçoada — da famosa mão invisível do mercado, outrora teorizada por Adam Smith.[32] O título escolhido apresenta-se como uma resposta argumentativa ao famoso trabalho de Charles Mackay, *Loucura das massas*, publicado no século XIX. Ainda que nem tudo seja falso nessas observações, a verdade obriga a dizer que elas pecam por ingenuidade, para dizer o mínimo. Os fenômenos de massa raramente possuem a sabedoria que Surowiecki lhes atribui. Toda a antropologia e a etnologia contemporâneas demonstram que eles obedecem antes a tropismos miméticos, a manias brutais, a variações de humor ou a movimentos cuja primeira virtude certamente não é a racionalidade. O século XX nos mostrou até que grau de violência, de pânico, de linchamento ou de selvageria uma massa que obedecia às suas escolhas coletivas podia conduzir.

De um ponto de vista estritamente econômico, a mesma observação vale para o funcionamento dos mercados financeiros. Estes últimos são como uma multidão virtual cujas decisões parecem ser o produto de uma arbitragem matemática. Ora, depois de tantas crises ou de pânicos nas bolsas, é difícil pensar — como ainda se fazia nos anos 1990 — na suposta racionalidade dos mercados. Viu-se de que modo eles podiam ser atravessados por movimentos descontrolados, por paixões repentinas, por variações de humor intempestivas. As bolsas, capazes de loucura e de desrazão, não são mais as instâncias racionais cujos méritos eram louvados, opondo-se sua "sabedoria" ao "populismo" ou à demagogia do político.

No que diz respeito à correlação que Ève Chiapello estabelece entre o espírito de Maio de 1968 e o do neoliberalismo digital, ela é verdadeira.

---

[32] James Surowiecki, *La Sagesse des foules*, trad. Elen Riot, Jean-Claude Lattès, 2008. [*A Sabedoria das Multidões*, Record, 2006.]

Aliás, foi frequentemente teorizada, mas nem sempre da mesma maneira. Retrospectivamente, percebe-se que, ao liberar os indivíduos de seus engajamentos sociais, familiares, culturais ou institucionais, a grande ruptura de 1968 facilitou que se tornassem mais manipuláveis pelo mercado e mais vulneráveis ao marketing. Situa-se aqui a verdadeira — e terrível — correlação entre o "liberal" e o "libertário". Mas apenas os *libertarianos* de estrita obediência se comprazem com isso.

O capitalismo digital merece, pois, ser mais bem examinado e mais severamente criticado. A lógica que o governa, a do imaterial, certamente proporciona fluidez, profusão e conforto operacional. No entanto, ela não deixa de constituir um sistema "engole-tudo" que favorece a mercantilização geral das realidades humanas. Quando a conexão ocupa o lugar de um bem de primeira necessidade; quando o acesso às redes é colocado à frente, ainda que parcialmente, da vontade de posse, o virtual tarifado tende a ter mais peso que a vida viva, isto é, não mercantil. A própria vida torna-se, por meio da patenteabilidade dos seres vivos, um *objeto de comércio*.

A dominação, por sua vez, muda insidiosamente de titulares. Aqueles que, seja sob o título que for, controlam os acessos tornam-se os detentores do verdadeiro poder. São eles que dispõem do poder soberano de separar os excluídos e os incluídos. São os controladores das eclusas postados na entrada dos canais de um mundo que se tornou líquido. Abrem ou fecham a eclusa em função de seus próprios interesses. Esses novos guardiões (*gatekeepers*) que filtram e que comercializam a admissão nas redes já constituem uma nova classe dominante, que enriqueceu mais rapidamente que os antigos proprietários. Pense-se nos privilégios — e nas mais-valias — dos diversos Fornecedores de Acesso à Internet (FAI). Recorde-se a amalucada valorização das *startups*, as jovens empresas digitais, pouco antes da explosão da primeira bolha da Internet, em março de 2000.

Mas a nova dominação não segue o mesmo compasso que a antiga. A principal estratégia *não consiste mais em controlar o mundo, mas simplesmente em "engolir"* — *digitalizando* — *as realidades que o compõem*. "No momento em que a burguesia digital surge, somando-se às burguesias rurais e industriais surgidas das revoluções técnicas passadas, os novos donos do mundo não são mais aqueles que pretendem controlá-lo deliberadamente, mas aqueles que, em nome do interesse geral, pretendem recuperá-lo."[33]

---

[33] Cédric Biagini e Jérôme Carnino, *La Tyrannie technologique*, L'Échappée, 2007, p. 8.

Um lugar para os "especialistas"

Ainda resta compreender por que a digitalização facilita esse engolimento do real, o qual é um prelúdio à sua colocação no mercado. Para simplificar, dir-se-á que, ao dispensar uma parte da materialidade — seja ela inerte ou viva —, o imaterial permite a instauração de uma espécie de totalitarismo brando, o da equivalência generalizada. O elemento constitutivo do digital se resume, em todos os casos, a uma sequência ordenada de 0 e de 1. Quer se trate de sons, textos ou de imagens, a configuração virtual torna-se extraordinariamente simples. Ela consiste no arranjo particular, declinável ao infinito, dos dois mesmos símbolos matemáticos. A antiga realidade que se tornou virtual, isto é, *simplificada*, torna-se ao mesmo tempo conversível, transportável, localizável, manipulável, vendável etc.

Ao mesmo tempo, o *visível* tende a se tornar tão importante quanto o *real*, com a imagem ganhando mais importância que a substância da qual é reflexo. O engolimento de que falamos há pouco corresponde, em última análise, a um *escamoteamento*, para não dizer um *rapto*. Jean Baudrillard referia-se a isso quando escreveu, a respeito da onipresença dos monitores de vídeo nas sociedades contemporâneas: "Hoje, o monitor torna-se o mundo, assim como o mapa se torna o território. Vivemos agora em uma espécie de colusão total. O próprio princípio de realidade desapareceu. Quando todos se comunicarem com todos, viver-se-á em uma espécie de transparência mortífera e inesgotável, em uma saturação total de artefatos, de simulacros, de informação perpétua e de imagens..."[34] Em outros textos, Baudrillard evocava a generalização do *simulacro*.

Quando o *signo* tende a se tornar mais importante que a *realidade*, quando um reflexo simplificado, mensurável e rastreável, entra em competição com a antiga complexidade da matéria, tudo aquilo que "se conta" tende a prevalecer sobre o "que conta". A avaliação, a quantificação, a notação aritmética pouco a pouco passam a governar nossa presença no mundo. A nova *mídia*, mais abrangente e mais maleável que qualquer outra, ganha mais importância que o conteúdo da experiência humana. A vida individual ou coletiva é submetida a uma avaliação permanente. Quando a experiência sensível é dispensada; quando a informação toma o lugar da materialidade; quando

---

[34] Jean Baudrillard, "Les humains hypnotisés par les écrans perdent tout sens critique", *Le Monde 2*, nº 528, 28 de maio de 2005.

o real pode ser colocado em fórmulas, a figura do *especialista* torna-se predominante. A vida por inteiro torna-se assunto de especialistas. Somente estes últimos são capazes de fazer "boas" avaliações. É pela fenda aberta da obrigatoriedade do conhecimento especializado que se infiltra a mercantilização generalizada. Logo precisaremos de especialistas para apreciar a qualidade de nosso sono, a inocuidade de nossa alimentação, a capacidade de sedução de nossa aparência, a intensidade de nossos orgasmos, o desempenho de nossa memória, a reatividade de nossa mente, o histórico de nossa educação, o valor dos cuidados que dedicamos aos nossos filhos etc.

A intervenção dos especialistas em cada estágio de nossa existência corresponde a uma *externalização generalizada das atividades humanas*. Estas últimas deveriam ser assumidas por agentes especializados, diplomados, reconhecidos. Eles são os prestadores dos cuidados de que necessitamos para perfazer nosso desenvolvimento pessoal. Uma série de tarefas cotidianas (educativas, familiares, culinárias etc.) que eram feitas à margem de qualquer regulação comercial participava do viver em comum, e ninguém teria pensado em cobrar por elas. Isso mudou. Acredita-se que essas tarefas exigem uma competência que está fora do alcance do cidadão comum. Elas se profissionalizaram ao se tornarem pagas. Não se tem certeza de que essa operação seja positiva para os pretensos beneficiários, que somos nós. A transformação pode acabar se revelando um jogo de otários, especialmente para as mulheres. Ao se basear no saber dos profissionais (pediatras, puericultores, obstetras...), inicialmente a posição das mulheres no seio da família melhorou. Mas acabaram, por fim, sendo vítimas de uma outra dominação, a do mercado e a dos especialistas, cujos serviços são sempre pagos, não apenas para a satisfação de seus desejos, mas para sua própria definição.[35]

Detenhamo-nos um pouco mais nessa questão da definição de nossos desejos. O fenômeno é pernicioso. A fim de sermos capazes de fazer nossa vida "dar certo", somos convidados a nos conformar com uma série de normas. Ainda ontem elas eram criadas por instituições fortes e opressivas (Igreja, escola, família, Estado). Também podiam ser resultado do pertencimento a uma cultura, operária ou rural, ou podiam ser transmitidas no âmbito de uma tradição política ou sindical. Essa normatividade proveniente

---

[35] Inspiro-me aqui em uma observação de Christopher Lasch, "Vivre dans l'État thérapeutique", em *Les Femmes et la vie ordinaire*, op. cit., p. 233. [*A Mulher e a Vida Cotidiana*, Civilização Brasileira, 1999.]

da transmissão expirou. Em nossas sociedades fundadas na liberdade individual, a fixação das normas segue outros canais. Ela resulta de uma pressão midiática e "subcultural" mais difusa, mas não menos prenhe de implicações. Provém das revistas especializadas, dos conselhos veiculados pela televisão, dos grupos de discussão na Internet, das modas lançadas nas novas redes sociais etc.

A nova pressão normativa é ainda mais eficaz por ser suave e por criar a ilusão de que cada um se submete livremente. Acrescentemos que ela raramente é desinteressada. O sistema que promove cotidianamente essas normas é um componente, pleno, do universo mercantil. O menor conselho geralmente é acompanhado pela promoção de um produto comprável. Desse modo, a produção de regras torna-se um ramo particular do marketing global, justamente aquele que alguns autores tornam responsável pela *miséria simbólica* das sociedades avançadas.[36]

O sociólogo Jean-Hugues Déchaux considera que essa produção normativa corresponde, em última análise, a uma terceirização mercantil da intimidade. "Essa terceirização", diz ele, "não diz respeito apenas ao trabalho doméstico (externalizar atividades domésticas como compras de supermercado, faxina, tomar conta de crianças ou de pessoas idosas, cuidados etc.), mas também à intimidade: a educação das crianças, a organização de festas ou de aniversários (especialmente das crianças), a criação de álbuns de fotos ou a confecção de DVDs de lembranças familiares, a organização de encontros amorosos, a escolha do tipo de funeral que se quer para si mesmo etc. [...] O que é oferecido para venda não é simplesmente material. É uma definição (quase imperceptível) das boas práticas."[37]

Esses dispositivos evidenciam um aperfeiçoamento relativamente extraordinário do neocapitalismo digital. Este último é, pois, capaz de produzir normas, de impô-las suavemente e de vender o que pode nos ajudar a respeitá-las. A recursividade da dominação é quase perfeita. O sistema fecha-se sobre si mesmo, tende a rechaçar o que lhe é estranho — a saber, a própria substância da vida viva e gratuita.

---

[36] Ver os trabalhos de Bernard Stiegler, *La Misère symbolique*, 1, *L'Époque hyperindustrielle*, Galilée, 2004; 2, *La Catastrophe du sensible*, Galilée, 2005.
[37] Jean-Hugues Déchaux, "Ce que l' 'individualisme' ne permet pas de comprendre. Le cas de la famille", *Esprit*, junho de 2010, p. 103.

O que escapa aos algoritmos

A dominação assim descrita certamente não é absoluta. Ao apontar os processos graças aos quais seu império se fortalece, indica-se mais uma *tendência* que uma realidade maciça. Graças a Deus, ainda há em nossas sociedades numerosos bolsões de gratuidade que escapam da influência da mercadoria. Nem os laços sociais, nem a experiência da vida comum, nem a gratuidade natural desapareceram de vista. (Diversos movimentos associativos ou alternativos, aliás, procuram reconquistar, aqui ou ali, uma parte do terreno perdido.)[38] Isso não impede que o discurso dominante deprecie de bom grado o que provém do *amadorismo*, termo que se opõe ao *profissionalismo*. Em razão disso, o próprio Estado pode — assim como o mercado — mostrar-se discretamente hostil às atividades desenvolvidas ao modo antigo, fora da lógica comercial. Trabalho em casa, descanso do domingo, voluntariado associativo, solidariedade familiar, produção própria: há uma longa lista de atividades humanas que hoje são vistas com desconfiança. É como se elas não fossem suficientemente produtivas, ou securitizadas, para falar no idioma em vigor.

Essas atividades possuem, sobretudo, o inconveniente de se mostrarem refratárias às estatísticas, à taxação, às avaliações dos especialistas, à contabilidade nacional, ao cálculo da taxa de crescimento, às codificações profissionais, em suma, ao "pensamento do número". Elas estão fora do sistema. Far-se-á de tudo — com moderação ou não — para fazê-las se encaixar em nome de uma *obrigação de desempenho* verificável. No discurso dominante, a palavra "desempenho" designa o Bem supremo, ou algo próximo disso. A tendência consiste em substituir as antigas relações humanas que procediam da *subjetividade* por vínculos contratuais — assinaturas pagas, locação, honorários, parceria comercial, taxas de administração etc. Nem o sistema nem seus programas sabem gerenciar coisas tão bizarras quanto a confiança, a solidariedade, a empatia, a dedicação, a coesão social, a cumplicidade amorosa ou familiar. A *vida viva*, em suma, escapa anarquicamente dos algoritmos dos computadores.

Acrescentemos que a *subjetividade* nunca é contabilizável, avaliável, transparente. Sua imprevisibilidade eruptiva — e criativa — torna-a ainda mais perturbadora aos olhos dos especialistas. Uma astúcia sempre pode

---

[38] Ver, mais adiante, capítulo 7: "A Resistência a partir de dentro".

ocultar-se nela, dissimular-se uma mentira, abrigar-se uma desatenção sonhadora. Nada disso é compatível com a racionalidade instrumental dos sistemas. A subjetividade humana é, por natureza, *incalculável*. Esta última palavra nos remete à esplêndida observação de Paul Claudel sobre a poesia: "É necessário que haja no poema um número de tal ordem que impeça a contagem." Por comparação, é atribuída aos especialistas indicados, assim como aos programas de computador, uma virtude fria: eles contam, mas supostamente nunca mentem.

Compreende-se de que modo a expansão do virtual mercantil pode acarretar, no longo prazo, um esvaziamento da cultura, sendo esta nada mais que um outro nome da subjetividade humana. A tendência numérica que conduz a transformar tudo em produto vendável — até mesmo o tempo humano — implica o despejo progressivo de tudo aquilo que não possui utilidade imediata. Para que poderia servir ler Immanuel Kant, Sêneca ou *A princesa de Cleves*? Qual poderia ser a utilidade imediata da compaixão ou da poesia? Perguntas muito bobas na verdade. Toda sociedade humana se edifica sobre um alicerce de atividades gratuitas e de valores inúteis. André Gorz recorda essa evidência quando diz: "Somente as capacidades que excedem toda funcionalidade produtiva, *a cultura que não serve para nada*, tornam uma sociedade capaz de interrogar-se sobre as mudanças que se operam nela e de lhes imprimir um sentido."[39]

Deparamo-nos aqui com a constatação irônica feita por Cornelius Castoriadis no começo dos anos 1980. O neocapitalismo deve sua existência a uma série de tipos humanos, de valores e de modelos sociais que ele próprio não é capaz de fabricar. Digamos que as lógicas contábeis e mercantis que o constituem não foram forjadas para produzir o substrato antropológico sobre o qual se erige a própria economia de mercado. Aludimos a essa ideia na introdução: de um certo ponto de vista, o sistema vive sobre uma jazida fóssil. Ele é o herdeiro ingrato — e imprudente — de um corpo de valores elaborado por outras épocas, no passado. Ora, estes se esgotam mais rápido que o petróleo.

A observação já foi feita mil vezes: beneficiária inconsciente dessa renda simbólica, a economia de mercado, a cada vez que perde as estribeiras — como é o caso com a digitalização —, comporta-se como uma criança

---

[39] André Gorz, *L'Immatériel. Connaissance, valeur et capital*, Galilée, 2003, p. 31 [*O Imaterial: conhecimento, valor e capital*, Annablume, 2005.]

pródiga que dilapidaria de modo cada vez mais rápido o capital cultural que lhe permite viver. Quando o sistema justifica a avidez, repudia o conceito de bem comum, dedica-se a dissolver os corpos intermediários, conspira para a retração, até mesmo para o desaparecimento do Estado (como desejam os libertarianos), esquece o papel central da coesão social, o capitalismo aposta contra seu próprio futuro. Ele abala o alicerce sobre o qual ainda se mantém em pé. Esse tropismo autodestruidor, observado há muito tempo, é poderosamente reforçado pelas novas lógicas da digitalização. A razão para tanto é simples: ao dispensarem o real, elas apagam a própria ideia de limite.

Em termos culturais, essa abolição dos limites resulta no mais perigoso dos reducionismos. Este consiste em dar preferência ao *conhecimento instrumental* em detrimento das outras formas de saber, das quais a cultura, em sentido amplo, é um produto compósito. Vários autores enfatizaram a existência necessária, ao lado da estrita racionalidade, do conhecimento-verdade, do conhecimento-beleza, do conhecimento-sabedoria. Para retomar a expressão citada acima, todas essas dimensões pertencem à *cultura que não serve para nada*, ou apenas para construir uma sociedade humana. Ela, aliás, desempenha um papel importante — e subestimado — no próprio âmago da economia. Para citar apenas um exemplo, é possível imaginar uma economia sem o ingrediente da *confiança*? E do que a consciência é fruto senão dessa cultura "inútil" atualmente relegada às margens do sistema?

A fabricação de consumidores

Lendo-se atentamente os defensores mais ferventes do imaterial, compreende-se melhor por que o perigo aumenta. Com efeito, eles frequentemente se entregam. Nos diferentes trabalhos que consagrou à cibercultura, Pierre Lévy considera como um fato consumado a transformação de cada indivíduo em uma "empresa" dedicada a fazer negócios com qualquer coisa. Em sua opinião, é preciso aceitar a ideia de que tudo possa ser medido em dinheiro: sexualidade, casamento, beleza, saúde, conhecimento, ideias etc. O ser humano em gestação será um empreendedor preocupado em administrar melhor o "capital" de que é proprietário, e que, na verdade, é a sua própria vida. Tratar-se-á, para cada um, de velar do modo mais inteligente possível pela *produção de si mesmo*. O uso da expressão *capital humano*, muito frequente no universo da administração, diz exatamente o que quer dizer. O *si*, enquanto capital, deve ser lucrativo, isto é, rentável e bem-administrado.

Naturalmente, resta saber o que se entende por boa administração. O indivíduo que é assim convidado a *produzir a si mesmo* não é qualquer um. Antes de ser visto como um cidadão, pai de família, poeta livre de obrigações ou amante das estrelas, é primeiramente definido como *consumidor*. O discurso dominante privilegia essa dimensão em detrimento de todas as outras. A entrada no imaterial acentua uma tendência inerente à teoria econômica neoclássica e a qual a expressão latina *Homo oeconomicus* designava até então. Essa designação reduz a complexidade humana a apenas uma de suas características: a capacidade de fazer escolhas racionais em função de sua *utilidade*. Cada um é convidado à *produção de si mesmo* nessa acepção redutora. Trata-se na verdade de *produzir consumidores* e, portanto, *ipso facto*, de produzir a si mesmo como consumidor.

O homem como instrumento

"A prova de que tudo isso se joga no Ser e de que o homem não controla o jogo é que o homem está preso em algo que não controla. Essa é a questão da sociedade de consumo: loucura desse processo de produtividade ao infinito em que o homem é instrumento e de modo algum mestre. E é aqui que o pensamento chega atrasado, porque o pensamento julga que pode oferecer soluções técnicas para esse problema que tem sua origem na relação do Homem com o Ser e do Ser com o Homem para além de toda realidade técnica particular. Por exemplo, será feita uma tentativa de controlar os gases de efeito estufa. Pois bem. Mas essa ainda é uma resposta técnica. O que está em jogo não é a técnica no sentido primeiro, empírico, mas sim a relação do homem com seu próprio ser. É necessária uma mutação dessa relação."

Bernard Sichère, "Pour une pensée de haute mer", revista *Nunc*, setembro de 2009, p. 15.

Fabricar consumidores? A expressão pode causar perplexidade. No entanto, ela é correta. Em um de seus últimos livros, André Gorz nos convida a examinar de perto a extraordinária história do sobrinho de Freud, Edward Bernays (1891-1995), que é apresentado como o inventor da propaganda moderna e das técnicas de manipulação das mentes. Fizemos isso. Nascido em Viena, Bernays tinha apenas um ano de idade quando seus pais se mudaram para os Estados Unidos, onde rapidamente obtiveram a cidadania americana. Quando seu percurso e seus escritos são evocados, insiste-se primeiramente no uso que foi feito deles pelos regimes totalitários do século XX. É verdade que esse uso é perturbador. Do lado dos nazistas, sabe-se que Goebbels foi um fervoroso admirador de Bernays, e que um de seus livros, *Crystallizing Public Opinion*, publicado em 1923, foi lido com muita atenção e usado pelo próprio Hitler.[40]

As duvidosas recuperações do pensamento de Bernays (Goebbels e Hitler inspirando-se em um autor judeu!) não devem nos deixar esquecer de que ele também se interessou — e até mesmo sobretudo — pela propaganda econômica, isto é, pela publicidade. Hoje, isso seria chamado de marketing. Inicialmente, ele ofereceu seus talentos à American Tobacco e criou, com sucesso, a campanha publicitária da marca Lucky Strike. Mais tarde, ele se vangloriaria de ter conseguido fazer as mulheres fumarem, e em todo o planeta. Para isso, desviara muito habilmente a sensibilidade feminista e democrática, apresentando o cigarro como um direito, ao mesmo tempo em que martelava — sem que ele próprio acreditasse nisso — que o cigarro era bom para a saúde. Chegou até mesmo a batizar as fumantes de "tochas da liberdade"! Bernays, apresentado como o pai da manipulação, pretendia inspirar-se nas pesquisas sobre o inconsciente conduzidas por seu tio, Sigmund Freud. Ele propôs um conceito, a *engenharia do consentimento, a arte de fabricar consumidores*.

Um detalhe significativo: seu juízo sobre a massa se opunha às visões ingênuas, para não dizer cândidas, evocadas há pouco. Diferentemente de James Surowiecki, ele não acreditava na inteligência natural das massas, muito pelo contrário. Em sua opinião, uma massa estava sempre disponível à manipulação de mentes determinadas. Tudo era uma questão de método e de propósito. Em ruptura com os slogans publicitários da época, que se dirigiram à racionalidade do consumidor, Bernays solicitava as pulsões irracionais, os desejos inconscientes, até mesmo as fantasias íntimas de cada pessoa. Para ele, por exemplo, a representação fálica de um cigarro ou de

---

[40] Uma tradução de seu principal livro foi publicada recentemente na França: Edward Bernays, *Propaganda. Comment manipuler l'opinion en démocratie*, prefácio de Normand Baillagon, La Découverte, 2007. Por outro lado, Daniel Mermet dedicou, em 7 de maio de 2009, um programa radiofônico da France Inter, "Là-bas si j'y suis", a Edward Bernays. Normand Baillagon foi longamente entrevistado nesse programa.

um cachorro-quente podia mostrar-se eficaz junto à clientela feminina. Manipular as pulsões, mesmo que ocultas, dos consumidores era mais útil que contar com suas "antecipações racionais".

Nessas condições, os desejos da massa poderiam, sem grande dificuldade, ser orientados para um consumo determinado e para o consumismo em geral. É verdade que os benefícios *políticos* esperados dessa operação não eram negligenciáveis. A promoção do consumismo não servia apenas para fazer a economia girar. Fabricar consumidores em vez de cidadãos permitia colocar uma sociedade (relativamente) ao abrigo das paixões políticas e das reivindicações plebeias. Em outras palavras, as massas tornavam-se dóceis por meio do consumo. As teses de Bernays tinham tudo para agradar as grandes sociedades que contrataram seus serviços. Para satisfazer os produtores de porcos, ele promoveu a moda dos ovos com bacon no café da manhã; para a empresa Procter & Gamble, ele tornou popular junto às crianças o sabão Ivory; em benefício da fabricante de caminhões Mack Truck, ele arruinou deliberadamente a imagem das ferrovias. Esses são apenas alguns exemplos. Uma coisa é certa: a releitura dos escritos de Bernays, *justamente por serem ingenuamente cínicos*, nos ajuda a decifrar as propagandas mais retorcidas de hoje em dia. A oitenta anos de distância, Bernays também acaba abrindo o jogo...

Deve-se ter tudo isso em mente quando são examinadas, na nova configuração digital — a do acesso —, as alegres conjecturas sobre o desenvolvimento pessoal ou sobre a construção de si. Por trás da conotação libertária dos slogans, a dominação está em ação. A "produção de si mesmo" resume-se até mesmo, para cada indivíduo, a interiorizar a dominação, até tornar-se carcereiro de si próprio. Quando os consumidores de hoje são convidados a se *construir*, esquece-se de dizer que eles obedecerão, geralmente, a desejos fabricados e promovidos por outros.

Citemos André Gorz: "Encontra-se no terreno do consumo a mesma sujeição de si que constatávamos no domínio do trabalho. A incitação para que o consumidor produza a si mesmo à imagem do que a publicidade lhe propõe, e para que mude sua identidade de empréstimo segundo as mudanças dos gostos e da moda, prepara-o para produzir-se em seu trabalho de acordo com o modelo que o tornará empregável e vendável. Em qualquer um desses casos, a atividade de produzir a si mesmo é a chave que dá acesso ao mundo social."[41]

---
[41] André Gorz, *L'Immatériel, op. cit.*, p. 68.

Conectados e famintos

Ainda falta avaliar o aspecto quantitativo de tudo isso. Exigem-se certas precisões quando o adjetivo "planetário" é colocado ao lado da evocação do imaterial. Elas estão disponíveis. Os números recentes são realmente vertiginosos. Em 15 de julho de 2010, a sociedade sueca Ericsson, um dos gigantes da telefonia, tornava público um estudo que estimava em *cinco bilhões o número de telefones portáteis em serviço no mundo*. O mesmo estudo acrescentava que esse total aumentava ao ritmo de cerca de *dois milhões por dia*. A rapidez dessa progressão se deveria "em grande parte aos mercados emergentes, como Índia ou China". De um ponto de vista estritamente estatístico, isso significa que a maior parte dos habitantes do planeta — 6,8 bilhões — *estão agora "ligados", ou em vias de*. (A realidade é um pouco diferente, pois muitas pessoas são proprietárias de vários aparelhos.)

No que diz respeito à conexão com a Internet, os dados estatísticos não são menos impressionantes. No final de 2009, estimava-se em *um bilhão e meio a quantidade de pessoas com acesso à Internet*, seja em casa ou no escritório. A China por si só — segundo dados da agência oficial Nova China — ultrapassou amplamente o limiar dos *quatrocentos milhões de internautas*. Um país emergente como o Brasil está um pouco atrasado, com cinquenta milhões de conectados em uma população total de cento e noventa milhões de habitantes. Em contrapartida, são os brasileiros os que passam mais tempo navegando na Internet: uma média de setenta horas por mês (contra sessenta e oito dos franceses e sessenta e duas para os japoneses). Sem dúvida existem continentes retardatários como a África, mas olhando com mais atenção o ritmo de crescimento anual — tanto do celular como da Internet — é um dos mais rápidos do mundo. Entre 2000 e 2008, o número de internautas africanos cresceu 1.030%, isto é, quatro vezes mais rápido que o da Europa, a qual partia, é verdade, de um nível já muito elevado.

Além disso, é preciso que se saiba que a relação entre a telefonia celular e o acesso à Internet torna-se mais próxima a cada ano. A convergência das tecnologias está em marcha. O estudo da Ericsson citado anteriormente dá a entender que, em um futuro próximo, *80% das conexões com a Internet serão feitas através de um celular*. Embora a "era do acesso" ainda não tenha abarcado a totalidade dos humanos, não estamos muito longe de atingir esse ponto. Procurar-se-ia em vão na história um exemplo equivalente de inovação técnica que tenha se globalizado tão rapidamente. Esta cresce como um lençol que estende sua superfície, como uma nuvem cuja dilatação cobre pouco a pouco todo o espaço habitável. A imagem da nuvem fala por si só. A progressão do imaterial, retomando a expressão utilizada pelo pesquisador em ciências cognitivas Dan Sperber para falar das crenças, obedece a *uma propagação de tipo epidemiológico*. Fenômenos de imitação, de contágio e de transmissão combinam-se para acelerar o processo.

O império do virtual expande suas fronteiras em um ritmo que não possui equivalente no mundo real. Naturalmente, é preciso evitar qualquer demagogia na apresentação dos números, mas aqueles que se gostaria de citar pelo menos merecem ser mostrados. Eles fornecem uma indicação sobre outros ritmos, muito diferentes, que dizem respeito à velha e tenaz *realidade do mundo*. Em 2010, o número de crianças que morreram de sarampo — uma doença relativamente fácil de erradicar — ainda era superior a duzentas mil por ano. E isso a despeito dos progressos espetaculares realizados entre 2000 e 2008 (a mortalidade diminuiu 74%). Segundo as instituições sanitárias internacionais, isso significa que as campanhas de vacinação estacionaram. De acordo com avaliações recentes do Instituto Nacional de Estudos Demográficos (INED) da França, "se as tendências observadas nos últimos anos se mantiverem, 9,3 milhões de crianças, ou seja, cerca de 7% dos recém-nascidos anuais, morrerão antes do quinto ano de vida".[42]

Em um outro domínio — e por falar em "acesso" —, no começo de 2010 foi publicado um relatório pelas Nações Unidas a respeito do acesso das populações à água potável. Esse índice também melhorou durante a década anterior, mas um pouco mais de setecentos milhões de seres humanos ainda não têm acesso à água potável. Quanto ao fato de dispor de instalações sanitárias mínimas, um relatório do programa conjunto OMS/Unicef, publicado em 2009, avaliava em 2,6 bilhões o número de pessoas que ainda não tinham acesso a esse tipo de avanço. O mesmo relatório estimava que um milhão e meio de crianças de menos de cinco anos de idade morria anualmente por causa da falta de saneamento básico.

O acesso à telefonia móvel ou à Internet progride muito mais rápido que o acesso à água ou à saúde, embora consideradas direitos fundamentais da pessoa humana. A lentidão é ainda mais chocante quando se sabe que o custo global dessa infraestrutura básica (algumas dezenas de bilhões de

---

[42] Citado pelo *Le Monde*, 3 de fevereiro de 2010.

dólares) é relativamente baixo se comparado às quantias gastas na expansão das redes imateriais.

No que diz respeito ao simples acesso a uma alimentação mínima, sabe-se que ele não está aberto — nem de longe — a todos os habitantes da Terra. Em julho de 2010, dentre mil outras iniciativas, a ONG Médicos sem fronteiras lançou uma campanha de sensibilização à persistência da chaga da desnutrição. As Nações Unidas, por sua vez, fazem uso de uma ironia legitimamente contundente ao batizar de "fome invisível" (*hidden hunger*) essa injustiça cardeal que nossas sociedades mercantis, devotadas à mão invisível do mercado, fracassam em curar. Em 2011, a desnutrição ainda afetava dois bilhões de pessoas, que sofrem de carências em sais minerais e vitaminas, carências que frequentemente estão na origem de doenças mortais.

No que se refere, de um modo mais geral, à pobreza no mundo, os balanços triunfalistas que são feitos aqui e ali devem ser relativizados. Tudo depende dos critérios de avaliação. Segundo dados do Banco Mundial, que fixa o limiar de pobreza em 1,25 dólar por dia, o número de pobres passou de 1,9 para 1,4 bilhão de habitantes na última década. Portanto, a pobreza diminuiu bastante, passando de 52% para 26% da população mundial. No entanto, se for escolhido o limite, mais razoável, de 2,50 dólares por dia, o número de pobres *ainda era superior a três bilhões no final dos anos 2000*. Tudo leva a crer que, com o auxílio da crise mundial, esse número voltará a aumentar nos próximos anos.

Tais desequilíbrios, como se sabe, não podem ser explicados apenas pela escassez de recursos. A origem se encontra na sua distribuição desigual, e razões *políticas* presidem sua funesta manutenção. O caso da água é um dos mais flagrantes. A distribuição de seu acesso obedece, sobretudo, a relações de força internacionais (a guerra pela água), mas também a cálculos racionais. Privatizada, controlada, a distribuição da água é — também — uma indústria governada por imperativos de rentabilidade. Ela participa, portanto, de pleno direito, da *dominação*, mas uma dominação tradicional, pode-se dizer. O peso que conserva é a prova de que as novas dominações imateriais não se desenvolvem *substituindo* as antigas. *Elas se somam a estas últimas*, o que não é a mesma coisa.

Desse modo, centenas de milhões de seres humanos compartilham, há pouco tempo, uma estranhíssima condição: estão ao mesmo tempo *conectados* e *famintos*.

Capítulo 2

Os direitos humanos e o mercado

> Com a extensão da economia burguesa mercantil, o sombrio horizonte do mito é iluminado pelo sol da razão instrumental, cuja gélida luz faz a semente da barbárie germinar.
>
> M. Horkheimer e T. W. Adorno[43]

Várias vezes, nas páginas anteriores, enfatizou-se que o surgimento da rede e do imaterial mudava o jogo, e em todos os domínios. Se a dominação mudou de rosto, as linhas de frente onde a resistência pode se instalar tornam-se confusas. A nova liquidez do mundo induz tantas metamorfoses que somos cegados pelo nevoeiro do virtual. Como no poema de Goethe, "O rei dos Elfos", em que ele faz com que confundamos a adversidade com a simples passagem de uma bruma. Assim como o filho carregado nos braços do pai, ficamos atemorizados, mas nosso pavor se mantém indefinível. "Pai, pai, não vês as filhas do rei dos Elfos ali na escuridão?"

A sensação de perigo, vaga porque totalmente nova, é particularmente clara a respeito do direito em geral, e dos direitos humanos em particular. Estes últimos nos parecem muito menos garantidos que no passado. Isso é verdade sobretudo no terreno dos assim chamados direitos sociais: saúde, emprego, proteção, regulamentação do trabalho. Eles estão se esgarçando. Realidades cotidianas como as deslocalizações, a pressão sobre os salários, a precariedade, o assédio no trabalho ou o agravamento das desigualdades não são mais contidos pela barreira do direito social. Nos países ocidentais, sobretudo na Europa, os direitos sociais eram garantidos por solenes e universais

---

[43] *La Dialectique de la raison*, 1944, trad. fr. de Éliane Kaufholz, Gallimard, "Tel", 1983 [*Dialética do esclarecimento*, Zahar, várias eds.].

declarações. Citemos a da Filadélfia, de 10 de maio de 1944, que fundou a Organização Internacional do Trabalho (OIT). Pensemos também, no caso da França, no programa do Conselho Nacional da Resistência, adotado em 15 de março de 1944 e que previa "um plano completo de seguridade social, visando garantir a todos os cidadãos meios de existência". Citemos ainda os artigos 25 e 26 da Declaração Universal dos Direitos Humanos, de 10 de dezembro de 1948, artigos (bastante esquecidos) que definiam os direitos sociais julgados essenciais: nível de vida, ensino gratuito, estabilidade do emprego, assistência aos desempregados etc.

Tudo isso parece longínquo. As proteções jurídicas básicas tornam-se voláteis, incômodas, antiquadas. Pouco a pouco estão desaparecendo da paisagem. Nossos códigos de trabalho são apresentados como desvantagens. Percebe-se que essa erosão não provém apenas de uma mudança das relações de força entre uma direita "dura" e uma esquerda "protetora", ainda que essas relações de força desempenhem o seu papel. A análise em termos de lutas de classes, por exemplo, não basta mais para dar conta do fenômeno. Outros processos estão em ação. São menos fáceis de definir, talvez porque nos sejam menos familiares. Algo mudou. De um modo mais profundo, é a *própria ideia que temos do direito* que não é mais a mesma.

É como se as diferentes legislações nacionais fossem colocadas em concorrência, em tempo real, e incessantemente. Os direitos humanos, em suma, são submetidos ao exame comparativo do mercado. São avaliados os seus respectivos "desempenhos". Eles são progressivamente vistoriados pela obsessão contábil. Esta última, ao privilegiar o *racional* em vez do *razoável*, avalia os direitos na contracorrente do que se poderia esperar. Os mais protetores serão julgados com menos indulgência que os mais flexíveis. Em nome de um cálculo imediato, serão criticados por enfraquecer a competitividade de uma economia ou de um país. Desse modo, a preocupação com a proteção será marcada com um sinal negativo. Isso parece algo aberrante, mas é assim mesmo. Voltaremos a tratar, ainda neste capítulo, dos métodos comparativos utilizados. Por enquanto vamos permanecer no nível dos princípios.

A inversão de perspectivas é tão extraordinária que se tem vontade de parafrasear Nietzsche e falar de uma estupefaciente transvaloração dos valores. É disso que se trata realmente. O *mais* torna-se o *menos*. O *negro* é visto como *branco*. O *regressivo* torna-se *progresso* (ou *reforma*). O *civilizado* é julgado como *arcaico*. Essa metamorfose do direito é poderosamente auxiliada pela hegemonia do imaterial. A fluidez do mundo digital permite instalar suavemente dispositivos — e hábitos — de avaliação instantânea, de comparação quantitativa, de escalonamento aritmético. Os direitos humanos são mecanicamente submetidos ao mesmo regime que os objetos técnicos e que as mercadorias. Eles são primeira, e instantaneamente, *julgados por seu custo*. Seus benefícios qualitativos — mais difíceis de serem contabilizados — não são mais levados em consideração.

Os muros da realidade se esvaem

O romancista americano Richard Powers, muitas vezes premiado além-mar, possui, além disso, formação científica. Ele chegou até mesmo a exercer funções de programador informático. A inquietação com os riscos tecnológicos alimenta a maior parte de seus romances.

"Tenho medo do que os seres humanos fazem. Durante a crise financeira, 'pequenos gênios' criaram um sistema de valores imaginários, dissociando o mundo do mapa que tínhamos nos esforçado em fazer. É uma virtualização em vários níveis: compra-se e vende-se graças a instrumentos eletrônicos que inventam um fluxo de capitais entre dois pontos do mundo. E, subitamente, essa fé excessiva em uma economia virtual passa a ter repercussões sobre o mundo real. As trocas são feitas em um mundo imaginário, enquanto as transferências de dinheiro nessa escala não são mais possíveis fisicamente, e, repentinamente, a pirâmide, o castelo de cartas, desaba.

Meus livros insistem muito nessa digitalização do mundo que cria instrumentos informáticos que tornam possíveis as piores fantasias de libertação das limitações impostas pela realidade do mundo. [...] Atualmente, os muros da realidade estão se esvaindo."

Le Nouvel Observateur, 8-14 de julho de 2010.

As reflexões críticas sobre essa metamorfose do direito sempre abrem muito espaço para os efeitos sociais induzidos pela revolução digital. Isso não ocorre por acaso. A entrada em rede acarreta uma dissolução da responsabilidade, um funcionamento anônimo em que a ação responsável é substituída por um encadeamento de *feedbacks* (retroalimentação). "A utopia do modelo cibernético e seu ideal de transparência e de mobilidade se impõem. A instituição é substituída pela rede: estruturas policêntricas em que cada elemento é autônomo e ligado a todos os outros. Os vínculos não são senão comunicações, trocas, relações contratuais, que são tecidas sem hierarquia. Passa-se do governo para a 'governança' ou para a 'regulação', de acordo com o modelo do mercado."[44]

Um direito a minima

Algo impressionante: nem o discurso dominante nem as mídias se interessam de verdade pelas implicações dessa prodigiosa *transvaloração jurídica*. Os cidadãos, que todos nós somos, sentem-se desarmados devido à falta de explicações. Têm dificuldade em apreender a enormidade do que está ocorrendo. A reflexão sobre o direito, é verdade, não é muito atraente, e o debate — capital — sobre os fundamentos antropológicos da lei é visto como um obscuro assunto de especialistas. É uma pena. A imprecisão a respeito dessa questão é um ganho inesperado para todas as dominações contemporâneas, que avançam disfarçadamente. Ela permite que sejam arregimentados a seu serviço todos aqueles que uma expressão atribuída (erroneamente) a Lênin define como os "idiotas úteis". São qualificados desse modo os atores sociais que, de boa-fé, fazem a cama de uma injustiça ao mesmo tempo em que acreditam agir em favor da liberdade. No terreno do direito, os idiotas úteis agem com as melhores intenções do mundo. As razões que invocam parecem tão legítimas que todos nós somos tentados, em um momento ou outro, a apoiá-las.

Para tentar entender a situação, é preciso partir de uma pergunta simples: o direito elaborado por uma dada sociedade carrega a marca dos valores comuns ou, para falar como Émile Durkheim, das "representações coletivas" compartilhadas? Ele não seria, pelo contrário, senão um dispositivo técnico, respeitoso da pluralidade dos pontos de vista, e encarregado de organizar *a minima* a vida comum de uma coletividade? Nesta última hipótese, a de um direito estritamente racional, os valores — salvo alguns deles — devem ser remetidos à esfera privada. Eles não podem ser considerados como o fundamento das leis, e tampouco a moral, a crença, ou ainda a famosa ordem simbólica cara aos psicanalistas. O direito é apenas

---

[44] Éric Gagnon, "Sur la fonction anthropologique du droit (Essai bibliographique)", *Anthropologie et Sociétés* (revista da Universidade Laval, Québec), vol. 30, nº 1, 2006, p. 221-232.

um artefato. Certamente coercitivo, pois foi objeto de um voto majoritário, mas que pode ser livremente revisado, mudado ou abolido em função de necessidades imediatas.

Na verdade, o debate sobre os fundamentos do direito é antigo. No século XIX, opôs, por exemplo, os teóricos do utilitarismo, como Jeremy Bentham (1748-1832) ou John Stuart Mill (1806-1873), aos defensores da tradição aristotélica ou kantiana. Estes últimos analisavam o direito como uma formalização das crenças comuns. Eles dominaram a cena política europeia. De fato, a definição predominante na Europa continental foi aquela — mais de tipo kantiano — de um direito enraizado em representações compartilhadas, que decorriam de um direito natural que o próprio legislador não podia desobedecer. Supunha-se que os povos deviam respeitar princípios antropológicos comuns, dos quais o direito não era senão uma tradução imperfeita. A antiga expressão *cujus regio ejus religio* ("um único princípio, uma única religião) expressava a preocupação de coerência de que o direito era o instrumento. Até o começo dos anos 1980, essa concepção "holista" foi a regra. Com algumas variantes, as legislações nacionais se fundamentavam em bases antropológicas comuns, ainda mais pelo fato de que esses fundamentos *eram considerados como universais*. O direito europeu, e depois o ocidental, via a si mesmo como um modelo, um modelo civilizador ao qual os outros povos deveriam se alinhar.

Vários elementos convergiram para arruinar essa boa consciência jurídica. Em primeiro lugar, a crítica, cada vez mais vigorosa, ao "ocidentalismo", crítica feita, de fora, pelos antigos povos colonizados, e, de dentro, pelos novos cidadãos provenientes da imigração. Nos Estados Unidos, esse foi um dos temas dos *Postcolonial studies*. Retrospectivamente, na época pós-colonial que é a nossa, percebe-se com relativa clareza que os valores pretensamente universais eram especialmente os dos colonizadores e os do Império. Faziam parte de um discurso imperial que se desfez. Em uma dada sociedade, torna-se, pois, mais difícil definir um alicerce de valores compartilhados. O que caracterizava nossas sociedades multiculturais era antes o politeísmo dos valores, tão caro ao sociólogo Max Weber (1864-1920). A pretensão universalista dos europeus foi derrotada pelo declínio contínuo da hegemonia ocidental e pela descentralização do mundo dele resultante. Outras interpretações dos direitos humanos, outras definições do homem, outros modelos familiares exigiam ser ouvidos no espaço público.[45] Mais adiante veremos de que modo isso ocorreu.

O segundo elemento propício a uma mudança de perspectiva foi a importância crescente das questões de direito ligadas aos costumes: novas transgressões, tornadas possíveis pela biogenética, questionamento das categorias sexuais e familiares etc. As reformas jurídicas reivindicadas desta vez atingiam o cerne do antigo mundo comum. Elas conduziam ao questionamento das antigas "categorias" antropológicas. O casamento entre homossexuais e a paternidade homossexual deveriam ser permitidos? As pesquisas sobre células embrionárias deveriam ser autorizadas? A pornografia deveria ser combatida? A antiga moral familiar deveria ser restaurada? A representação da violência deveria ser proibida? Todas essas novas reivindicações jurídicas conduziam logicamente aqueles que as apresentavam a rechaçar a ideia — coibitiva — da existência de fundamentos antropológicos. Por outro lado, o conceito caro a Pierre Legendre de "montagem normativa" tornava-se mais que incômodo. Legendre utiliza essa expressão para designar as escolhas adotadas com conhecimento de causa e *instituídas* pelo direito com o fim de instaurar uma distinção jurídica clara entre o que é humano e o que não é. Ele chama isso de *dogmática ocidental*. Trata-se de amalgamar o biológico, o psíquico e o social para "construir" a humanidade do homem.

Do ponto de vista das novas reivindicações transgressivas, recorrer a tais montagens equivaleria a impor um pensamento reacionário, coercitivo, moralizador, para dizer o mínimo. Procurar manter o velho embasamento do direito em seus fundamentos antropológicos seria criar um obstáculo ao "progresso". Para responder às novas liberdades, que são identificadas — às vezes de modo apressado — com a modernidade, o direito deveria ser liberto de seus grilhões, reduzido *a minima*, redefinido como uma simples técnica, emendável à vontade. A própria antiga moral deveria ser laicizada no sentido forte do termo, isto é, emancipada de seus fundamentos religiosos, cívicos ou naturais. Para que a liberdade individual seja estendida — por exemplo, na questão da sexualidade —, é preciso optar, diz-se, por um direito minimalista, desprovido de referências éticas. Os defensores desse minimalismo jurídico consideram que nossa ideia de Bem e Mal diz respeito apenas a nós

---

[45] Desenvolvi longamente essa análise em *Le Commencement d'un monde. Vers une modernité métisse*, Seuil, 2008, e "Points Essais", 2010.

mesmos. Nossas escolhas privadas não possuem nenhuma dimensão moral suscetível de ser imposta aos outros.

Embora pouco acessível ao grande público, esse debate sobre a necessidade ou a inutilidade de fundamentos antropológicos no direito alcança níveis de violência verbal que o aparentam às inexpiáveis disputas ideológicas do século XX ("Todo anticomunista é um cão", dizia Jean-Paul Sartre!). Sua violência revela-se periodicamente após certas decisões da justiça. Um bom exemplo disso foram as polêmicas surgidas com o veredicto Perruche, de 17 de novembro de 2000. Ele concedia a um deficiente, Nicolas Perruche, o direito de pedir uma reparação pelo dano sofrido em seu nascimento, ou mais exatamente pelo erro de diagnóstico médico que impediu que sua mãe entrasse com um pedido de interrupção médica de gestação. Uma interminável batalha opôs os "antiperruchistas" aos "perruchistas". Os primeiros — dentre os quais o Comité National d'Éthique — indignavam-se com o fato de que se pudesse argumentar em favor de um "direito de não nascer". Eles baseavam sua argumentação na referência aos fundamentos e às funções antropológicas do direito, referência teorizada por Pierre Legendre.[46] Os últimos recorriam à liberdade individual da pessoa e à extensão desejável desta. Invocavam os avanços da reflexão jurídica sobre a noção de pessoa, especialmente devido à banalização das práticas de procriação medicamente assistida.

Durante a leitura desses textos, percebe-se — nos dois campos — uma agressividade na linguagem que diz muito sobre o alcance político da discussão. Os antiperruchistas (de longe os mais numerosos) são apresentados como continuadores do pensamento contrarrevolucionário, antimoderno e adversário da liberdade individual. Seus oponentes são acusados de defender imprudentemente a "eutanásia pré-natal", um "eugenismo suave" e um "niilismo metafísico" que tornariam possível o surgimento de uma "sociedade pós-hitleriana".[47] Um detalhe estranho: o argumento da dominação socioeconômica quase não aparece nessas invectivas. Ora, é justamente ele que nos parece ser decisivo. A dissociação entre o direito e seus fundamentos antropológicos assim como a defesa de um juridismo puramente "racional" podem revelar-se como "úteis". Na realidade

---

[46] Pierre Legendre, *Sur la question dogmatique en Occident*, Fayard, 1999.
[47] Ver especialmente Olivier Cayla e Yan Thomas, *Du droit de ne pas naître. À propos de l'affaire Perruche*, Gallimard, 2002.

dos fatos, a combinação de ambos quase sempre favorece os novos dispositivos de dominação.

O pensamento morcego

Ainda é preciso saber o que se pretende dizer precisamente com a expressão "racionalismo jurídico". É possível ter uma ideia ao examinar as formulações de um representante francês da filosofia analítica anglo-saxã, Ruwen Ogien, a propósito, diretor de pesquisa no CNRS. Em todas as questões éticas atualmente debatidas (pornografia, clonagem, mães de aluguel etc.), Ogien defende a ideia de uma ética reduzida ao mínimo. Ele toma de Stuart Mill o princípio de não causar dano (*harm principle*), que possui a vantagem de ser simples. Propõe que a ética se limite a *proibir que se cause dano a outrem*. John Stuart Mill, no capítulo IV de seu maior livro, *Sobre a liberdade*, formulava esse princípio com clareza: "A única razão legítima que uma comunidade civilizada pode ter para o uso da força contra um de seus membros, contra sua própria vontade, é impedir que seja feito mal a alguém. Coibi-lo para seu próprio bem, físico ou moral, não fornece uma justificação suficiente."[48]

Partindo desse princípio, Ogien acrescenta que não é possível condenar uma ação racionalmente, qualquer que seja, se ela não provocar nenhum dano a outrem. Desse modo, ele fala dos "crimes sem vítimas", reprovados pela moral tradicional, que o direito sanciona, mesmo quando não causaram nenhum "dano concreto a ninguém". O suicídio assistido, a masturbação, o sadomasoquismo entre adultos, a sodomia, a prostituição ou a clonagem reprodutiva, para retomar os exemplos que ele próprio cita, entram nessa categoria. Reprimi-los em nome de princípios morais particulares — ou invocando a noção de dignidade humana que Ogien considera "inútil e perigosa" — não seria algo racional. "Minha resposta", diz ele, "é que o suicídio assistido sob suas diferentes formas, a gestação para outrem, o auxílio médico à procriação para gays, lésbicas e mulheres consideradas 'velhas demais', e até mesmo a clonagem reprodutiva não visam de modo algum causar danos

---

[48] John Stuart Mill, *De la liberté*, trad. Laurence Lenglet, Gallimard, "Folio Essais", 1990 [*A Liberdade*, Martins Editora, 2000.]

a quem quer que seja e efetivamente não os causam a ninguém: são 'crimes sem vítimas' que seria injusto penalizar."[49]

Como os libertarianos — que o louvam —, Ogien coloca em primeiro lugar o princípio do *consentimento*. É por meio dele que adultos esclarecidos fixam para si mesmos as regras que aceitam obedecer. Para esse autor, o consentimento individual sempre é preferível à regra de alcance geral, assim como o *contrato* deve ser preferido à lei, toda vez que isso for possível. Esse filósofo certamente não é ingênuo para se esquecer da ambiguidade recorrente do "livre" consentimento. Em numerosos casos (prostituição, contrato de trabalho etc.), os indivíduos não consentem tão livremente quanto se pensa. Na verdade, eles se curvam a todos os tipos de coibições e de dominações.

Consentir, reconhece Ogien, às vezes se resume a "aceitar aquilo que não se pode recusar". Entretanto, ele não considera esse déficit de liberdade, às vezes bastante real, como motivo suficiente para rechaçá-lo. Atribuir-lhe excessiva importância ocasionaria um "custo moral e político [...] demasiadamente elevado". Ogien se livra do problema com uma pergunta na forma de pirueta: "Será preciso renunciar a tornar o princípio do consentimento um critério de justiça nas relações entre as pessoas sob o pretexto de que ele, de fato, pode servir para legitimar situações de dominação?"[50] A esse respeito, seria possível prolongar a análise desenvolvendo a distinção canônica entre o que é *racional* e o que é *razoável*. Essa distinção foi oposta ao pensamento utilitarista em geral e particularmente aos discípulos "anarquistas" de Stuart Mill. Neste caso, digamos que o direito racional dos utilitaristas não coincide necessariamente com um direito razoável, no sentido social e cultural do termo. O matemático e filósofo Bertrand Russell (1872-1970) não hesitava em comparar o homem rigidamente racional a um "monstro desumano". Não nos demoraremos nessa discussão.

Em todo caso, a rejeição de toda tradição ou ética maximalista permite que Ogien ironize — não sem talento — alguns grandes problemas contemporâneos. Os títulos de alguns de seus livros demonstram isso: *O pânico moral*, *Por que tanta vergonha?*, *Pensar a pornografia* etc. Em todos os casos, ele mantém um ponto de vista ostensivamente permissivo e afirma agir em favor de uma desculpabilização generalizada. Seu projeto é atraente.

---

[49] Ruwen Ogien, *La Vie, la mort, l'État. Le débat bioéthique*, Grasset, 2009, p. 16.
[50] *Ibid.*, p. 56.

Também pode, apesar de tudo, ser considerado bastante ingênuo. Essa crítica não está sendo feita sob a proteção de uma moral tradicional. Está-se em outro terreno. Ora, a ética minimalista, o direito desprovido de todo fundamento antropológico, a primazia do consentimento e do contrato, tudo isso está perfeitamente de acordo com as figuras antigas ou novas da dominação, especialmente a econômica. Mesmo que se defenda dessa crítica (sem muita convicção), Ogien está muito próximo, nesse ponto, dos ultraliberais e dos libertarianos de estrita obediência.

Recordemos que estes últimos, que qualificam a si mesmos de anarcoliberais, remetem as liberdades civis e a abstenção máxima do Estado à economia de mercado, baseada na propriedade privada. Opõem-se a toda ideia de redistribuição ou de *welfare state*, cujos efeitos perversos eles denunciam. Sua posição muito à direita em questões econômicas e sociais convive com um "progressismo" resoluto em todos os assuntos referentes aos costumes. Encarnam perfeitamente a estranha mestiçagem teórica evocada no capítulo precedente: a dos liberais libertários. Ela corresponde ao que poderia ser chamado de "pensamento morcego". A expressão remete a La Fontaine: "Sou pássaro, vejam minhas asas. Sou camundongo, viva os ratos!"...

Em razão disso, a ingenuidade de Ruwen Ogien não corre o risco, a qualquer momento, de fazer dele um precioso servidor do sistema, para não dizer "idiota útil"? A pergunta não é maldosa. Ao convocar o pensamento de John Stuart Mill, Ogien se esquece de fazer uma precisão histórica. O pensamento deste último se edificou em um contexto particular, posterior à Revolução Francesa e ao Terror. Na época, tratava-se de proteger o indivíduo contra a onipotência do Estado, cujo tenebroso exemplo foi dado pelo Terror de 1792-1794. Não é suficiente dizer que no século XXI a situação mudou, ela claramente se inverteu. A época é marcada pelo recuo contínuo e pelo enfraquecimento do Estado frente aos poderes privados. A crise financeira de setembro de 2008 nos forneceu um belo exemplo da nova fraqueza dos Estados. A administração americana foi posta em xeque pelo poder dos bancos e das instituições financeiras privadas. O Estado, último defensor do bem comum, apareceu mais como uma instância protetora que dominadora.

As armas da opressão mudaram de mãos.

> **Se a sociedade existe...**
>
> "Se a sociedade existe como uma entidade ontologicamente distinta dos indivíduos que a compõem, assim como de todas as inter-relações atuais que eles realizam incessantemente, é porque seu modo de existência é da ordem da idealidade normativa. Os indivíduos socializados — sejam eles chamados de 'membros', 'atores', 'sujeitos sociais' ou outra coisa — não existem de fato enquanto seres propriamente humanos senão na medida em que agem de modo significativo tanto em favor de si mesmos como em favor de seus parceiros sociais. Um aspecto essencial desse caráter significativo de sua ação é que ela geralmente está submetida a normas que eles compartilham com os outros em suas inter-relações concretas ou que lhes são impostas 'de cima', ou ao menos por um 'meio' que os engloba."
>
> Michel Freitag, *L'Oubli de la société. Pour une théorie critique de la postmodernité*, Presses universitaires de Rennes, 2002, p. 50.

Ao estigmatizar o intervencionismo cívico e jurídico de um Estado que se tornou impotente, não há qualquer dúvida de que se está servindo aos poderes privados. A mesma crítica foi feita à jurista Marcela Iacub, cuja sensibilidade e centros de interesse estão próximos aos de Ogien. Na revista judaica *Controverses*, Jacques Amar, especialista em direito privado, assegura sem qualquer afabilidade que "as opiniões desse autor são, sobretudo, o vetor de uma ideologia jurídica que, em última análise, atribui crédito a uma única coisa: o dinheiro". Além da abordagem simplista do consentimento, ele critica na jurista, advogada midiática da "liberdade sem entraves", sobretudo, o fato de raciocinar como os sindicatos patronais, sem preocupar-se com a desigualdade das pessoas e com o peso da dominação. "A liberdade do indivíduo é concebida de um modo tão abstrato", diz ele, "que ela chega até mesmo a rejeitar a própria ideia de igualdade. Nesse mundo, para retomar a retórica própria do sadomasoquismo, há necessariamente pessoas submissas, e a desigualdade torna-se um componente essencial da realidade."[51]

A "santa ignorância" jurídica

Ao deixar de lado a questão da desigualdade social para defender melhor a igualdade identitária, especialmente a sexual, acaba-se por fazer o direito

---

[51] Jacques Amar, "Marcela Iacub ou la régression sociale, version de gauche", *Controverses*, nº 8, maio de 2008, p. 67.

social desaparecer da paisagem. O apagamento é ainda mais fácil porque o direito foi separado de suas raízes antropológicas. O processo que está ocorrendo merece ser examinado mais de perto. Para isso, gostaríamos de transpor a análise provocadora proposta pelo pesquisador Olivier Roy, especialista em islamismo, para o estudo do fenômeno religioso. Quando evoca a "santa ignorância", Roy refere-se ao fenômeno de desculturação do religioso. Ele observa que o pretenso retorno planetário ao religioso coincide com uma ruptura entre a religião e sua cultura original. A dissociação, que está cada vez mais patente, entre os marcadores culturais, étnicos, históricos, geográficos e os marcadores estritamente confessionais (as tradições bíblicas, corânicas, hindus etc.) resulta em religiões globalizadas, até mesmo em um mercado planetário do religioso, aberto a todos. "A abertura [de tal] mercado pressupõe a constituição de um ator individual, mais ou menos livre das pressões étnicas, culturais e históricas, que escolhe livremente, no mercado religioso, o produto que mais lhe convém."[52]

Esse desenraizamento cultural não favorece apenas a santa ignorância, isto é, as formas de crença vigorosas, exclusivas, identitárias mas perigosamente incultas (como frequentemente é o caso dos islamitas). Ele diminui cada vez mais a influência das autoridades e das instituições confessionais, do mesmo modo que a privatização generalizada concorre para o perecimento dos Estados. As diversas espiritualidades colocadas no mercado são submetidas ao princípio de *availability for export* (disponibilidade para exportação). "O mercado", diz ainda Olivier Roy, "pressupõe o enfraquecimento da coibição social e até mesmo a perda da evidência social. Ele torna o homem livre em sua escolha e impede que as autoridades religiosas imponham suas regras, sob pena de perder seus clientes."[53]

Como não ficar perplexo com a similaridade dos mecanismos? O que ocorre no terreno religioso corresponde ponto a ponto àquilo que pode ser observado no do direito ou, mais exatamente, *dos* direitos. Privá-los de seus fundamentos antropológicos equivale a separá-los da cultura à qual se associavam. Eles também se tornaram sujeitos à livre escolha, que será realizada após a avaliação das vantagens e dos inconvenientes. Por meio do virtual, como se disse anteriormente, os progressos da globalização passam a se dar em um ritmo exponencial. As legislações nacionais, assim

---
[52] Olivier Roy, *La Sainte Ignorance. Le temps de la religion sans culture*, Seuil, 2008, p. 207.
[53] *Ibid.*, p. 209.

como as antigas religiões, ficam sujeitas aos princípios mercantis. Elas também são objeto de uma avaliação permanente em termos de custo/benefício. Essa quase-mercantilização tornou-se possível por aquilo que o grande jurista Jean Carbonnier chamava de "pulverização do direito em direitos subjetivos."[54]

Naturalmente, os direitos sociais são os primeiros a pagarem por isso, pois são os mais custosos e os menos manipuláveis pela dominação. Essas reflexões prévias nos ajudam a interpretar melhor certas análises (inquietas), como as de Alain Supiot, especialista reconhecido em direitos trabalhistas. Para esse autor, as coisas estão claras: o direito social não é apenas esquecido pela ideologia neoliberal, mas além disso é objeto de uma desconstrução metódica e planejada. A menor pressão exterior fundamentada em imperativos sociais é vista como um obstáculo e acusada de atrasar a marcha rumo a um progresso planetário, o qual, aliás, nunca é realmente definido. O universo globalizado e digitalizado é percebido como um "mundo raso", cujos habitantes são indivíduos que dispõem dos mesmos direitos e cuja concorrência passa a ser regulada apenas pelo mercado. Toda forma de transcendência — inclusive a laica — é rejeitada em proveito do livre-arbítrio dos indivíduos, convidados a escolherem por si mesmos os direitos cujo benefício gostariam de reclamar. "Reduzido ao estado de mônada contratante e calculadora", diz Supiot, "o ser humano deveria sujeitar-se apenas a dois tipos de regra: as que teriam uma base científica e as que ele estabelece livremente para si mesmo. Os mesmos direitos individuais são distribuídos para todos, como lhes seriam distribuídas armas, e espera-se que desse modo surja uma sociedade inteiramente contratual, na qual haveria somente obrigações consentidas."[55]

Além do caráter aberrante — para não dizer delirante — desse tipo de projeto, a pulverização do direito impede que princípios como a solidariedade ou a mutualização dos riscos se tornem juridicamente operacionais. Ora, esses princípios foram, na Europa, o fundamento do direito social e inspiravam diretamente as grandes declarações e programas do pós-guerra. Hoje, essas declarações são explicitamente rechaçadas ou estão em vias de

---

[54] Jean Carbonnier, *Droit et passion du droit sous la Ve République*, Flammarion, 1996, p. 121 (tomo essa referência de Alain Supiot).
[55] Alain Supiot, *L'Esprit de Philadelphie. La justice sociale face au marché total*, Seuil, 2010, p. 49. Ver também Alain Supiot, *Homo juridicus: essai sur la fonction anthropologique du droit*, Seuil, 2005, livro importante do qual este capítulo toma várias observações.

o serem. Alain Supiot cita a esse respeito uma fria declaração em forma de confissão de Denis Kessler, antigo vice-presidente da organização patronal francesa (o Medef). Em uma entrevista à revista *Challenges*, ele conclamava a que se "desmanchasse metodicamente o programa do Conselho Nacional da Resistência."[56] Não se poderia ser mais claro que isso.

Definitivamente, trata-se de organizar o mais rapidamente possível a criação de concorrência entre todos os habitantes do planeta, quaisquer que sejam suas particularidades, seu *habitus*, suas preferências culturais, sua história ou suas tradições. São considerados, ficticiamente, como seres intercambiáveis, movidos pelo espírito de cálculo e por essa pretensa capacidade que não se ousa mais invocar desde a derrocada financeira de setembro de 2008: a de fazer *antecipações racionais*. Formulada no início dos anos 1960, especialmente pelo economista Robert Lucas (que recebeu o prêmio Nobel em 1995), essa teoria descrevia os consumidores como perfeitamente capazes de tirar proveito das informações econômicas disponíveis com o fim de efetuar escolhas esclarecidas no mercado mundial, inclusive por antecipação. Durante muito tempo, essa teoria — muito técnica — serviu para legitimar a globalização neoliberal. Retrospectivamente, ela nos parece criticável.

Do mesmo modo, parece-nos atualmente desacreditada a teoria que a acompanhava para legitimar a globalização neoliberal e fortalecer os partidários do livre-comércio: *a das vantagens comparativas*. Formulada no começo do século XIX pelo economista britânico David Ricardo, essa teoria postula que um país deve especializar-se na produção do bem para o qual dispõe de uma vantagem comparativa e, desse modo, ter acesso ao mercado mundial para ali trocá-lo por aqueles que ele não produz, ou que não produz tão bem. Como ocorre com muitas teorias, esta última — mais complexa e mais rica do que se pensa — frequentemente foi reduzida a uma vulgata infantil: que a China fabrique meias, e nós, aviões! Sabe-se bem o que acabou acontecendo. As vantagens comparativas são um bom exemplo de uma teoria ao mesmo tempo racional e irrealista, que acaba por tropeçar na resistência do real. É possível compreender isso melhor atualmente: tal organização da economia mundial, baseada inteiramente no princípio das vantagens comparativas, exigiria *de facto* uma circulação permanente

---

[56] Denis Kessler, "Adieu 1945, raccrochons notre pays au monde!", *Challenges*, 4 de outubro de 2007.

das mercadorias e dos objetos de um extremo ao outro da Terra. Esse movimento browniano planetário, que já estamos experimentando, põe em movimento centenas de milhares de navios, aviões ou caminhões. Provoca custos indiretos tão gigantescos que seu "benefício" acaba se perdendo, sem falar nas emissões de gás carbônico. Mas isso não é tudo. Com a experiência, percebe-se que a primeira das vantagens comparativas é a redução concorrencial dos direitos sociais...

Adeus, Filadélfia; bom dia, Marrakech

A pobreza dessas visões, a falácia evidente dos novos apelos a um futuro melhor, tudo isso faz com que cada um, se nos permitem, abra bem os olhos. Será que esse projeto se tornou a ideologia dominante do pós-comunismo? Será verdade que as grandes instituições internacionais se inspiram nele? Não estaríamos criando uma descrição excessivamente sombria da paisagem? Essas perguntas são sérias. Procuraremos responder a elas com o uso de alguns exemplos. O primeiro diz respeito à Organização Mundial do Comércio (OMC), que é dirigida por um francês de boa-fé, Pascal Lamy. Os princípios que presidiram a sua criação foram enunciados na famosa declaração de Marrakech, de 15 de abril de 1994, que instituiu a OMC. Essa declaração *intervém meio século após aquela que foi redigida na Filadélfia*, em 10 de maio de 1944. A comparação entre os dois textos — que Alain Supiot nos convida a fazer — permite avaliar o caminho percorrido ou, mais exatamente, a regressão operada. Nós nos referimos aos textos.

Em seu primeiro artigo, a declaração da Filadélfia enunciava os quatro princípios básicos que presidiram a sua elaboração. O primeiro deles era claro e nítido em sua formulação: "O trabalho não é uma mercadoria." O terceiro não era menos: "A pobreza, onde quer que exista, constitui um perigo para a prosperidade de todos." Em seu artigo III, o texto definia de modo mais concreto os objetivos que deveriam ser os da Organização Internacional do Trabalho (OIT), cuja sede foi estabelecida em Genebra. Dentre eles, os "cuidados médicos completos", "uma proteção adequada da vida e da saúde dos trabalhadores em todas as suas ocupações", "o pleno emprego" etc.

Se nos reportarmos à declaração de Marrakech, são mencionados "a abertura dos mercados para as mercadorias", "a proteção dos direitos de propriedade intelectual que afetam o comércio", "a vontade de resistir às pressões protecionistas de qualquer natureza", "o aumento da produção e do comércio de mercadorias e de serviços". Em vão se procura por uma simples menção aos direitos sociais elementares, exceto sob a forma de uma alusão muito vaga ao caráter "justo" da ordem comercial desejada, a qual é imediatamente seguida por uma referência ambígua ao caráter "mais aberto ao lucro e à prosperidade da população de seus países". Além do estilo rebuscado da redação, é-se obrigado a reconhecer que tudo o que diz respeito à subjetividade humana literalmente desapareceu do texto assinado em Marrakech.

Está claro — e isso é algo reconhecido — que os países ricos, as grandes empresas multinacionais e os lobbies financeiros conseguiram fazer prevalecer suas opções na OMC. Notadamente, conseguiram que serviços como o acesso à água, a educação ou a saúde fossem considerados como mercadorias e que os serviços públicos fossem privatizados pouco a pouco. O principal objetivo (o único?) é justamente o de promover uma visão comercial e competitiva do funcionamento do mundo. O comércio é erigido em valor supremo, e os direitos sociais são jogados embaixo do tapete.

Como era de prever, a brutalidade dessa *doxa* suscitou, como reação, o nascimento do movimento altermundista. Surgido inicialmente nos Estados Unidos, revelou-se ao grande público nas grandes manifestações de Seattle, em 1999, ou de Gênova, em 2001, o que resultou na reunião regular de *fóruns sociais*, em Porto Alegre, no Brasil, em Bombaim, na Índia, ou em Atlanta, nos Estados Unidos. No que diz respeito à França, ele correspondeu à criação (em 1998) da Associação pela Taxação das Transações Financeiras e para a Ação Cidadã (Attac). Alvo privilegiado dos neoliberais (e mais ainda dos liberatarianos), o movimento altermundista conseguiu, em um primeiro momento, federar diversas associações presentes no mundo inteiro. Vítima de contradições teóricas e de divergências de interesses, está atualmente em busca de um novo fôlego. Entretanto, a crise financeira, e depois econômica, social e política, que surgiu em setembro de 2008 demonstrou a correção premonitória de certas análises altermundistas. A despeito disso, nem o movimento e nem sequer as esquerdas europeias conseguiram tirar proveito dessa verificação, parcial mas concreta, de suas teses.

Nesse meio-tempo, é verdade, a remodelagem do direito prosseguira e se aprofundara, especialmente na Europa. O andar do processo faz pensar nesses fogos de turfa capazes de andar sob a terra antes de reaparecerem mais adiante, reacendendo o incêndio que se julgava estar apagado. O relegamento do direito social geralmente passa despercebido. Sua acentuação se revelou aqui e acolá devido a algumas decisões judiciárias que reforçam — ou fundamentam — uma tendência da jurisprudência. As decisões Viking e Laval, de dezembro de 2007, emitidas pela Corte de Justiça das Comunidades Europeias, são bons exemplos disso. Nenhuma dessas decisões foi comentada pelas mídias tradicionais, mas elas incendiaram a Internet. Os sites dissidentes ou próximos do altermundismo viram nelas uma consagração perigosa da primazia do mercado sobre todas as considerações sociais.

Tratava-se de saber como podia ser aplicada uma proteção social determinada no caso de trabalhadores que estivessem trabalhando temporariamente em um outro país europeu. A queixa inicial emanava de sindicatos finlandeses, em um caso (a sociedade Viking é um armador finlandês que utiliza, graças a incentivos, bandeira estoniana), e suecos, no outro (a sociedade Laval é uma empresa de construção letã encarregada de construir uma escola na Suécia). Os sindicatos pediam para os assalariados que estavam trabalhando no exterior o benefício das convenções coletivas mais favoráveis, com o objetivo de limitar qualquer tipo de *dumping* social.

Nessas duas decisões (redigidas de modo confuso), a Corte europeia inverte claramente a jurisprudência em vigor. Ela privilegia o princípio de "liberdade de estabelecimento" em vez do respeito aos direitos sociais (salários, proteção, direito de greve etc.). Ela modifica claramente a sua perspectiva. Nas conclusões da decisão Viking, o procurador-geral Poiares Maduro formula isso de modo muito claro: "A realização do progresso econômico pelo comércio intracomunitário implica fatalmente o risco, para os trabalhadores de toda a Comunidade, de ter de sofrer mudanças de suas condições de trabalho ou até mesmo de sofrer a perda de seus empregos."

Isso significa, naturalmente, que os direitos sociais (inclusive o direito de greve) são reconhecidos, mas sob a condição expressa de que eles não sejam um obstáculo à "liberdade de estabelecimento", tornando "menos atraente" a prática das deslocalizações. "A lógica profunda da Europa atual faz [desse modo] da abertura à concorrência seu principal eixo de construção. A liberdade de circulação dos bens, dos serviços e dos capitais está no cerne dos tratados. A liberdade de estabelecimento e a liberdade de prestação de serviços são [até mesmo] consideradas como 'liberdades fundamentais'."[57]

"Ele estará na superabundância"

Desse modo, as diferentes legislações nacionais passam a concorrer entre si. Acrescentemos uma observação: o movimento ocorre *em escala mundial*, e a Europa não foi capaz de proteger-se dele. Sua persistência no velho continente não é uma "exceção" importuna, que seria a consequência provisória de uma integração — e harmonização — europeia insuficiente. Na verdade, ela já é *a regra mundial*. Isso significa que um mercado mundial de um novo tipo foi aberto: o dos "produtos legislativos". Os particulares, mas sobretudo as empresas, podem se entregar ao *law shopping* para encontrar o produto mais vantajoso. Atualmente, a expressão anglo-saxã, que poderia ser traduzida por "compra jurídica", tornou-se familiar aos juristas e aos comentadores. Ela é objeto, assim como a evasão fiscal ou as aposentadorias financiadas integralmente pelas empresas em troca de isenções fiscais, de denúncias políticas grandiloquentes mas sem qualquer efeito. A regra não cessa de ganhar força e de se estender.

Está aberta a concorrência entre *produtos legislativos* de diferentes naturezas: os direitos sociais, evidentemente, mas também as disposições fiscais, os regimes de sucessão, as regulamentações médicas, a procriação medicamente assistida, as biotecnologias etc. A concorrência entre as regulamentações nacionais é facilitada pela existência de dispositivos de avaliação aperfeiçoados. Generaliza-se com isso um vocabulário que pertencia até então à linguagem do marketing. Os termos em inglês *scoring* e *benchmarking* fazem parte dele. Designam métodos que permitem avaliar um risco ou uma vantagem mesclando inúmeros critérios. A combinação desses parâmetros resulta em uma nota global, isto é, um *score*. Esses procedimentos de marketing foram transpostos. Desse modo, os direitos nacionais recebem notas, assim como os próprios Estados. As agências de risco realizam uma classificação sistemática destes últimos em função de sua solvabilidade, mas também segundo outros critérios. Essas notas, quando são boas, abrem o caminho para vantagens fixadas pelos mercados; por exemplo, a diminuição da taxa de juros exigida

---

[57] Pierre Khalfa, "La Cour européenne de justice contre l'Europe sociale". Disponível no site do movimento Attac: http://www.france.attac.org/spip.php?article8958

para um empréstimo. A mesma lógica prevalece em todos os domínios: um prêmio é concedido àquele que fala menos em social, àquele que é menos atento em termos de bioética, àquele que é mais atraente em termos fiscais etc. Assim, preocupações elementares como a justiça fiscal, a proteção social ou a preocupação bioética são percebidas como deficiências. O país mais virtuoso no terreno da equidade torna-se *ipso facto* o menos atraente. A deslocalização rumo a países juridicamente mais "lucrativos" não é mais uma questão apenas das empresas. A medicina, a cirurgia, o contrato familiar: tudo pode ser objeto de um *law shopping* permanente. Com isso, desenvolvem-se novos tipos de turismo. Eles consistem em escolher um dado país para encontrar um dentista com melhor preço, uma mãe de aluguel mais barata, um cirurgião indulgente... Desafiados pelo rigor implacável desses mecanismos concorrenciais, os Estados são irresistivelmente conduzidos a adequar suas legislações para permanecerem atrativos. Desse modo, serão limitados os impostos sobre os mais ricos (na França, o famoso escudo fiscal), será aumentada a flexibilidade do trabalho e ao mesmo tempo será feita a tentativa de diminuir o nível dos salários.

Evidentemente, esse marketing generalizado *favorece a dominação em geral*. A riqueza atrai a riqueza mais sistematicamente que nunca. Em um artigo publicado em 1968 na revista americana *Science*, o sociólogo Robert Merton propusera uma metáfora para descrever esse mecanismo que provoca uma "acumulação" dinâmica das vantagens, de tal modo que o rico recebe sempre mais que o menos rico, mesmo com méritos equivalentes. Na época, Merton visava à injustiça em relação aos pesquisadores: os mais destacados sempre conseguiam contribuições e notoriedade, em detrimento de cientistas igualmente bons, cujo único erro era o de terem menos notoriedade no início. Merton falava do "efeito Mateus", referência à parábola dos talentos no Evangelho: "Pois a todo homem que tem será dado, e estará na superabundância; mas àquele que não tem, mesmo o que tem lhe será tirado" (Mateus 25, 29). Hoje, esse efeito funciona plenamente tanto no terreno da economia como no do direito. "O ganhador leva tudo" (*the winner takes all*), como se diz hoje em dia, transpondo-se uma regra particular do sistema eleitoral americano.[58]

---

[58] De acordo com esse princípio, os grandes eleitores de um Estado americano devem obrigatoriamente votar em bloco em favor do candidato que ganhou mais votos naquele Estado.

A concorrência entre *produtos legislativos* acarreta efeitos que vão muito além do perecimento acelerado dos Estados ou da injustiça infligida aos mais fracos. No fim das contas, *o próprio direito muda de natureza*. Ele deixa de ser a codificação de um "viver juntos" elaborado por uma comunidade humana. Deixa de organizar esse agrupamento sistêmico de direitos e de deveres que permite que os humanos constituam uma sociedade. Ao se desmanchar e ao se pulverizar, a regra jurídica cessa de fornecer a ossatura necessária àquilo que tínhamos o hábito de chamar de Estado de direito. O jurista Pierre Legendre não hesita em falar de um retorno sub-reptício ao sistema feudal. "Na ladeira em que estamos", observa ele, "será preciso retornar ao que ocorria no final do Império Romano do Ocidente após as invasões bárbaras: era o reino da personalidade das leis. Perguntava-se a alguém: sob que lei você vive? E lhe era aplicado o regime jurídico que lhe concernia."[59]

Uma racionalidade aleijada

Há juristas, inclusive de primeiro nível, que relativizam o alcance dessa remodelagem do direito. Eles veem nela a influência — parcialmente positiva — do pragmatismo jurídico anglo-saxão. As tradições próprias do país da *common law* simplesmente estariam entrando no velho continente. Encontram-se os traços dessa análise no discurso solene do primeiro presidente da Corte de cassação francesa, Guy Canivet, discurso pronunciado no início do ano judiciário, em 7 de janeiro de 2005.[60]

Ao mesmo tempo em que assegurava que era preciso defender "a originalidade e o gênio do sistema jurídico francês", o alto magistrado considerava que "o tempo das cidadelas nacionais, que foram os grandes códigos do século XIX, não existe mais". A França e a Europa, disse ele ainda, estão submetidas "ao imperativo da eficiência por escolas americanas de análise econômica dos fatores de desenvolvimento". De modo mais explícito, acrescentou: "Nossa justiça não pode mais ficar durante muito tempo protegida,

---

[59] Pierre Legendre, *Vues éparses. Entretiens radiophoniques avec Philippe Petit*, Mille et une Nuits, 2009, p. 67.
[60] Essa exposição pode ser lida integralmente no site da Corte de cassação: http://www.courdecassation.fr/institution_1/occasion_audiences_59/debut_anee_60/monsieur_guy_canivet_60.html

nem da lógica econômica, nem de sua submissão a referências objetivas de qualidade." Para além da prudência retórica e das remissões ao projeto de unificação europeia, essas falas do primeiro magistrado da França evidenciam uma interpretação benevolente da instauração de um "mercado legislativo", em que as tradições jurídicas são postas em concorrência umas com as outras. Dá o que pensar a menção às referências objetivas às quais as legislações nacionais deveriam se submeter.

A pretensa objetividade de que se trata está ligada, na verdade, ao "pensamento do número" já evocado, que habita a modernidade. Ele é produto direto do que Max Weber chamava de *racionalidade instrumental* (*zweckrationalität*) por oposição à *racionalidade dos valores* ou avaliativa (*wertrationalität*). Depois de Weber, essa racionalidade, amputada de tudo que não é contabilizável, foi objeto de críticas argumentadas e aprofundadas. As mais severas foram feitas por filósofos da escola de Frankfurt, mas também pelo filósofo Cornelius Castoriadis (1922-1997). Para definir esse pensamento puramente quantitativo, Castoriadis salientava que este havia sido literalmente inventado — "instituído" — no final do século XVIII pelo capitalismo nascente, e logo transformado em uma ideologia conquistadora. Em um de seus textos, publicado um ano antes de sua morte, ele descreve o que tornou essa invenção possível: "O meio mais formidável foi a destruição de todas as significações sociais precedentes e a instilação, na alma de todos ou de quase todos, do afã de adquirir aquilo que, na esfera de cada um, é, ou aparece como, acessível, e para isso aceitar praticamente tudo. Essa enorme mutação antropológica pode ser elucidada e compreendida, não 'explicada.'"[61]

Fato novo: essa racionalidade aleijada, por meio da revolução cibernética, estende hoje em dia seu poder até o interior das esferas políticas e jurídicas. Dentro destas últimas, ela produz um método de análise e de ação que Alain Supiot, como jurista sarcástico, qualifica de *governança pelos números*. Ela, diz ele, "nos compromete em um círculo especulativo em que a crença em imagens numeradas substitui progressivamente o contato com as realidades que essas imagens deveriam representar". Nesse sentido, ela participa do movimento tendencial de desrealização do mundo. Corta-se o contato com as realidades da vida viva, do sofrimento dos povos, da cotidianidade mais ordinária. A financeirização da economia mundial — com

---

[61] Cornelius Castoriadis, "La 'rationalité' du capitalisme", em *La Résistible Emprise de la rationalité instrumentale*, Éditions Eska, 1998.

o surgimento de bolhas especulativas, de desordens bancárias e de especulações devastadoras — é o seu resultado. Os povos ainda não aprenderam a resistir a essas novas dominações, mas a realidade, por sua vez, nunca se esquece de se vingar disso...

Avaliamos mal o poder desse pensamento do número. Ele é um pouco como o ar que respiramos sem prestar atenção, uma falsa evidência que interiorizamos sem nos darmos conta disso. As mídias o favorecem, sem más intenções. Pensemos no hábito de publicar semana após semana todos os tipos de classificações, escalonados segundo critérios quantitativos. As escolas são classificadas em função das notas; os bairros de uma cidade, em função dos aluguéis; os hospitais, segundo a quantidade de tratamentos oferecidos; as ferrovias, de acordo com o número de passageiros transportados etc. Verifica-se a pertinência de uma opinião, calculando-se a quantidade de pessoas que a compartilham; fica-se obcecado pelas pesquisas de opinião a ponto de muitas escolhas políticas serem feitas em função delas. Naturalmente, procura-se levar em consideração parâmetros qualitativos, mas isso com frequência é um argumento meramente formal.

O mais extraordinário é sem dúvida o fato de que essa supervalorização quase maníaca do quantitativo e das estatísticas é objeto de duras críticas *por parte dos próprios estatísticos*. Podemos citar aqui Alain Desrosières, formado na École Polytechnique, especialista francês em história das estatísticas e presidente do Institut National de la Statistique et des Études Économiques (Insee). Na introdução de um trabalho muito sábio, que trata justamente da *governança pelos números*, ele demonstra de que maneira as estatísticas e a quantificação em geral, devido ao seu uso sistemático, acabam por reconfigurar o mundo, fazendo procedimentos de quantificação "codificados e tornados rotinas" passarem — abusivamente — pela própria realidade.[62] Ele também insiste na dimensão ideológica que acaba sendo assumida pelo uso do instrumento estatístico. Isso significa que as estatísticas, elas também, possuem uma história. O uso que delas foi feito pelos economistas keynesianos não é o mesmo que o dos neoliberais contemporâneos. É perigoso esquecer que os números não são *por si mesmos* portadores de sentido. Eles são simples instrumentos, mais incertos do que se pode pensar, aos quais foi atribuída — de modo insano! — uma função axiológica (relativa aos valores).

---

[62] Alain Desrosières, *Gouverner par les nombres* (2 volumes), Presses de l'École des Mines de Paris, 2008.

Essa advertências não são ouvidas. A governança pelos números acaba assumindo a forma de um imperialismo estatístico.

Nessas condições, não deveremos nos surpreender quando o próprio direito sucumbir a esse exercício da racionalidade instrumental. Para os juristas, essa remodelagem do direito comporta outros riscos além dos evocados anteriormente. Eles são ao mesmo tempo mais distantes e mais perigosos. Em uma sociedade humana, qualquer que seja ela, a primeira função do direito consiste em conter, codificando-a, a violência que mora em toda coletividade. Para domesticar essa violência, trata-se de metabolizá-la para poder colocá-la sob o controle da justiça. O processo contínuo de civilização dos costumes, para retomar a fórmula do sociólogo alemão Norbert Elias, desenvolve-se melhor quando efetuado no quadro preciso de um Estado de direito. Isso significa que uma legislação nacional visa uma meta societal que vai muito além da pura e simples "codificação" normativa. O grande jurista e acadêmico francês Jean-Étienne-Marie Portalis, pai do Código Civil (1746-1807), evocava o propósito último do legislador do seguinte modo: "Boas leis civis são o maior bem que os homens podem dar e receber, elas são a origem dos costumes... e a garantia de toda paz pública e particular [...] Frequentemente, são a única moral do povo, e elas sempre fazem parte de sua liberdade."[63]

Mantendo em mente essa função última da lei, muitos juristas ficam alarmados com as consequências de longo prazo de uma instrumentalização do direito pelo *pensamento do número* e pela organização subsequente de um mercado legislativo planetário. Levado ao extremo, isso significaria libertar, cedo ou tarde, reservas de violência que o Estado de direito tinha como vocação represar, ao menos na medida em que era capaz de transformar relações de força em relações de direito. Deixa de ser o caso quando se atribui como único projeto colocar todos os habitantes do planeta — e seus sistemas jurídicos — em concorrência constante. Alain Supiot evoca essa perspectiva com preocupação. "Bloquear todos esses mecanismos e fazer da concorrência o único princípio universal de organização do mundo", diz ele, "conduz aos mesmos impasses que os totalitarismos do século XX, cujo traço comum foi justamente a sujeição do Direito às supostas leis da economia, da história ou da biologia." Respondendo com antecedência àqueles que

---

[63] Jean-Étienne-Marie Portalis, *Discours et rapports sur le Code civil*. Précédés de *l'Essai sur l'utilité de la codification* de Frédéric Portalis, Presses universitaires de Caen, 2010.

poderiam considerar exagerada sua inquietação, ele acrescenta: "Afirmar isso [...] não surge de nenhuma posição política ou moral determinada, mas sim de uma das raras certezas que a 'ciência do Direito' pode produzir."[64]

Três pistas abertas

Há ainda três grandes questões a tratar. Cada uma delas mereceria uma longa reflexão, um aprofundamento que não será dado aqui. Nós nos limitaremos, então, a designá-las como pistas de pesquisa.

A primeira diz respeito ao rosto que a cultura europeia dará de si mesma e mais amplamente a cultura ocidental no começo do terceiro milênio. Isso implica interrogar-se sobre as recusas e sobre as revoltas provocadas, um pouco em todos os lugares do mundo, pela onipotência evidente de uma racionalidade instrumental que é identificada ao Ocidente e que, vista de fora, pode parecer patogênica. Seria enganoso acreditar que essa resistência é apenas dos terroristas, dos fundamentalistas religiosos, dos nacionalistas pouco propensos ao diálogo ou dos adversários da modernidade. A leitura de alguns autores pós-coloniais é suficiente para convencer-se disso.

Vejamos pois um único caso: o do antropólogo indo-americano Arjun Appadurai, professor da New School University de Nova York. Esse autor de primeira grandeza é um adversário determinado do nacionalismo e, mais ainda, dos fundamentalismos religiosos. Em compensação, analisou longamente o papel da quantificação sistemática, do número, *da estatística na dominação colonial*. Ele diz isso com todas as letras: "Embora as primeiras políticas coloniais de quantificação tenham tido um objetivo utilitário, sugiro que com o tempo os números passaram a ocupar uma parte mais importante da ilusão de um controle burocrático. Eles se tornaram uma das chaves do imaginário colonial."[65]

A *governança pelos números* que preside hoje a globalização neoliberal e que comanda a ação da maior parte das instituições internacionais (OMC, FMI, Banco Mundial etc.) traz desagradáveis lembranças a muitos intelectuais do Hemisfério Sul. Eles veem nessa governança uma versão

---

[64] Alain Supiot, *L'Esprit de Philadelphie. La justice sociale face au marché total*, op. cit., p. 72.
[65] Arjun Appadurai, *Après le colonialisme. Les conséquences culturelles de la globalisation*, trad. do inglês (Estados Unidos) por Françoise Bouillot, Payot-Rivages, 2001 (edição de bolso, 2005), p. 158.

maldisfarçada da antiga dominação colonial. Ela constitui um confisco autoritário da herança do Iluminismo. Para os intelectuais do Hemisfério Sul, esse confisco permite que se crie suspeição até mesmo a respeito do discurso dos direitos humanos invocado, inclusive com boa-fé, pelas democracias do Norte. Parece-lhes algo desastroso que a bela utopia universalista seja de tal modo reduzida a uma lógica contábil, isto é, desfigurada. O universal não é isso, não pode ser isso.

É mérito próprio de certos autores ocidentais terem compreendido o problema.

> **Reelaborar o universal**
>
> "Parece-me que, se não quisermos que o direito universal se reduza à imposição de uma cultura ocidental a todo o mundo, teremos de compreender que o que é 'universal' é objeto de uma elaboração constante, de uma formulação e de uma reformulação constantes no quadro definido pela tradução cultural. Tratar-se-ia, para os diferentes governos e organizações não governamentais, de examinar questões complexas, como, por exemplo, o que poderia ser o direito à liberdade da pessoa, ou o direito à integridade corporal, ou o direito à proteção contra a violência em uma dada cultura. Como esse direito seria aplicado e quais seriam seus efeitos? Que tipo de tensão surgiria entre a afirmação desse direito e as tradições locais ou as leis nacionais? Parece-me que essa luta, a luta que opõe essas concepções rivais ou esses quadros de referências concorrentes, é essencial ao processo que visa efetivar certos direitos universais. Em minha opinião, essa prática de tradução cultural é a alternativa à imposição brutal da cultura dominante às suas 'outras'."
>
> Judith Butler, "La paix est résistance aux terribles satisfactions de la guerre", entrevista a Jill Stauffer (2003), retomada em *Humain, inhumain. Le travail critique des normes*, trad. de Christine Vivier e Jérôme Vidal, Éditions Amsterdam, 2005, p. 90.

A segunda grande questão diz respeito à relação contraditória que os cidadãos dos países desenvolvidos mantêm com o Estado. Há cerca de quatro décadas, houve um esforço para liberar o indivíduo das sujeições do coletivo. Tínhamos, pensávamos nós, de nos desvincular das coerções sociais, das limitações, dos "deveres", do autoritarismo, do visco da antiga sociedade e das instituições que a encarnavam e das quais o Estado era a pedra angular. Contra ele era preciso procurar ampliar cada vez mais o campo de aplicação da liberdade individual. No entanto, contrariamente ao que dão a entender muitas análises moralizadoras, não era de modo algum para promover um individualismo deletério. Ao mesmo tempo, com efeito, persistimos em esperar do Estado uma proteção a todo momento.

Ainda hoje, o primeiro reflexo disso é o de exigir uma intervenção mais eficaz do Estado assim que um perigo nos ameace, quer seja ele econômico, sanitário, climático, financeiro, relativo à segurança etc. Consideramos completamente natural nos livrarmos do peso e das codificações subordinadoras da "sociedade" e ao mesmo tempo conservarmos os benefícios do "social". Em setembro de 2008, com o começo da crise financeira, até mesmo nos Estados Unidos, cada pessoa esperou a salvação pela mão de uma intervenção precipitada do Estado federal. O adversário tradicional contra o qual não eram poupadas críticas voltava a ser o salvador esperado. Essa reviravolta simbólica evidencia uma ambivalência que não é própria da América do Norte. Ela está em ação entre nós. No fim das contas, as novas liberdades reivindicadas por cada indivíduo não possuem sentido a não ser que permaneçam abrigadas sob o guarda-chuva do Estado.[66] No limite, um aumento de liberdade, em qualquer domínio, deveria ser acompanhado por um reforço compensador do Estado. Em nome desse silogismo, os cidadãos dos países desenvolvidos criaram o hábito de exigir uma coisa e seu contrário.

Quando há uma emancipação em relação ao coletivo, ao burocrático ou ao institucional, contribui-se com efeito para minar a onipotência do Estado. Vimos neste capítulo como a pulverização do Direito em direitos subjetivos dissolvia o poder tutelar do Estado. De fato, ele não é mais esse monarca que reina e que vela por seus sujeitos. É só um intermediário frágil entre seus cidadãos e o mundo. Enfraquecido, desguarnecido da arma do direito em sua função antropológica, cotidianamente minado pelas queixas individuais ou corporativas, não pode oferecer aquilo que já perdeu. Flutua como que sem peso acima dos cidadãos. Ora, uma configuração tão instável, como bem sabemos, não pode durar eternamente. Em razão disso, a terceira questão é a mais preocupante.

Diz respeito à violência que está aflorando nas sociedades desenvolvidas. As estatísticas e a história certamente nos ensinam que seu nível real não é tão elevado quanto se pensa. Os países europeus tiveram no

---

[66] Tomo essa ideia do historiador e sociólogo Jacques Donzelot, "En attendant la crise", *Esprit*, julho de 2009, p. 17.

passado — por exemplo no século XIX — níveis de violência muito mais elevados. Isso não impede a sensação de que a violência raramente foi tão poderosa, massiva, permanente. As nossas sociedades comportam-se, reagem, alarmam-se, vigiam-se como se pressentissem a fervura, sob seus passos, de uma lava em fusão. Elas parecem dançar sobre um vulcão. Estão certas? O futuro dirá.

Capítulo 3

"Gender studies": quem domina quem?

> "Desbastamos a linguagem até o osso."
> George Orwell[67]

Os países europeus descobrem atualmente — com atraso — um pensamento proveniente da América: a dos *gender studies* (estudos de gênero). Seria mais correto escrever "que retornou" da América pois, de Michel Foucault a Gilles Deleuze, Jacques Derrida, Jean-François Lyotard ou Monique Wittig, os autores que o inspiraram originalmente eram europeus. À primeira vista, a abordagem dos *gender studies* pretende ser libertadora. Ela apresenta um projeto chamativo: buscar as próprias raízes da dominação sexual. Compreende-se que seja acolhida favoravelmente, para não dizer apaixonadamente.

Com foi o caso dos *postcolonial studies*, o velho continente se inflama retrospectivamente com uma reflexão conduzida há cerca de quarenta anos do outro lado do Atlântico. Isso é percebido, na França, pela tradução precipitada de certas obras, a abundância de matérias publicadas nas revistas, ou ainda a abertura, em 2010, no Institut d'Études Politiques de Paris, do Programa de Pesquisa e de Ensino dos Saberes sobre o Gênero (PRESAGE). Ele marca o acolhimento oficial dessa nova disciplina do poder pela universidade francesa. A recente paixão hexagonal pelos estudos de gênero transparece na virulência das polêmicas que essa reflexão já provoca. Alguns veem nela a abertura inesperada de uma "segunda revolução sexual", e outros temem uma desconstrução da ordem social sob o efeito de um novo "politicamente correto" americano. Em ambos os casos, o excesso polêmico é significativo. É proporcional ao atraso que é preciso recuperar.

---

[67] *1984*, (cap. V), Gallimard, "Folio", trad. fr. de A. Audiberti, 1990, p. 78.

Olhando-se mais de perto, os estudos de gênero (a tradução exata é difícil) são mais diversos, menos monolíticos e menos inovadores do que às vezes se pretende. Aliás, eles não constituem uma *doutrina* no sentido tradicional do termo, nem tampouco, propriamente falando, uma ideologia. A exemplo da denominação "ciências cognitivas", a expressão designa antes uma nebulosa de trabalhos, de pesquisas, de pontos de vista. Quem quer que pretenda escrever uma introdução ou uma iniciação a essa corrente de pensamento rapidamente deveria desistir de estabelecer uma bibliografia exaustiva, pois são excessivamente numerosos os títulos a serem levados em consideração. Por si mesmas, essas publicações compõem uma vasta biblioteca em que o melhor está lado a lado com o mais medíocre. As obras — frequentemente coletivas — expressam opções que podem estar muito afastadas umas das outras. Os *gender studies* são atravessados desde a origem por desacordos, oposições irredutíveis, debates nunca encerrados... A pluralidade de pontos de vista constitui, no fim das contas, a verdadeira riqueza dessa abordagem. Ela invalida de antemão todo juízo simplificador.

Tentemos determinar as principais galáxias da nebulosa *gender studies*.

Sacudir a "república straight*"*

Do que se trata exatamente? De operar uma distinção entre o *sexo* como realidade biológica e o *gênero* que, por sua vez, provém de uma construção social. O sexo não necessariamente corresponde ao gênero. Está tudo aí. A distinção deve permitir a rejeição das normas impostas por uma sociedade em nome de uma "essência" e de uma "natureza", inclusive as normas que estabelecem uma diferença clara entre homens e mulheres. O objetivo disso, naturalmente, é "desfazer" (para retomar a expressão de Judith Butler) a velha ordem patriarcal, heterossexual e masculina, cuja dominação as mulheres sofreriam desde a noite dos tempos e pela qual as minorias sexuais ainda estariam sofrendo. A libertação a ser promovida não mais consiste apenas em obter uma forma de tolerância ou de benevolência (*gay friendly*) em relação à diversidade sexual. Ela visa a um pleno *reconhecimento*, o que não é a mesma coisa.

Nos Estados Unidos, esse empreendimento foi lançado nos anos 1970 pelos grupos feministas iniciadores dos *women's studies*. Um dos primeiros manifestos, publicado naquela época, foi a obra da feminista Ann Oakley, *Sex, Gender and Society* (1972). As feministas da época tomaram o termo *gender* do psicólogo americano John Money, que foi o primeiro a utilizá-lo em 1955. Ele o empregou em seus estudos sobre a ambivalência genital que conduz certas crianças a *sentirem seu pertencimento sexual em contradição com a realidade biológica*. Criado como menina, um menino tenderá a pensar a si mesmo como menina e vice-versa. "O gênero de um sujeito", sustenta Money, "é definitivamente fixado na idade-limite de dois anos e meio, salvo no caso em que os pais, não tendo certeza quanto ao sexo de seu filho, lhe transmitiram suas dúvidas e, portanto, uma identidade ambígua que permitirá uma redefinição mais tardia."[68]

Nesse último caso — o hermafroditismo genital, por exemplo —, é a própria realidade biológica que é indecisa. Ao substituir a palavra *sexo* pelo *gênero*, Money pretendia evidenciar *o papel determinante da cultura dominante* na fixação das categorias sexuais, categorias a partir das quais se estabelecem as normas sociais em vigor. Nesse aspecto, ele representava a corrente dita "interacionista" da sociologia americana. Para os membros dessa escola, a construção social da diferença é constituída por uma série de interações cotidianas que conduzem o indivíduo a adotar inconscientemente estratégias de comportamento para ser reconhecido como mulher ou como homem.

Evidenciar essas estratégias efetivamente corresponderia a um procedimento libertador. O objetivo realmente era o de combater uma dominação. As normas sexuais têm como efeito introduzir e perenizar, entre uma época e outra, o princípio hierárquico: o homem antes da mulher, a heterossexualidade como única opção legítima etc. No começo, a reflexão sobre o gênero procurava pôr a descoberto a falácia "essencialista": aquela que apresenta como um fato de natureza inatacável algo que é tão somente uma construção cultural, social e política. Para essa filosofia, a essência de uma coisa ou de um ser precede a sua existência. Desse modo, haveria — e desde sempre — uma essência do masculino e do feminino à qual os comportamentos humanos não poderiam senão obedecer. Definir a heterossexualidade como *a* norma, acrescentar que somente ela é "natural" é algo que provém de um raciocínio

---

[68] Patricia Mercader, "Le genre, la psychanalyse, la 'nature': réflexions à partir du transsexualisme", in Françoise Héritier (org.), *Hommes, femmes, la construction de la différence*, Le Pommier/Cité des sciences et de l'industrie, 2005, p. 125.

essencialista, que permite impor categorias e ao mesmo tempo dissimular as dominações que elas induzem. A desconstrução dessas categorias, *via* reflexão sobre o gênero, abria o caminho para o pleno reconhecimento de sexualidades *outras*, até então marginalizadas, para dizer o mínimo. Em um de seus livros, a francesa Marie-Hélène Bourcier afirma querer "sacudir em todos os sentidos a república *straight*" (branca, masculina, heterossexual).[69]

Por volta do final dos anos 1980, os *gender studies* suplantaram, pouco a pouco, os *women's studies* nas universidades americanas. Eles iam mais longe que o feminismo tradicional, pois nem sequer aceitavam a distinção definitiva entre homem e mulher. Em vez dessa repartição binária, defendeu-se a ideia de um *continuum* entre os gêneros, o qual autorizava uma variabilidade infinita de opções sexuais. Entre o masculino e o feminino existia uma série de outros gêneros, nunca nomeados, nunca reconhecidos, nunca percebidos. Para expressar essa indeterminação de princípio, modificou-se o sentido da palavra inglesa *queer* (estranho), que equivalia a um insulto quando aplicada aos homossexuais (algo como "pederasta" ou "veado"). O pensamento *queer*, do qual voltaremos a tratar mais adiante, põe em cena a ideia de uma indefinição aberta. Ele se opõe ao rigor do pensamento *straight*, julgado segregacionista.

Desde o começo, nos anos 1970, o empreendimento se chocava de frente com as duas interpretações então dominantes da sexualidade humana: a da antropologia dita estrutural, inspirada por Claude Lévi-Strauss, e a da psicanálise. Para Lévi-Strauss, a diferença sexual é uma "invariante antropológica", assim como a proibição universal do incesto. Em outras palavras, a categorização sexual participa de uma estrutura e não pode, enquanto tal, ser ignorada. A psicanálise, por sua vez, toma outro caminho, mas acaba chegando à mesma constatação. A teoria freudiana do inconsciente permite definir uma dupla polaridade do desejo, isto é, a atração recíproca dos dois sexos opostos, o masculino desejando o feminino e vice-versa. Para Freud, a diferença entre os sexos existe na realidade: *ela está ligada à materialidade dos corpos*. No que diz respeito ao sentimento experimentado por alguns de se sentirem mulheres em um corpo de homem, ou o contrário, ele nunca é mais que uma construção psíquica defensiva. Procura-se proteção contra a brutalidade do real. Isso não significa que este não exista.

---

[69] Marie-Hélène Bourcier, *Sexpolitiques. Queer Zones 2*, La Fabrique, 2005.

A teoria do complexo de Édipo confirmaria, devido à sua simetria, a existência de "predisposições libidinais" ligadas ao sexo biológico, o que conduz a considerar a homossexualidade como uma patologia. "Ao fazer isso, [Freud] contribui para normatizar a sexualidade, instituindo a heterossexualidade como pulsão natural e relegando a homossexualidade aos bancos das 'falhas' do desenvolvimento psicocognitivo."[70] Nos Estados Unidos, contudo, nem todos os psicanalistas seguiram essa linha. Um deles, Robert Stoller (1925-1992), foi até mesmo associado às primeiras reflexões sobre o "gênero".

Para enfrentar figuras tão consideráveis quanto Lévi-Strauss ou Freud, os *women's studies* encontraram em Michel Foucault, partidário de uma "política do desconforto", um aliado de peso. Veremos de que maneira.

Dos inuits canadenses à French theory

Mas não nos enganemos. Seria redutor ver nos *gender studies* apenas uma réplica americana da *French theory*, isto é, o paradigma da desconstrução trazido pelos filósofos franceses citados há pouco. A genealogia da reflexão sobre o gênero é mais complexa e suas raízes mergulham mais longe no passado. Para simplificar, serão indicados três tipos distintos de fontes.

As primeiras pertencem à história universal do feminismo. Na Europa do século XVIII, certas(os) "feministas" (ainda não eram chamadas assim) já afirmavam que a masculinidade e a feminilidade eram convenções sociais que podiam ser contestadas ou modificadas. Os nomes do filósofo cartesiano Poullain de La Barre (1647-1725) ou da feminista britânica Mary Wollstonecraft (1759-1797) são os mais frequentemente citados. Na opinião desses predecessores, "até mesmo as relações entre homens e mulheres, aparentemente regradas pela biologia, poderiam ser reordenadas assim que fossem percebidas como produtos dos costumes, dos 'preconceitos', das leis e da educação."[71]

Essas antigas reflexões foram reforçadas pelas descobertas de antropólogos como Margaret Mead ou pelas de etnólogos especializados. Suas pesquisas de campo evidenciaram várias práticas insólitas em uso nos

---

[70] Alessandra Pendino, "L'utopie du non-genre", *Controverses*, n° 8, maio de 2008, p. 51.
[71] Christopher Lasch, "La comédie de l'amour et la querelle des femmes", em *Les Femmes et la vie ordinaire, op. cit.*, p. 65.

povos ditos primitivos. Elas mostravam que os "primitivos" em questão já sabiam estabelecer a diferença entre o sexo e o gênero, ainda que não teorizassem seus comportamentos. O canadense Bernard Saladin d'Anglure, por exemplo, professor emérito na Universidade Laval, estudou o caso dos inuits do Grande Norte canadense. Entre eles, a identidade sexual de um recém-nascido é determinada pela da "alma-nome", a saber, o ancestral que escolheu voltar nele. Ora, o sexo deste último não necessariamente é o mesmo, aparente, da criança.[72] A antropóloga francesa Françoise Héritier também evoca o caso dos inuits canadenses. Ela vê aí a prova de que "[a desigualdade entre os sexos] é construída exclusivamente no mundo das ideias, que são estruturas mentais desenvolvidas por nossos ancestrais para dar sentido aos fatos brutos que observavam, transmitidas sem dificuldade de geração em geração e que impregnam o conjunto de nossas interpretações."[73]

Por sua vez, o grande antropólogo britânico Evans-Pritchard (1902-1973) observara, em 1940, costumes análogos nos nuer do sul do Sudão. Para esses povos, uma mulher deve imperativamente ter filhos para ser reconhecido seu pertencimento ao sexo feminino. A mulher estéril será socialmente considerada como um homem. Ela deverá, pois, ter uma *esposa* e será apresentada como o pai dos filhos desta última.[74] Esses dois exemplos mostram a recorrência — tanto no tempo como no espaço — de tentativas de remodelagem do dado estritamente biológico.

No capítulo das influências europeias, cita-se tradicionalmente a de Simone de Beauvoir (1908-1986). Em *O segundo sexo*, livro em dois volumes publicado em 1949, Beauvoir escreve a famosa frase: "Não se nasce mulher, torna-se uma." A continuação do texto, mais raramente reproduzida, é ainda mais clara: "Nenhum destino biológico, psíquico, econômico define a figura assumida pela fêmea humana no âmago da sociedade; é o conjunto da civilização que elabora esse produto intermediário entre o macho e o castrado que é qualificado de feminino."

Menos frequentemente citados, outros precursores europeus contribuíram para a emergência dos *gender studies*. O caso da feminista italiana Elena Gianini Belotti merece ser recordado. O livro que ela publicou no

---

[72] Bernard Saladin D'Anglure, *Être et renaître inuit. Homme, femme ou chamane* (prefácio de Claude Lévi-Strauss), Gallimard, 2006.
[73] Françoise Héritier (introdução), *Hommes, femmes, la construction de la différence, op. cit.*, p. 33.
[74] Edward Evans-Pritchard, *Parenté et mariage chez les Nuer*, Payot, 1973 [ed. inglesa, 1940].

começo dos anos 1970, *Dalla parte delle bambine* (Da parte das meninas), foi traduzido e divulgado em todo o mundo. Seu aparecimento foi um verdadeiro acontecimento. Nessa obra, a autora mostrava o poder dos estereótipos inculcados nas crianças desde o seu nascimento, estereótipos estes que atribuem características particulares (e desiguais) às meninas e aos meninos. Na mesma época, os sociólogos franceses Georges Falconnet e Nadine Lefaucheur propuseram uma reflexão próxima (embora mais moderada) em *La Fabrication des mâles*, livro publicado em 1970 pela editora Seuil.

Todas essas reflexões conduzem até certo ponto aos *gender studies*. A influência determinante foi, apesar de tudo, a dos filósofos franceses pós-modernos e pós-estruturalistas, aqueles aos quais os americanos atribuem a *French theory*. Aos nomes de Foucault, Derrida, Lyotard, Deleuze, Wittig, já citados, é preciso acrescentar os de Jacques Lacan, Félix Guattari, Luce Irigaray, Hélène Cixous, Julia Kristeva e alguns outros. A implantação desses pensadores franceses nos Estados Unidos remonta a um famoso colóquio organizado em 1966, na Universidade Johns-Hopkins de Baltimore, intitulado *Sign and Play in the Discourse of the Human Science*. Nem todos compareceram, mas todos foram convidados. Ironia da história, um dos incentivadores do colóquio, quem fez os convites, não era ninguém menos que o filósofo cristão René Girard. Ora, na América do Norte, onde ensinava desde 1947, ele iria se tornar o adversário mais consequente da "desconstrução" teorizada por Derrida.

Este último, cuja intervenção provocou algum estardalhaço no colóquio de Baltimore, foi convidado pela Universidade de Yale. Ali ele incentivou um seminário anual a partir de 1973. Três anos depois, a feminista francesa Monique Wittig (1935-2003) também se instalou nos Estados Unidos e ensinou em várias universidades, dentre as quais Berkeley. Sua influência sobre o pensamento *queer* foi profunda e durável. O "derridaísmo" e a *French theory* partiam desse modo à conquista da América. Detalhe importante: eles se implantaram através dos departamentos literários das grandes universidades, departamentos pouco considerados até então, mas aos quais a *French theory* trouxe uma legitimidade inovadora.

O papel desempenhado pelos departamentos literários pode causar surpresa na medida em que se trata aqui de ciências humanas. Esse papel, no entanto, é muito lógico. A questão da linguagem, da escrita, da expressão — e portanto da literatura — preenche uma função importante nos *gender studies*. Graças à arma da linguagem podem ser abalados os discursos e as categorias dominantes. As relações sociais, é preciso lembrar-se disso, são em primeiro lugar "atos de linguagens". Essa observação é feita frequentemente pelos autores franceses da pós-modernidade. Jean-François Lyotard fala das *grandes narrativas* em vias de desaparecimento. Gilles Deleuze (que se suicidou em 1995) insiste na importância da leitura e em sua dimensão "labiríntica". Michel Foucault, por sua vez, fala longamente sobre a estreita relação que une o "saber enunciado" e o "poder exercido". Essa relação resulta na produção inconsciente, mediante a linguagem, de uma realidade que se tenderá a confundir com uma verdade ontológica. Inversamente, o simples fato de enunciar claramente uma norma pode ajudar a diminuir a força de sua dominação. Sutilmente exposta à luz do dia, ela é "desalojada de seu terreno metafísico" e não é mais interiorizada com tanta facilidade.

Efetivamente, a escrita, as palavras, a literatura ocupam um lugar privilegiado nos *gender studies*.

O filósofo Jacques Derrida foi, junto com Michel Foucault, o autor mais frequentemente citado pelos teóricos e teóricas do gênero. Ele utilizava o termo "indecidabilidade" para mostrar o caráter necessariamente construído — e não natural — da diferença entre os sexos. Em sua opinião, a linguagem é o principal instrumento dessa construção. Ela frequentemente é executiva: a enunciação basta para fazer o existente nascer. Judith Butler, que nesse ponto retoma mais Foucault que Derrida, insiste na necessidade de ampliar o perímetro dessa pretensa verdade produzida pelas palavras a fim de se soltar a constrição das normas (Foucault fala das "condições de aceitabilidade") de que ela é instrumento. Butler chama isso de "ressignificação radical". É preciso saber furar o casulo das palavras caso não se queira ficar aprisionado nele. "Tomar seu próprio horizonte linguístico como o horizonte último", diz ela, "gera uma estreiteza de espírito extrema e impede que nos abramos para a diferença radical."[75] O esforço de *ressignificação* consiste em transformar o sentido de uma palavra de modo a poder voltá-la contra aqueles que faziam dela uma arma. O reuso da palavra *queer* é um exemplo; a valorização da palavra *negro* através do tema da negritude também. Essa inversão deliberada apenas pode ser realizada com prudência.

---

[75] Judith Butler, "Changer de sujet: la resignification radicale", entrevista a Gary A. Olson e Lynn Worsham, retomada em *Humain, inhumain. Le travail critique des normes, op. cit.*, p. 145.

Ela nem sempre produz resultados positivos. O reuso do termo *democracia* pelo sistema comunista serviu para legitimar o totalitarismo, assim como o de *socialismo* pelos nazistas. Isso significa que a própria *ressignificação* também deve ser questionada.

Um outro tema trazido pela *French theory*, o da rede, obterá um grande sucesso do outro lado do Atlântico. Ele se deve a Gilles Deleuze e a Félix Guattari, que rejeitam toda ideia de transcendência. Para isso, eles utilizam a dupla metáfora da "árvore raiz" e do "rizoma". A árvore raiz, que organizava a antiga cultura patriarcal, sugere a existência de uma forte autoridade central que impõe um princípio de hierarquização. Em compensação, o rizoma/a rede se caracteriza pela ausência de hierarquia e de centralidade e pela existência de múltiplas entradas, de linhas de fuga, de indeterminação e de mobilidade.[76] Os *gender studies* obedecem indiscutivelmente a essa figura da rede.

Ainda falta contextualizar o aparecimento, e depois o sucesso, dos estudos de gênero nos Estados Unidos. Embora seu primeiro surgimento do outro lado do Atlântico date dos anos 1970, não foi resultado apenas do sucesso de um colóquio subversivo organizado em Baltimore em 1966. O contexto político americano desempenhou um papel decisivo na emergência dessa atitude protestatária. O final dos anos 1960 e o começo dos anos 1970 correspondem à guerra do Vietnã, na qual os Estados Unidos se afundam a partir de meados dos anos 1960. Esse período foi profundamente impregnado — como será também, trinta anos depois, o pós-11 de setembro de 2001 — por aquilo que às vezes é chamado de "ideologia militar masculina", a qual convida a se submeter ao poder viril. "A sociedade americana e, junto com ela, o conjunto do mundo ocidental mergulharam [então] em uma atmosfera de guerra das estrelas, marcada por uma retórica anticomunista feroz e pela ansiedade permanente do holocausto nuclear. Essa atmosfera era alimentada pelo universo da ficção científica — romances e filmes — que trabalha, rivalizando com o tema de um controle militar global, a figura de uma inteligência informática e militar."[77]

A atitude crítica dos *gender studies* provém de uma reação contra o machismo preponderante, machismo que um universitário de San Diego

---

[76] Gilles Deleuze e Félix Guattari, *Mille plateaux*, Les Éditions de Minuit, 1980.
[77] Delphine Gardey, "Au coeur à corps avec le *Manifeste cyborg* de Donna Haraway", *Esprit*, março-abril de 2009, p. 211.

(Califórnia) chamou de *cultura de intimidação*. Para esse autor, a exaltação do *masculino* ressurge periodicamente na sociedade americana. Ela era virulenta nos anos 1970 e voltou a sê-lo novamente hoje. Desse modo, a linguagem e as práticas machistas penetram tanto no mundo da empresa como no da mídia e acabam por dominar o espírito da época. No mundo do trabalho, a ostentação viril manifesta-se pela brutalidade sem complexos das demissões. Aquele a quem se anuncia que está "demitido" (*You're fired!*) instantaneamente tem de entregar suas senhas, conexões ou celulares, às vezes sob o controle de seguranças armados. Deve deixar o local de trabalho imediatamente, como se fosse um delinquente.

No rádio ou na televisão, a mesma cultura de intimidação se expressa nos novos programas apresentados por personalidades midiáticas de linguagem agressiva. Neles é celebrada a normalidade branca, masculina e heterossexual. "[Esses apresentadores] suscitam e exploram a raiva de seu público amplamente masculino que se aferra aos suspeitos habituais: as mulheres, os negros, os liberais, o pessoal de esquerda, os gays e os imigrantes. Seus programas explodem os últimos vestígios da linguagem respeitosa e educada que ainda existia nos estúdios."[78]

Esse foi o clima de conjunto no qual os *gender studies* apareceram e prosperaram.

A dupla figura do cyborg

A relação ambígua — oposição e impregnação — com a ideologia militar, tecnicista e masculina se revelará por outro caminho. Uma figura de proa dos *gender studies*, a historiadora Donna Haraway, tomará do vocabulário tecnocientífico uma palavra que marcará época. Em 1991, ela publicou um texto curto intitulado *Manifesto cyborg* (título original: *A Cyborg Manifesto: Science, Technology, and Socialist-Feminism in the Late Twentieth Century*). Esse manifesto será traduzido, copiado, difundido em todo o mundo. Ele se tornará *o* texto-guia dos *gender studies*. Sua influência se dará até mesmo muito além disso. Será lido e relido pelos apaixonados por informática e ficção científica, por cibernautas e hackers. Por que isso aconteceu?

---

[78] Roddey Reid, "La culture d'intimidation aux États-Unis", *Esprit*, agosto-setembro de 2009, p. 58.

O neologismo *cyborg* (contração de *cybernetic organism*) foi inventado por dois pesquisadores dos anos 1960 envolvidos na aventura espacial, Manfred Clynes e Nathan Kline. Ao designar uma complementaridade entre o organismo vivo e a tecnologia, ele evocava o vínculo estreito e vital que necessariamente une um astronauta aos instrumentos técnicos que o acompanham em um voo espacial de longa duração. Somente o maquinário de bordo permitiria que o organismo humano sobrevivesse, sob a condição de que permanecesse "conectado", a tal ponto que a máquina e o corpo formassem uma unidade. Por extensão, e após o seu uso pelos autores de ficção científica e pelos artistas ou amantes dos mangás, a palavra *cyborg* passará a ser compreendida como o nome de um ser híbrido, metade homem, metade máquina.

Em seu manifesto, primeiramente publicado na *Socialist Review* (em 1985), Donna Haraway faz um uso irônico e provocador do neologismo *cyborg*. Ela reivindica até mesmo o caráter alegremente blasfemo de seu texto. A referência à blasfêmia ganha todo o sentido sob a pena de uma intelectual irlandesa de origem católica que reconhece ter lido muito Tomás de Aquino em sua juventude. Haraway vê na hibridação homem/máquina concretizada pelo cyborg, sobretudo, um meio para dinamitar as categorias, tanto as sexuais como também as humanas e as *naturais*. A figura do cyborg evoca uma multiplicidade de identidades possíveis que podem ser infinitamente reconfiguradas. Ela oferece um imenso campo à vontade construtivista sobre a qual se baseiam os *gender studies*. Com efeito, o ser híbrido está metaforicamente situado além dos sexos, dos corpos, das categorias humanas ditas naturais. Ele ocupa um lugar em um bestiário heteróclito, ao lado de camundongos de laboratório e animais transgênicos. "Os cyborgs que povoam a ficção científica feminista", diz Haraway, "tornam muito problemáticos os estatutos dos homem ou da mulher, do humano, do objeto fabricado, do membro de uma raça, da entidade individual, ou do corpo."

Todos nós somos quimeras

"No final do século XX — nossa época, uma época mítica —, todos nós somos quimeras, híbridos de máquinas e organismos pensados e fabricados. Em suma, somos cyborgs. O cyborg é nossa ontologia, ele nos dá a nossa política. O cyborg

> é uma imagem condensada da imaginação e da realidade material, centros ligados um ao outro que estruturam toda possibilidade de transformação histórica. Nas tradições científicas e políticas ocidentais (a tradição do capitalismo racista e com predominância 'masculina', a tradição do progresso, a tradição da apropriação da natureza como recurso para as produções de cultura, a tradição da reprodução do eu que provém das imagens refletidas pelo outro), a relação entre o organismo e a máquina tornou-se uma guerra de fronteira. Nessa guerra de fronteira, os pontos de referência utilizados foram os territórios de produção, de reprodução e de imaginação. Este ensaio procura contribuir com a cultura e a teoria socialista-feminista em uma moda pós-modernista e antinaturalista, e em uma tradição utópica que consiste em imaginar um mundo que exclui o gênero, algo que sem dúvida é um mundo sem gênese, mas também certamente um mundo sem fim. A encarnação cyborg está fora da história da salvação."
>
> Donna Haraway, *Le Manifeste cyborg: la science, la technologie et le féminisme-socialiste vers la fin du XXe siècle*, trad. Anne Djoshkoukian. (http://multitudes.samizdat.net/Le manifeste cyborg)

Além de seu tom irônico e visionário, o *Manifesto cyborg* é um texto ainda mais perturbador por ser extraordinariamente compósito. A obscuridade de certas passagens torna a sua leitura difícil. Donna Haraway examina tanto a contribuição do pensamento cibernético quanto as possibilidades oferecidas pela biotecnologia e pela microeletrônica. Denuncia o que ela chama de "informática da dominação", mas trata na mesma página da opressão dos "grupos colonizados", como as mulheres negras, ou ainda das ambiguidades da administração em rede. Apresentando-se como uma feminista de extrema-esquerda, ela não deixa de criticar, abruptamente, certas teses feministas "socialistas-marxistas", como as de Catherine McKinnon, teses consideradas abusivamente totalizantes. Em compensação, elogia feministas francesas como Luce Irigaray ou Monique Wittig, que se dedicaram a uma reflexão sobre a linguagem.

As expressões inovadoras propostas pelo manifesto contribuíram para o seu sucesso. "No mundo dos cyborgs", explica Haraway, "as criaturas se tornaram 'fronteiras' (*boundary creatures*). Elas não podem pois ser definidas senão se examinando os vínculos sociais e políticos que unem figuras tão diferentes quanto os humanos, as máquinas ou os animais de laboratório, tudo isso em uma 'realidade ampliada.'" O próprio humano não está mais vinculado a qualquer essência. Ele está no cerne de uma rede, no cruzamento de uma enorme quantidade de mensagens informacionais. Daí a importância das ideias de *conexão* e de *informação* em uma nova sociedade que não se resume mais à "sociedade dos homens". Pode ser reconhecida aqui a influência direta do pensamento cibernético, tal como elaborado logo após a Segunda Guerra Mundial.[79]

Nessa perspectiva comunicacional, a atribuição a um ser de uma identidade precisa torna-se uma tarefa difícil. No lugar da noção de *identidade*, Haraway propõe a noção, mais ampla, de *afinidade*. Evidentemente, essa ampliação pressupõe um rompimento com a cultura europeia baseada — como demonstraram os autores da *French theory* — em oposições entre o corpo e a alma, a matéria e o espírito, a emoção e a razão, a natureza e o artifício. "[...] para evitar os dualismos e as hierarquias ela propõe como solução o recurso ao conceito de cyborg, pois este poderia contribuir, de acordo com ela, para o aniquilamento da 'rede simbólica que estrutura o Eu ocidental.'"[80] A intenção subversiva do *Manifesto*, como se pode perceber, não é modesta.

O pensamento *queer* será beneficiário direto das teses desenvolvidas por Donna Haraway, inclusive em sua oposição ao feminismo de tipo mais antigo. A relação é evidente. Como Haraway, os teóricos(as) do *queer* rechaçam o feminismo heterocentrado de outrora. Eles consideram a categoria "mulher" obsoleta por ser fixa, imóvel, fechada. O velho termo *sororidade* não é mais pertinente em uma realidade movente, híbrida, incerta. Haraway prefere substituí-lo pela expressão *sister outsider*, isto é, a mulher de fora, em referência à mulher negra americana que simbolizaria a identidade mutante. Haraway chega até mesmo a anunciar a "morte da deusa", isto é, da figura feminina tradicional. O anúncio é um eco direto da frase de Monique Wittig, que se tornou muito conhecida na tendência *queer*: "As lésbicas não são mulheres." A afirmação provocante concluía uma conferência pronunciada em 1978 intitulada "O pensamento *straight*".[81] Na época, essa reflexão causou escândalo.

Depois disso, ela seguiu seu próprio caminho.

---

[79] Ver a esse respeito a obra da socióloga canadense Céline Lafontaine, *L'Empire cybernétique. Des machines à penser à la pensée machine*, Seuil, 2004. Esse livro é uma versão bastante resumida de uma tese de doutorado em filosofia, defendida em Paris e em Montreal em março de 2001 e que tem como título *Cybernétique et sciences humaines: aux origines d'une représentation informationnelle du sujet*.
[80] Michela Marzano, "Vers l'indifférenciation sexuelle?", *Études*, julho-agosto de 2009, p. 44.
[81] Episódio relatado por Marie-Hélène Bourcier, "Wittig la politique", *in* Monique Wittig, *La Pensée Straight*, Éditions Amsterdam, 2007, p. 24.

O corpo é um simples "texto"?

As críticas dirigidas a certas correntes feministas e o radicalismo do pensamento *queer* demonstram que há dissensões desde as origens dos *gender studies*. Longe de diminuírem, esses desacordos se aprofundam cada vez mais. Sua permanência merece a maior atenção, pois diz respeito ao próprio cerne da abordagem. Correndo o risco de simplificar demais, procuremos estabelecer uma breve tipologia.

Algumas dissensões dentro do movimento lésbico ou *queer* participam do que poderia ser chamado de extremismo ciberpunk. Nessa categoria, pode ser enquadrada a feminista Valerie Solanas (1936-1988), autora de um violento *SCUM Manifesto Associação para cortar os homens em pedaços*, no qual defendia a eliminação física ou a emasculação dos homens.[82] Responsável por uma tentativa de assassinato contra Andy Warhol em junho de 1968, ela foi condenada a três anos de prisão (Warhol recusou-se a testemunhar contra ela). Na saída da prisão, foi apresentada por vários responsáveis da organização NOW (National Organization for Women) como uma mártir da causa feminista. O romancista francês Michel Houellebecq considera-a uma teórica clarividente e elogia a profundidade de suas intuições biológicas. No final de sua vida, após uma longa psicoterapia e várias estadias em hospitais psiquiátricos, Valerie Solanas renegará o *SCUM Manifesto* que a tornou fugitivamente célebre.

Citemos também a feminista espanhola Beatriz Preciado, aluna de Jacques Derrida, pesquisadora em Princeton e professora na Universidade de Paris-VIII. Em seu *Manifesto contra-sexuel*, e sobretudo em seu segundo livro, *Testo Junkie. Sexe, drogue et biopolitique*, ela se torna defensora do movimento *queer* na França e afirma querer desconstruir a diferença dos gêneros. O elogio do ânus ("órgão sexual universal") e do consolo (que arremata o "desaparecimento do pênis como fonte de diferença sexual") permite que ela anuncie o "fim da heterossexualidade como natureza".[83] Para contribuir com esse fim, ela passou a aplicar em

---

[82] O livro foi publicado em francês: Valerie Solanas, *SCUM Manifesto. Association pour tailler les hommes en pièces*, trad. Emmanuelle de Lesseps, Mille et Une Nuits/Fayard, 1998, reed. 2005, com elogioso posfácio de Michel Houellebecq.
[83] Beatriz Preciado, *Testo Junkie. Sexe, drogue et biopolitique*, Grasset-Fasquelle, 2008. O *Manifeste contra-sexuel*, trad. Marie-Hélène Bourcier, foi reeditado em 2010, Diable Vauvert.

si mesma injeções subcutâneas de testosterona (hormônio masculino), o que permitiu que passasse a apresentar um elegante bigode. Popular nos meios radicais e *queer*, acabou por se tornar um ícone do movimento. Nos Estados Unidos, muitos(as) autores(as) dos *gender studies* demonstram um extremismo comparável e, às vezes, ostentatório. Apesar disso, ele permanece relativamente marginal, para não dizer folclórico, tendo em vista as divergências teóricas de fundo que se manifestam no âmago dessa nebulosa.

Essencialmente, as grandes linhas de divisão são as seguintes.

A primeira delas, já evocada, diz respeito à *questão — primordial — do essencialismo*, isto é, às relações com o corpo vivo. A realidade anatômica da diferença homem/mulher participa de uma essência? Para certos autores, dentre os quais Judith Butler em seus primeiros trabalhos, a questão é incongruente. O próprio corpo não é senão um texto, produzido arbitrariamente por uma cultura determinada. Pode ser desconstruído e substituído por outro texto, para escapar da dominação cultural particular, imputável a uma época ou a uma cultura. Isso significa rejeitar todo ponto de vista essencialista e toda referência a qualquer "naturalidade dos sexos". Outros autores(as) consideram que, apesar de tudo, a materialidade do corpo deve ser levada em consideração. Esse ponto de vista, por exemplo, é o da filósofa americana Susan Bordo, que é professora na Universidade de Kentucky. Especialista em Descartes, ela propõe uma interpretação feminista do cartesianismo. Para ela, o corpo não é um simples texto sem materialidade, mas antes uma "página" sobre a qual se escreve o texto. Isso significa que a existência dessa materialidade biológica não pode ser eliminada inicialmente.

O debate entre essencialismo e antiessencialismo estrutura uma boa parte das reflexões sobre o gênero. Entre as duas posições mais extremas existe uma gradação contínua. A posição do cursor permite a realização de uma primeira classificação entre os autores(as) de acordo com a importância atribuída à questão biológica. Aliás, ocorreu uma evolução a esse respeito. As teorias estritamente antiessencialistas dos primórdios foram sucedidas, a partir de meados dos anos 1990, por teses mais nuançadas, marcadas por uma melhor — e prudente — consideração do corpo físico. A própria Judith Butler, como veremos, reconhece um distanciamento em relação às análises contidas em seu primeiro livro, especialmente sobre a "fobia do corpo" (de acordo com sua própria expressão) que ali se expressava.[84]

A segunda linha de divisão diz respeito à *questão da linguagem*, questão cuja importância já foi salientada anteriormente. A francesa Monique Wittig, lésbica militante, tinha posições fortes sobre o assunto. "Somos a tal ponto seres sociais", diz ela, "que até mesmo o nosso físico é transformado (ou, antes, formado) pelo discurso — pela *soma das palavras que se acumulam em nós*." Em sua opinião, o próprio mundo é um "grande registro" no qual se inscrevem as linguagens mais diversas. Ora, prossegue ela, "o conjunto desses discursos efetua um embaralhamento — de ruídos e de confusão — para os oprimidos, que faz com que percam de vista a causa material de sua opressão e os mergulha em uma espécie de vácuo aistórico".[85]

> **Monique Wittig e a "estrela de Davi amarela" das mulheres**
>
> "A categoria de sexo é produto da sociedade heterossexual na qual os homens se apropriam da reprodução e da produção das mulheres, assim como de suas pessoas físicas por meio de um contrato que se chama contrato de casamento. Comparem esse contrato com o contrato que vincula um trabalhador ao seu empregador. O contrato que vincula uma mulher a um homem é em princípio um contrato perpétuo, que somente a lei pode romper (por meio do divórcio). [...] Onde quer que estejam, o que quer que façam (inclusive quando trabalham no setor público), elas são vistas (e tornadas) sexualmente disponíveis para os homens, e elas, seios, nádegas, roupas, devem estar à vista. Devem mostrar sua estrela de Davi amarela, seu eterno sorriso dia e noite. Pode-se dizer que todas as mulheres, casadas ou não, devem proporcionar um serviço sexual forçado, um serviço sexual que pode ser comparado ao serviço militar e que pode durar, de acordo com a circunstância, um dia, um ano, vinte e cinco anos ou mais. Algumas lésbicas e algumas religiosas escapam disso, mas são poucas, embora seu número esteja aumentando."
>
> Monique Wittig, "La catégorie des sexes" (1976)
> in *La Pensée Straight*, op. cit., p. 40.

Em razão disso, Wittig atribuía grande importância à frente da linguagem (no sentido estratégico do termo). De seu ponto de vista, "a expressão faz

---

[84] Judith Butler, "Le genre comme performance", entrevista publicada em *Radical Philosophy*, nº 67, verão de 1994, republicado em *Humain, inhumain. Le travai critique des normes, op. cit.*, p. 15.
[85] Monique Wittig, *La Pensée Straight*, op. cit., p. 54.

o sexo". Ela considerava necessário, por exemplo, abolir o uso dos termos "mulheres" e "homens", e até mesmo renunciar a chamar de "menino" ou "menina" um recém-nascido. Wittig rechaçava até mesmo o vocabulário anatômico ordinário que faz com que as mulheres sejam conduzidas a reconhecer que elas possuem uma "vagina". O rigor dessas posições resultou na promoção de um tipo de politicamente correto ainda mais formalista que o que prevalece em todo *campus* universitário americano. Dentro dos *gender studies*, as posições de Wittig correspondem às das lésbicas radicais, ditas "separatistas".

Muito em voga nos anos 1980, elas foram contestadas e criticadas. E o são ainda mais hoje, uma vez que, de acordo com a própria admissão de uma lésbica militante, "o lesbianismo separatista não aprofundou a análise, e na verdade acabou por desenvolver, em uma *visada essencialista* [grifos nossos], valores especificamente lésbicos".[86] Isso significa que, ao exaltar qualidades que seriam próprias das lésbicas (que Monique Wittig assimilava a "escravos fugidos"), ressuscitar-se-ia imprudentemente o essencialismo, que, no entanto, era qualificado de principal inimigo. Se o lesbianismo participa de uma "essência", como será possível afugentar esse inseto teórico do recipiente dos *gender studies*?

Apogeu ou fim do feminismo?

O terceiro tipo de desacordo é sem dúvida o mais profundo. Diz respeito diretamente ao pensamento *queer* e aos riscos aos quais ele submeteria a resistência feminista. As feministas devem *se queerizar*, como lhes pede Marie-Hélène Bourcier? Ao aceitar o princípio *queer* de indiferenciação entre homens e mulheres, elas não passam a correr o risco de serem "suas próprias coveiras" e de se exporem ainda mais à intimidação masculina? Esse perigo não é imaginário. A eliminação de todas as diferenças em nome da indeterminação *queer* pretende ser libertadora. Na verdade, pode acabar por fortalecer certas dominações

---

[86] Louise Turcotte [membro do coletivo fundador de *Amazones d'hier. Lesbiennes d'aujourd'hui*], "La Révolution d'un point de vue", in Monique Wittig, *La Pensée Straight*, op. cit., p. 18.

ao desarmar as lutas e resistências categoriais, tanto as das mulheres como as dos homossexuais.

A questão foi levantada já em 1993 por Sonia Kuks, especialista em Simone de Beauvoir e professora no Oberlin College (Ohio). Também foi tratada pela filósofa americana Martha Nussbaum, professora de direito e de ética na Faculdade de Direito da Universidade de Chicago. Vários de seus livros foram traduzidos para o francês.[87] Resolutamente feminista, mas muito hostil a Judith Butler, ela publicou em fevereiro de 1999, no *The New Republic Online*, um artigo corrosivo. "A grande tragédia dessa nova teoria feminista", diz ela, "é a perda do sentido do engajamento público... Nessa teoria, as mulheres esfomeadas não serão alimentadas, as mulheres agredidas não encontrarão refúgio, as mulheres violentadas não encontrarão justiça, e os homossexuais não obterão proteção legal."[88]

Contudo, a crítica mais articulada contra o pensamento *queer* continua sendo sem dúvida a da lésbica australiana Sheila Jeffreys. O título do livro que publicou em 2002, *Unpacking Queer Politics: A Lesbian Feminist Perspective* ("*Desvendando*" *a política queer*) já resume seu propósito. Para essa autora, o pensamento *queer* é falsamente libertador. Ele repõe as relações de dominação sexual e serve ingenuamente ao sistema neoliberal. A própria Judith Butler, em uma de suas diatribes contra Catherine MacKinnon, expressa agora uma certa desconfiança em relação ao pensamento *queer*. "Parece-me", diz ela, "que há na teoria *queer* um certo antifeminismo."[89]

Nesta breve enumeração dos debates e controvérsias que atravessam os *gender studies*, é preciso mencionar aqueles que giram incansavelmente em torno da *identidade*, que é apresentada ora como necessária, ora como impossível. O objetivo dos estudos de gênero, como já foi dito, é abrir as portas do *reconhecimento* social para minorias sexuais ou para categorias

---

[87] Ver especialmente: Martha C. Nussbaum, *Femmes et développement humain. L'approche des capabilités*, éditions Des Femmes, 2008.
[88] Tomo essa citação de Nelly Las, historiadora da Universidade Hebraica de Jerusalém, "La disparition de la catégorie des sexes: apogée ou fin du féminisme?", *Controverses*, op. cit., p. 30.
[89] Judith Butler, "Le genre comme performance", entrevista publicada em *Radical Philosophy*, nº 67, verão de 1994, republicado em *Humain, inhumain. Le travail critique des normes*, op. cit., p. 14.

(transexuais, por exemplo) que estavam excluídas dele. Cada uma delas deve ter a possibilidade de afirmar, com toda a liberdade, a identidade que lhe é própria. A reivindicação identitária está no cerne desse processo. Ela não deixa de apresentar inconvenientes. Hoje, Judith Butler preocupa-se ao ver as principais organizações gays obedecerem a uma lógica identitária. Diz ter reservas sobre a prática sistemática do *coming out* (assumir publicamente a própria opção sexual), o que implica obedecer a uma intimação.

Isso não é tudo. No longo prazo, essas afirmações identitárias se institucionalizam, a tal ponto que o aparelho judiciário já as utiliza, embora de um modo hesitante. Para exigir a reparação de um prejuízo, torna-se necessário beneficiar-se de uma identidade ao mesmo tempo precisa e aceita. (Michel Foucault já indicava esse risco nos anos 1980 e advertia contra a obsessão pela confissão pública.) Como resposta a esse aviso, Butler convida cada um a perguntar-se o seguinte: "O que ocorre quando a política identitária se institucionaliza no direito e se torna uma estrutura tão rígida que a possibilidade de reivindicar ou de obter reparação por um dano de fato passa a ser dita por termos identitários muito estreitos?".[90] Ao fazer a pergunta, ela faz referência ao juridicismo americano, que às vezes apresenta um aspecto cômico. Para exigir justiça após ter sido vítima de uma discriminação danosa, o queixoso deverá precisar se faz isso enquanto gay, transexual, lésbica, bissexual... Desse modo, a identidade torna-se, por si mesma, uma prisão de palavras.

Ainda é preciso avaliar os inconvenientes da competição identitária sem freio ou limites decorrente disso e que sempre favorece os mais fortes, os lobbies mais bem-organizados, os grupos com mais mídia etc. A perda de toda referência institucional pode resultar em uma pulverização competitiva em que o mais fraco será triturado. Evocar esse risco equivale a perguntar se a afirmação de si mesmo pode, por si só, ocupar o lugar da política. Em outras palavras, deve-se obedecer ao preconceito americano que coloca em primeiro plano o reconhecimento público, o prestígio social e a respeitabilidade? Limitar-se a isso conduz a relegar a segundo plano o engajamento político e coletivo, modo indireto de legitimar a ordem existente para que ela lhe reconheça um (pequeno) lugar.

Consentir *de facto* à ordem estabelecida: frequentemente se censura nas teóricas mais extremistas dos estudos de gênero o desengajamento social implicado por suas posições. A crítica não emana apenas das militantes de tendência

---

[90] *Ibid.*, p. 129.

marxista. Observa-se que uma defesa obstinada das minorias sexuais efetivamente perseguidas (homossexuais, transexuais, lésbicas...) pode conduzir a um desinteresse pela maioria e, pouco a pouco, pelas lutas sociais clássicas. Com efeito, essas minorias, por mais legítimas que sejam suas reivindicações, não representam senão uma parte infinitesimal da população. Essa parte da humanidade certamente merece ser defendida com unhas e dentes. Mas não apenas ela! No que diz respeito aos homens e mulheres que sofrem cotidianamente a dominação econômica ou social, os jogos de linguagem de Monique Wittig ou a desconstrução derridiana parecem muito afastadas da vida viva. Confrontados com a rude trivialidade do cotidiano — o das fábricas, do campo, dos escritórios, da rua —, eles remetem antes ao universo macio do *campus* universitário. Em outras palavras, remetem a um outro mundo.

Dá-se de encontro aqui com a contradição clássica que opõe esquerda moral e esquerda social, com a primeira trabalhando com toda a boa-fé para desarmar a segunda sob o pretexto de que ela defende oprimidos cuja visão do mundo permaneceu (ingenuamente?) *straight*. De fato, é preciso reconhecer que a desconstrução das categorias sexuais não contraria em nada, na vida comum, a existência de um poder socialmente dominador. Desse modo, algumas contestações são condenadas a permanecer no céu das ideias. Sem real poder sobre a realidade, permitem que os dominantes se ocupem tranquilamente em cuidar de seus próprios assuntos. A mesma crítica fora feita às contestações americanas dos anos 1960. Elas foram acusadas de abrir imprudentemente as portas da "revolução conservadora", que conduziu Ronald Reagan ao poder em janeiro de 1981. Seu engajamento exclusivo na frente dos costumes os desviara das outras lutas.

A permanência — e a violência — dessa crítica explica a insistência dos(as) teóricos(as) dos *gender studies* em convocar hoje, em suas análises, todos os perdedores(as) e excluídos(as) do sistema. Trata-se de recordar incessantemente que se mantém a solidariedade para com as lutas sociais concretas, mesmo que sejam imperfeitas no plano teórico. A solenidade dessas promessas provém de um rito conjuratório. Este último faz pensar nas repetidas tentativas — e amplamente vãs — dos estudantes contestadores do Maio de 1968 francês de aliar a classe trabalhadora ao seu combate.

Os mais numerosos e os mais pobres seriam novamente esquecidos? Uma mulher rabino hoje lamenta que os *gender studies* não tenham muita coisa a oferecer à esmagadora maioria daqueles e daquelas que "consideram que as visões tradicionais (religiosas e feministas) sobre a divisão social entre homens e mulheres continuam pertinentes e significativas para a maior parte das pessoas [e] que uma sociedade digna desse nome pressupõe a melhor cooperação possível entre os dois sexos, seja no casamento, na paternidade, na vida em comum ou no domínio profissional".[91]

A objeção vai mais longe do que se pensa. Ela aponta uma contradição embaraçosa que pode ser resumida do seguinte modo: os *gender studies* exibem sua vontade de reconhecer o leque das *diversidades* ao proclamar a igual respeitabilidade de cada uma delas. Ora, seguindo a lógica, elas deveriam reconhecer que o próprio pensamento *straight* é uma diversidade. O fato de que essa opção majoritária frequentemente sirva de instrumento teórico para a dominação patriarcal não impede que uma grande quantidade de homens e de mulheres a adote livremente. Como respeitar a dignidade dessa escolha? É aceitável que os heterossexuais sejam simplesmente qualificados de "hétero toscos"? Tratar dessas questões é salientar toda a ambiguidade do politicamente correto americano. Em nome do respeito escrupuloso de todas as diferenças e com as melhores intenções do mundo, ele acaba impondo a tirania uniforme de um pensamento político *correto*. O próprio adjetivo é singularmente dominador. A oposição dialética entre o desejo de unidade e o respeito da diversidade mereceria uma abordagem menos brutal.

A ambivalência das normas

Em resposta a esse tipo de crítica, alguns textos recentes de Judith Butler possuem o mérito de enfrentar sem esquivas a questão da transformação social, isto é, de abrir a reflexão dos *gender studies* para reivindicações menos categoriais. O objetivo último, explica Butler, é o de ampliar a significação da palavra "humano". Quando essa palavra é brandida por aqueles que se erigem em defensores dos direitos humanos, sua acepção é quase sempre restritiva. Muitas criaturas são socialmente excluídas de seu escopo: ontem as mulheres dominadas, hoje os homossexuais, as lésbicas, os transexuais... A vida deles, tanto quanto qualquer outra, merece ser vivida. Ela merece ser defendida, protegida, reconhecida (e, no caso presente, "chorada").

---

[91] Einat Ramon [cônega da Escola Rabínica Schlechter de Jerusalém], *Controverses, op. cit.*, p. 85.

Ora, ela não pode realmente sê-lo a não ser que a definição do humano seja repensada para acolher aqueles que ainda estão exilados às suas margens. Para Butler, o empreendimento acaba se resumindo a impedir um fechamento discriminatório — e injusto — do universal. Compreende-se o motivo disso. A noção de universalidade, assim como a de humanidade, é construída por oposição ao seu correspondente simétrico: o particular. Ela se põe ao mesmo tempo em que exclui. Do mesmo modo, o humano possui sentido somente em relação ao seu contrário: o inumano. Caso se queira enriquecer o conceito de humanidade, seu perímetro precisa ser incansavelmente aumentado e redesenhado. Integrar os excluídos ao âmago de uma humanidade comum constitui o próprio movimento da História. Outrora, os índios do Novo Mundo, sobre cuja alma havia questionamentos; antes de ontem, os "bárbaros" que Aristóteles excluía da humanidade própria dos cidadãos; ontem, os escravos cuja integração exigia uma libertação prévia; mais recentemente, os "indígenas" do império colonial, durante muito tempo mantidos nas fronteiras da civilização etc.

A ampliação do humano em favor das minorias ainda marginalizadas — ampliação para a qual o pensamento do gênero trabalha — definitivamente participaria do próprio movimento da grande História. E do progresso.

Reconstruir o humano

"Os termos pelos quais somos reconhecidos enquanto humanos são elaborados socialmente e variam: às vezes os próprios termos que privam outras pessoas da possibilidade de se beneficiarem desse estatuto, diferenciando desse modo o humano daquilo que é menos que humano. Essas normas possuem consequências muito importantes para nossa compreensão do humano como portador de direitos ou incluído na esfera participativa da deliberação política. O humano é compreendido de um modo diferente de acordo com a sua raça, a legibilidade dessa raça, sua morfologia, o caráter reconhecível ou não dessa morfologia, seu sexo, a possibilidade de uma verificação perceptiva desse sexo, sua etnicidade e as categorias que permitem que apreendamos essa etnicidade.

[...]

A tarefa das políticas gays e lésbicas não é, de fato, nada menos que a reconstrução da realidade, a reconstrução do humano e a renegociação da questão daquilo que é e que não é viável."

Judith Butler, *Défaire le genre*, trad. de Maxime Cervulle, Paris, Éditions Amsterdam, 2006, p. 14 e 44.

A principal dificuldade provém do fato de que não se poderia ampliar o humano sem questionar as normas e a normatividade que fundamentam seu conceito. No que diz respeito a este último ponto, assim como em outros, pode-se perceber o caminho percorrido por Judith Butler desde seu livro *Gender Trouble: Feminism and the Subversion of Identity*, publicado em 1990. Pode-se saudar, de passagem, a ironia sem complacência presente em sua crítica retrospectiva à rigidez de suas antigas posições. Ela zomba de bom grado do extremismo antiessencialista que a animava na época; ela evoca, de modo brincalhão, alguns de seus primeiros textos "escritos rápido demais"; ela se diverte com seu interesse quase obsessivo de então pela figura da *drag queen*. ("Imagino que vocês saibam que nos Estados Unidos, em minha juventude", diz ela, "eu era uma lésbica de bar que à tarde lia Hegel e à noite frequentava um bar de gays e lésbicas que às vezes se tornava um bar *drag*.")[92]

Uma coisa é clara: a questão da norma é mais complexa do que pensam certos defensores resolutos da desconstrução. A razão disso é relativamente fácil de se entender: toda qualificação do que é humano exige o recurso a certas normas fundadoras. A humanidade do homem, no fim das contas, também resulta de uma *construção* teórica. Ela é fruto de uma "montagem normativa" (no sentido de Pierre Legendre) que deverá ser *instituída pelo direito* para produzir resultados. Necessariamente, portanto, precisamos aceitar uma normatividade mínima. O problema, como já foi dito, é que toda norma carrega dentro de si um princípio de exclusão e de dominação. Ela é ao mesmo tempo instituidora e opressiva. Quer seja sexual ou não, sua natureza é ambivalente: ao mesmo tempo condição de existência e instrumento de sujeição. Acrescentemos que a normatividade *é conservadora por natureza*. Fundamento de uma "ordem", ela trabalha silenciosamente pela permanência desta; como toda coisa, para retomar a expressão de Spinoza, *ela tende a perseverar em seu ser*.

Isso explica por que oscilamos incessantemente entre duas tensões contrárias, simetricamente excessivas: ora nos submetemos docilmente à norma majoritária, mesmo que injusta; ora rejeitamos a própria necessidade de uma norma, transformando a transgressão mitificada no único princípio organizador. A última atitude corresponde à escolha de um absoluto libertário. Ele provém de uma velha utopia: a de uma sociedade anômica

---

[92] Judith Butler, "La question de la transformation sociale", in *Défaire le genre, op. cit.*, p. 242. [*Problemas de Gênero*, Civilização Brasileira, 2003.]

(sem normas). Por mais sedutor que seja, esse sonho não resiste à prova da realidade. Na verdade, a ausência de qualquer norma reintroduz mecanicamente a violência no grupo *e, junto com ela, a dominação do mais forte*. A rejeição de todo princípio normativo confina à infantilidade pura e simples. Como um jogador irritado derruba a mesa de jogo com um tapa, aquele que aceita isso suprime de uma só vez a complexidade das relações entre a norma e a transgressão, complexidade que as culturas humanas procuram ajustar incansavelmente. O libertário instala a transgressão no centro de tudo. Ele a apresenta implicitamente como a "lei" do grupo. Ao fazê-lo, como observava Daniel Sibony, chegará a *exigir comicamente ser aprovado pela lei que ele transgride*.[93]

É-se agradecido a Judith Butler por ter interiorizado o caráter ambivalente da norma e por ter salientado isso dentro de um movimento em que a desconfiança instintiva em relação a toda normatividade ainda é a regra. Ao seu modo, e em sua linguagem, Butler definiu do seguinte modo a dupla significação da norma: "Por um lado", diz ela, "[a norma] se refere aos objetivos e às aspirações que nos guiam, aos pretextos pelos quais somos obrigados a agir ou a falar, às pressuposições comumente aceitas que nos orientam e que direcionam nossas ações. Por outro, a normatividade se refere aos processos de normatização, ao modo pelo qual certas normas, certas ideias ou certos ideais dominam a vida tornada corpo, fornecendo critérios coercitivos quanto àquilo que são os 'homens' e as 'mulheres' normais."[94]

Em razão disso, o empreendimento libertador não consiste em rejeitar toda ideia de norma, mas em redefinir obstinadamente o conteúdo e a formulação da normatividade em vigor. Para tanto, esta não pode ser medida pelo critério mínimo do próprio "desenvolvimento pessoal". A ampliação do humano não pode ser reduzida a um projeto narcisista. Ela é em primeiro lugar *social*, e, portanto, *política*. Mesmo as relações que mantenho com meu próprio corpo são socialmente construídas. Elas não podem ser desconstruídas e reconfiguradas senão socialmente.[95]

---

[93] Dediquei um capítulo inteiro a essa complementaridade necessária entre lei e transgressão em *Le Goût de l'avenir*, Seuil, 2003, e "Points Essais", 2006.
[94] Judith Butler, "La question de la transformation sociale", in *Défaire le genre, op. cit.*, p. 234.
[95] Ver, a esse respeito, o pequeno livro claro e erudito de Christine Détrez, *La Construction sociale du corps*, Seuil, "Points Essais", 2002.

Mas o corpo existe...

No fim das contas, pode-se perguntar se não está acontecendo com os *gender studies* o que aconteceu com os *postcolonial studies*: são descobertos no velho continente no momento em que chegam ao final de seu percurso. A interrogação parecerá sacrílega. No entanto, ela merece ser feita. De inovação em inovação, de debate em debate, de dissensão em dissensão, a reflexão sobre o gênero abriu um caminho. Ela permitiu constituir todo um corpo teórico que não pode mais ser ignorado, e menos ainda esvaziado. Apesar disso, quarenta anos após seu surgimento, continua tropeçando em algumas aporias persistentes.

A primeira delas diz respeito ao fato de que, para além de suas características socialmente construídas, *o corpo existe* enquanto tal, assim como as diferenças corporais de sexuação. Françoise Héritier chama isso de "para-choques do pensamento" e acrescenta que essas "todas essas considerações anatômicas e fisiológicas dizem respeito ao corpo".[96] Quer-se falar do corpo empírico, encarnado, aquele que permanece "afundado no ser da vida", para retomar a fórmula de Hegel. A filósofa francesa Catherine Malabou, da qual tomamos essa citação, lembra algo evidente: devemos ser capazes de nos separar do corpo, mas não podemos nos esquecer daquilo que nos liga a ele. O corpo, em outras palavras, nunca pode ser desconstruído. A observação se dirige a Judith Butler, com a qual a filósofa mantém um debate sobre a dominação.[97] A partir de uma releitura do texto de Hegel sobre a dialética da dominação e da servidão (incluído na *Fenomenologia do espírito*), Malabou procura tirar a reflexão sobre o gênero de um caminho fatal: a interminável discussão entre essencialismo e antiessencialismo, natureza e cultura, sexo e gênero.

Ela faz isso propondo o uso do conceito de *plasticidade*. O corpo humano é dotado de uma capacidade autotransformadora. Ele é plástico. Portanto, será impossível, acrescenta ela, "determinar de antemão como um corpo responderá às regras que o controlam". Sempre existirá um distanciamento, uma margem, um local de resistência. Essa plasticidade permite que não se sonhe inutilmente com a desconstrução do corpo que, sabidamente, é impossível.

---

[96] *Le Nouvel Observateur*, 8-14 de outubro de 2009.
[97] Judith Butler e Catherine Malabou, *Sois mon corps. Une lecture contemporaine de la domination et de la servitude chez Hegel*, op. cit. Ver também: Catherine Malabou, *Changer de différence. Le Féminin et la question philosophique*, Galilée, 2010.

As observações de Catherine Malabou conduzem ao reconhecimento dos limites do construtivismo acionado pelos teóricos do gênero. Ao privilegiarem mais o *construído* que o *dado*, os *gender studies* procuravam, como já se disse anteriormente, libertar-se das limitações carnais ou naturais, sob o pretexto de que quase sempre serviam de anteparo à dominação. Essa abordagem conduziu a um impasse. Ela equivale a negligenciar, até mesmo a desprezar, a vivência da encarnação, isto é, a experiência subjetiva do corpo, a da vida viva. Corresponde, em suma, a cair do outro lado do cavalo ao substituir o erro naturalista por sua imagem invertida. A verdade do corpo comporta, estreitamente imbricadas, as duas dimensões. Ela ocupa uma posição intermediária entre natureza e cultura.

Isso é muito bem resumido pela filósofa italiana Michela Marzano (pesquisadora no CNRS) quando diz: "Por um lado, os corpos vivem, morrem, dormem, comem e sentem dor e prazer independentemente de sua construção social; por outro lado, eles estão inscritos em um meio social e cultural, e seus movimentos também são resultado da educação e da cultura. Os problemas nascem a cada vez que é negada a articulação entre o natural e o cultural e que se concentra o foco ora no corpo biológico geneticamente determinado, ora no corpo social culturalmente construído."[98]

*
* *

Para saber se os *gender studies*, depois de dar muitas contribuições ao pensamento contemporâneo, estão chegando ao final de seu percurso, é preciso dirigir o olhar para muito além das aporias e dos bloqueios teóricos mencionados há pouco. A razão disso é que nesse meio-tempo surgiu um projeto teórico muito mais "totalizante": o transumanismo ou pós-humanismo. Sua relação com os *gender studies* é evidente: o neologismo *cyborg*, reutilizado por Donna Haraway em uma perspectiva feminista, pertence na verdade a um outro território. Referindo-se a ele de um modo nem sempre muito claro, Donna Haraway (influenciada pelos *science studies* dos anos 1970) deixava transparecer uma tecnofilia insólita da qual o pós-humanismo é o resultado atual. A visão do futuro e do homem que nele se desenvolve faz

---

[98] Michela Marzano, "Que reste-t-il de la différence des sexes?", *Controverses, op. cit.*, p. 14.

com que a provocação dos *gender studies* apareça retrospectivamente como extremamente moderada. Examinaremos isso no próximo capítulo.

Ali onde se propunha ampliar o conceito de humano, passa-se a afirmar que ele é dispensável; onde se procurava manter o corpo biológico a distância, projeta-se pura e simplesmente deixá-lo de lado; onde as categorias eram questionadas, elas são apagadas da paisagem. À subversão corresponde uma subversão e meia.

Trataremos disso agora.

Capítulo 4

Pós-humanidade: a grande desmontagem

> Naturalmente, a questão de saber se a máquina é humana ou não já foi totalmente resolvida — ela não é. Trata-se de saber também se o humano, no sentido em que é entendido, é tão humano quanto isso.
>
> Jacques Lacan[99]

Já se passou um quarto de século desde a publicação do *Manifesto cyborg* de Donna Haraway, em 1985. Nesse meio-tempo, a hibridação entre o humano e a máquina acelerou-se em um ritmo que a feminista não poderia imaginar. Para retomar um termo de Jacques Derrida, caro aos autores dos *gender studies*, o imaginário da *desconstrução* avançou bastante: agora é o humano que é visado. Nada mais lógico que isso: se é possível desconstruir diferenças sexuais, de *gênero*, que são definidas como um alicerce social e político, então o mesmo raciocínio *pode ser aplicado ao homem por inteiro*. A humanidade deste último, inclusive em seu corpo, não é uma simples realidade biológica, um estado de natureza fixado de uma vez por todas: ela também é resultado de uma construção antropológica, algo adquirido. Para dizer isso, a ensaísta Marie Balmary usava uma bela frase: "A humanidade não é hereditária."

Com efeito, as conquistas da ciência e da tecnologia, associadas às descobertas de certas disciplinas como a etologia ou a neurologia, abrem perspectivas perturbadoras: o perímetro da categoria "homem" torna-se

---

[99] *Le Séminaire*, t. 2. *Le moi dans la théorie de Freud et dans la technique de la psychanalyse*, Seuil, "Points Essais", 2000.

mais difícil de circunscrever.[100] A interpretação cibernética da categoria humana — o humano visto como um feixe de informações, de codificações e de dinâmicas interativas — abre o caminho para todas as desconstruções possíveis. No sentido mais forte do termo, o humano torna-se *problemático*. O pesquisador canadense Ollivier Dyens, já citado na introdução deste livro, pergunta: "Em que mundo vivemos se não podemos mais distinguir os fenômenos, os seres e as espécies, se tanto um como outro são formas efêmeras que se amalgamam de acordo com as necessidades e as dinâmicas do meio ambiente? Como podemos sugerir a própria presença de um humano se nada nos confirma que esse humano existe?"[101]

Em seu manifesto, Haraway dizia querer usar de modo irônico a figura — ainda abstrata — do cyborg, para poder questionar as categorizações sexuais dominantes. Ao se apropriar desse artefato tecnológico, ela deixava transparecer uma posição incerta em relação à ciência. Por um lado, assegurava que a "determinação tecnológica" nunca era mais que um "espaço ideológico" e ao mesmo tempo criticava a dominação tecnocientífica, que proporcionava novas injustiças; por outro lado, alegrava-se porque a "maquinaria moderna" tinha se tornado um "deus irreverencioso" e rejeitava com firmeza (no final de seu texto) toda diabolização da técnica.

Vinte e cinco anos depois, uma corrente de pensamento mais incômoda ainda surgiu e ganhou terreno. Ela é abertamente tecnófila e se propõe a "superar" o velho humanismo, acusado de entravar o humano em seu projeto de recriação de si mesmo. Para os defensores do *transumanismo* (ou *pós-humanismo*), é evidente que os avanços da ciência apagaram as fronteiras que diferenciavam o humano da máquina, do animal e até mesmo da matéria inerte. Esses avanços do saber científico nos ensinam que o homem é sempre uma concreção efêmera — e manipulável à vontade — de genes e de células que estão presentes em todos os lugares da realidade orgânica. Eles nos asseguram que os sentimentos e os pensamentos que moram em nós — medo, depressão, afeição — resultam de uma combinação mutável de substâncias como a serotonina ou a oocitina. Eles também nos dizem que o que chamávamos até então de "consciência", "espírito" ou "alma" não

---

[100] Procurei demonstrar isso em *Le Principe d'humanité*, Seuil, 2001, e "Points Essais", livro ao qual remeterei algumas vezes.
[101] Ollivier Dyens, *La Condition inhumaine, op. cit.*, p. 94.

são nada mais que uma emergência aleatória e movente, produzida por uma rede de conexões neurais.

Para certos cientistas americanos, dentre os quais Neil Gershenfeld, diretor do Center for Bits and Atoms do prestigioso Massachusetts Institute of Technology (MIT), a organização da vida, sob todas as suas formas, resulta apenas da *conectividade*, que provoca o aparecimento das células, dos órgãos, das famílias e depois das comunidades vivas,[102] com as primeiras chegando até as últimas por meio de uma série de encaixes sucessivos. A concepção do mundo proposta por ele é a de uma realidade sistêmica e embaralhada. Iniciador das *fab labs*, Gershenfeld criou no MIT um curso cujo nome é significativo: "Como fabricar praticamente qualquer coisa?" Tendo se tornado impossível de delimitar, como admite o próprio pesquisador, o conceito de homem se evaporaria por si só. Nessas condições, o humanismo tradicional é interpretado como uma visão estreita, obsoleta, de nosso destino, a não ser que se remeta a uma transcendência fundadora, de ordem religiosa ou metafísica, transcendência que é rejeitada, evidentemente, pelos cientistas. "O transumanismo", observa o filósofo e politécnico Jean-Pierre Dupuy, "é tipicamente a ideologia de um mundo sem Deus."[103]

A declaração transumanista

Em 4 de março e 1º de dezembro de 2002, vinte e quatro membros da World Transhumanist Association assinaram uma declaração solene em sete artigos. Aqui estão os cinco primeiros:

"O futuro da humanidade será radicalmente transformado pela tecnologia. Consideramos a possibilidade de que o ser humano possa sofrer modificações, tais como seu rejuvenescimento, o aumento de sua inteligência através de meios biológicos ou artificiais, a capacidade de modular seu próprio estado psicológico, a abolição do sofrimento e a exploração do Universo. Deveriam ser feitas pesquisas metódicas para compreender essas futuras mudanças, assim como suas consequências em longo prazo. Os transumanistas acreditam que, estando geralmente abertos às novas tecnologias, e adotando-as, favoreceremos sua utilização com discernimento em vez de procurar proibi-las. Os transumanistas

---

[102] Ele foi colaborador de uma coletânea publicada na França sob a organização de Réda Benkirane, *La Complexité, vertiges et promesses: 18 histoires de sciences*, Le Pommier, 2002.
[103] Jean-Pierre Dupuy, *La Marque du sacré*, Carnets Nord, 2009, p. 109.

> defendem o direito moral daqueles que desejarem fazer uso da tecnologia para aumentar suas capacidades físicas, mentais ou reprodutivas, e terem ainda mais controle sobre suas próprias vidas. Desejamos nos desenvolver transcendendo nossos limites biológicos atuais. Para planejar o futuro, é imperativo levar em consideração a eventualidade desses progressos espetaculares em termos tecnológicos. Seria catastrófico que esses benefícios potenciais não se materializassem devido à tecnofobia ou a proibições inúteis. Além disso, seria igualmente trágico que a vida inteligente desaparecesse após uma catástrofe ou uma guerra que fizesse uso das tecnologias de ponta."
>
> Acessível em francês (tradução de Richard Gauthier, 2003) no site da associação: http://www.transhumanism.org/index.php/WTA/more/148/

Como a nova ideia a respeito do homem não é mais coibitiva, "o caminho estaria aberto para seu além".[104] Que além? Esta é a verdadeira questão. Para qualificar o projeto transumano, o biólogo francês Jean-Didier Vincent, relativamente seduzido pela ideia, assegura que ele é apenas "uma etapa intermediária rumo à criação de uma nova espécie humana". No mesmo artigo, interpreta do seguinte modo o que chama de reviravolta funcional: "Não estamos mais no âmbito da *natura naturans* de Descartes, mas sim no do *per artem artefact*, isto é, uma natureza que seria produto da própria criatura, com o homem deixando de ser criatura para tornar-se criador."[105]

Na Europa, os filósofos clássicos tendem a dar de ombros quando essa corrente transumanista é evocada. Na opinião da maioria deles, tudo isso estaria mais ligado à ficção científica, e não a uma reflexão séria. Desse modo, eles prosseguem em seu trabalho tradicional e glosam como especialistas os grandes textos gregos ou latinos sem se interessarem realmente pelo assunto. Infelizmente. Há motivos para deplorar sua desatenção e até mesmo sua imprudência. Na verdade, o *projeto transumanista* — é assim que ele qualifica a si mesmo — não é mais algo ligado ao futurismo ou a algum tipo de delírio. Ele não apenas produziu um corpo de textos quase tão abundante quanto o dos *gender studies*, mas além disso agora inspira programas de pesquisa, a criação de universidades especializadas e uma

---

[104] Tomo essa formulação de Jean-Michel Besnier, *Demain les posthumains. Le futur a-t-il encore besoin de nous?*, Hachette Littératures, 2009, p. 128.
[105] Jean-Didier Vincent, "Hypothèses sur l'avenir de l'homme", *La Pensée de midi*, maio de 2010, p. 45.

série de grupos militantes. Influencia uma parte não negligenciável da administração federal americana e, portanto, o processo de decisão política. Há cerca de dez anos que esse projeto não está mais limitado ao céu das ideias. Ele provoca o surgimento de lobbies poderosos. As hipóteses propostas por ele agora aparecem nas diferentes disciplinas do saber universitário.

Da convergência *à* singularidade

Para oferecer um apanhado desse impetuoso programa, é necessário evocar duas ideias fundadoras: a *convergência* tecnológica e a *singularidade*.

A primeira já é mais que uma simples teoria. Ela foi objeto, em junho de 2002, de um relatório encomendado pela National Science Foundation (NSF) e pelo Department of Commerce (DOF). O objetivo desse relatório era explícito: melhorar o desempenho humano (*Improving Human Performance*). A realização desse relatório mobilizou cerca de cinquenta pesquisadores. Eles trataram do avanço das quatro tecnologias mais promissoras: nanotecnologias, biotecnologias, informática e ciências cognitivas. Em razão disso, seu texto de quatrocentas páginas entrou para a história sob a rubrica NBIC, sigla que retoma a primeira letra de cada tecnologia estudada.

O tema central é o de uma irresistível — e desejável — *convergência entre essas diversas tecnologias*. Em certos aspectos, esta já é evidente: a informática favoreceu muito o avanço das biotecnologias, assim como as nanotecnologias (o infinitamente pequeno) permitirão que a informática dê um salto qualitativo considerável em termos de armazenamento ou de eficiência dos microprocessadores. As biotecnologias também serão revolucionadas, assim como a medicina, graças à intervenção reparadora de "nanorrobôs" que se moveriam dentro do corpo humano. O objetivo é a abolição geral e sistemática das fronteiras: não apenas entre as tecnologias, mas também — e sobretudo — entre as diferentes formas de realidade. Fala-se então em "realidade aumentada".

Com o tempo, avaliam os autores do relatório, a convergência tecnológica modificará até mesmo a ideia que se tem da ciência e da pesquisa. Essa mutação epistemológica é crucial para o futuro da espécie humana. Ela abre horizontes inéditos: aumento da capacidade cognitiva do cérebro, alongamento considerável da duração da vida, interconexão das inteligências, abolição das fronteiras linguísticas por meio da tradução simultânea, controle direto das máquinas pelo pensamento etc. Tomados de entusiasmo, os pesquisadores não hesitam em predizer a chegada de um novo Renascimento. Vários políticos americanos cederam a esse lirismo prospectivo, dentre os quais Newt Gingrich, antigo porta-voz republicano (muito à direita) na Câmara dos representantes e corredator do relatório NBIC. Tendo se tornado o arauto das nanotecnologias, Gingrich se filiara no ano anterior (2001) a um poderoso grupo de pressão ligado a estas últimas: a Nanobusiness Alliance.[106]

Observe-se, de passagem, que toda consideração social, moral ou ética está ausente do relatório, salvo uma vaga alusão ao "respeito do bem-estar e da dignidade humana". Observar-se-á também o vínculo já bem estabelecido entre esses projetos e interesses comerciais fortes.

A segunda ideia que reforça o projeto transumanista é a *singularidade*, termo com o qual se pretende designar a passagem da humanidade para uma outra era. Nos grupos — muito diversos — que se interessam pelas quatro tecnologias de ponta examinadas no relatório NBIC, essa palavra reaparece constantemente. Proveniente da astronomia, ela foi proposta inicialmente em 1993 por um matemático da Universidade de San Diego — e autor de ficção científica —, Vernor Vinge, durante um simpósio, intervenção que foi retomada posteriormente sob a forma de um artigo na *Whole Earth Review*. Entretanto, sua extraordinária popularidade se deve a um personagem emblemático sobre o qual devemos falar um pouco: Ray Kurzweil. Nascido em Nova York, em 1948, é ao mesmo tempo engenheiro, ensaísta, futurólogo e empreendedor. Capaz, como veremos, de fazer discursos assustadores, ele não é qualquer um. Inventor, em meados dos anos 1970, de um programa capaz de ler livros, foi homenageado pela maior parte dos presidentes americanos, de Lyndon Johnson a Bill Clinton. Bill Gates, antigo presidente da Microsoft, elogiou sua excepcional clarividência prospectiva e seu perfeito conhecimento das promessas da inteligência artificial (IA). Há um documentário que conta seu percurso, e um longa-metragem estava, no final de 2010, a ponto de ser terminado.

Kurzweil constituiu uma vasta rede de grupos de pesquisadores e de universitários em torno do tema da *singularidade*. Ele é diretor do Singularity Institute for Artificial Intelligence e preside a X-Prize Foundation, que visa

---
[106] *Le Monde*, 17 de junho de 2002.

premiar a inovação tecnológica. Kurzweil também é professor na recém-inaugurada Singularity University, criada em 2009, na Califórnia, com o apoio do Google e da NASA. Ele é até mesmo o administrador dessa universidade, que é apresentada como o MIT do futuro.[107] Originalmente, o termo *singularidade* fora proposto por Kurzweil em dois trabalhos publicados em 1999 e em 2005 e imediatamente comentados em diversos lugares do mundo: *The Age of Spiritual Machines* (1999) e *The Singularity Is Near. When Humans Transcend Biology* (2005).

O que significa a *singularidade*? Para Kurzweil, estamos às vésperas de um "salto" tecnológico tão decisivo — e definitivo — que ninguém ainda pode descrevê-lo. Esse é o verdadeiro sentido da palavra. Tomado do vocabulário da astronomia, o termo *singularidade* nos convida a imaginar um *horizonte* para além do qual — devido à retenção causada pela "singularidade gravitacional", que aprisiona a luz — o futuro se aparenta a um buraco negro inobservável. Sua chegada resultará da convergência e, sobretudo, da aceleração das novas tecnologias, *mas também, e sobretudo, dos progressos da inteligência*. Kurzweil acrescenta que esses avanços obedeciam até então a um ritmo exponencial, mas que agora será a *sua própria aceleração que se tornará exponencial*. Utiliza-se a esse respeito uma expressão tomada de Buckminster Fuller: *a aceleração acelerante*. Isso significa que o número de inovações se multiplicará, enquanto o intervalo entre cada uma delas diminuirá incessantemente. As transformações da humanidade apenas no século XXI deveriam ser equivalentes *a todas as que ela conheceu ao longo dos vinte mil anos precedentes*, e talvez tenham sido mais consideráveis ainda que estas últimas.

A rapidez de seu encadeamento *torna-as imprevisíveis*. Podem ser destacadas apenas algumas das revoluções esperadas: desmaterialização e amplificação consequente da realidade, multiplicação das máquinas inteligentes capazes de se reproduzirem por si mesmas, predominância universal do conceito de informação, embaralhamento generalizado entre os organismos e as máquinas etc. A última etapa do processo deveria ser, de acordo com Kurzweil, a de um "despertar" de todo o universo na consciência. Em todo caso, a espécie humana tal como a conhecemos desaparecerá. Nesse estágio, evidentemente, as regras ordinárias da prospectiva não se aplicam

---

[107] Ver o artigo de Mike Hodgkinson, publicado em Londres no *The Independent* e traduzido no *Courrier international* de 17-23 de junho de 2010.

mais. Está-se no registro do *profetismo*, o que faz com que Kurzweil seja apresentado como um tecnoprofeta. Definitivamente, ele não está longe de tornar suas as hipóteses do jesuíta e paleontólogo francês Pierre Teilhard de Chardin (1881-1955), inventor do conceito de *noosfera*, do *ponto ômega* e do *Jesus Cristo cósmico* — reflexões que lhe valeram ataques do Vaticano nos anos 1950 e 1960. Esqueceu-se um pouco, aliás, o fato de que, em seu livro *L'Énergie humaine*, Teilhard se declarara favorável a um aperfeiçoamento do homem por si mesmo, até o possível aparecimento de um "tipo humano superior". Precisamos "ajudar a Deus", acrescentava, "como se nossa salvação dependesse apenas de nossa indústria" (página 159 da edição "Points Sagesse", de 2002).

Em seus escritos e declarações, Kurzweil reivindica para o homem a liberdade de remodelar sua própria espécie. Seis séculos após o Renascimento italiano, ele toma ao pé da letra o discurso histórico do filósofo e teólogo italiano Giovanni Pico della Mirandola (1463-1494), que proclamava em sua *Oração sobre a dignidade humana*: "Ao homem é permitido ser o que decide ser." Desse modo, Kurzweil rejeita qualquer espécie de freio, limite e proibição que, em nome da prudência ou da ética, impeça o homem de ir "mais longe". Seu último livro contém uma profissão de fé inflamada que coincide com a do movimento transumanista. "Queremos", diz, "tornar-nos a origem do futuro, mudar a vida em sentido próprio e não mais em sentido figurado, criar novas espécies, adotar clones humanos, selecionar nossos gametas, esculpir nosso corpo e nossos espíritos, domesticar nossos genes, devorar banquetes transgênicos, doar nossas células-tronco, ver raios infravermelhos, ouvir ultrassons, sentir os feromônios, cultivar nossos genes, substituir nossos neurônios, transar no espaço, debater com robôs, praticar clonagens diversas ao infinito, acrescentar novos sentidos, viver vinte anos ou dois séculos, morar na Lua, tutear as galáxias."[108]

O conceito de singularidade, assim ampliado e vulgarizado por Kurzweil, foi objeto de numerosas críticas provenientes de cientistas como Theodore Modis, Ted Gordon ou Drew McDermott, que o compararam a uma "paraciência" pouco rigorosa, até mesmo a uma ilusão. Isso não impediu nem seu sucesso nem sua influência. Não sem razão.

---

[108] Ray Kurzweil, *The Singularity Is Near. When Humans Transcend Biology*, Viking Press, 2005, e Penguin, 2006. A citação — e sua tradução — foi extraída de Jean-Didier Vincent, *La pensée de midi*, *op. cit.*, p. 47

Uma utopia substituta?

O otimismo desenfreado e a audácia alegre das perspectivas assim celebradas explicam a sedução exercida, à primeira vista, pelos textos e empreendimentos de Kurzweil. No entanto, veremos que uma reflexão mais aprofundada inspira, para além da sedução, algumas inquietações. Por trás da alegria externada, enfileiram-se figuras inéditas — e antes assustadoras — da dominação. Mais uma vez, cai-se na mesma problemática. O francês Jean-Michel Besnier, um dos poucos filósofos que se debruçou sobre esses novos paradigmas, confessa que ele próprio oscilou entre o interesse e o temor. Isso explica o estilo prudentemente interrogativo de suas análises.

Permaneçamos, por enquanto, na sedução.

Sua força se torna mais fácil de explicar pelo fato de que os ocidentais estão desiludidos pela extenuação do velho humanismo. Após Auschwitz, Hiroshima e os horrores que ensanguentaram o século XX, tornou-se difícil conceber um futuro com rosto humano. O humanismo não nos parece mais realmente digno de monopolizar a consciência do mundo. Recordemos que o pensamento cibernético nasceu precisamente, logo depois da Segunda Guerra Mundial, de um descrédito geral. A *desconfiança em relação às empresas "humanas" e o projeto de confiar mais na técnica* caracterizavam a atmosfera das famosas conferências Macy, sediadas entre 1946 e 1953 no hotel Beekman, de Nova York, e no hotel Nassau Inn, de Princeton, em New Jersey, conferências nas quais foram apresentados os primeiros pontos de referência da cibernética.[109] Essa última parte do princípio de que o pensamento é equivalente a uma forma de cálculo, que permite um tipo particular de instrumentos matemáticos cuja denominação técnica é *algoritmos*. Por causa disso, o pensamento cibernético está ligado à ordem do mecânico. Ele deveria permitir a reconciliação entre o mundo do sentido e o das leis físicas.

A palavra *descrédito* é um pouco fraca. A modernidade ocidental por inteiro permanece povoada por uma *desestima por si mesmo*, para retomar uma fórmula de Besnier, que nos desvia do que o filósofo marxista alemão Ernst Bloch (1885-1977) chamava de *princípio esperança*. O progresso humano tal como era visto pelo humanismo clássico cessou de suscitar adesão. Ele se tornou suspeito, extenuado, ilegível. Nossa representação do futuro, por sua vez, ficou a tal ponto degradada que de bom grado adotamos

---

[109] Tratei disso mais detalhadamente em *Le Principe d'humanité, op. cit.*

um ceticismo descontente. Faltam-nos novas ideias. O "projeto homem" está agonizante. Os heróis entraram em fadiga. Eles renunciam ao *controle* político de seu destino e aceitam antecipadamente deixar-se surpreender pelo "nunca visto". O "povo" dos ocidentais cede à tentação de se comportar como Tocqueville imaginava na quarta parte da *Democracia na América*: "cansado de seus representantes e de si mesmo", ele está pronto "a se curvar aos pés de um único mestre"; neste caso, a técnica.

Como o pensamento cibernético, o tecnoprofetismo, mesmo pervertido, é conveniente para remediar essa fadiga coletiva. Aparece como uma utopia substituta. "A técnica torna-se salvadora, parte de um plano salvador (uma soteriologia) que certamente pode ser rechaçado, mas no qual também se pode acreditar completamente. [Ele] propõe um mito, o do super-humano imortal, uma redenção pela técnica, dos ritos, das crenças, um sentido, uma coerência de conjunto."[110] O transumanismo, em suma, serve para preencher a decalagem existente entre as realizações técnicas de que o homem se mostrou capaz ao longo da história e a deficiência assassina de seu caminho ético, moral e político.

A ideia da *decalagem* é explícita na obra de um autor, Günther Anders (1902-1992), cujo pensamento está sendo hoje redescoberto, algo que não é fruto do acaso. Judeu alemão nascido em Wroclaw, na Polônia, cidade que, na época, era alemã, com o nome de Breslau, Anders (cujo verdadeiro nome é Stern) foi aluno de Martin Heidegger e primeiro marido de Hannah Arendt. Primeiramente exilado na França em 1933, mudou-se para os Estados Unidos em 1936. Toda a sua obra é uma meditação sobre a técnica e a devastação da humanidade que ela poderia provocar. Seu principal livro, constantemente reeditado e amplamente comentado atualmente, possui um título premonitório: *A Obsolescência do Homem* (*Die antikierheit des menschen*), com um subtítulo nostálgico, *Sobre a alma na época da segunda revolução industrial*.

Assombrado pelo holocausto e por Hiroshima, Anders evoca essa decalagem entre as invenções tecnológicas e o fracasso evidente do humanismo, especialmente depois daquilo que ele chama de segunda revolução industrial. Propõe uma fórmula que será retomada muitas vezes: *vergonha prometeica*. Ela habita o homem contemporâneo, que, depois de roubar, como Prometeu, o fogo do céu e o saber dos deuses, considera-se ultrapassado por suas próprias inovações técnicas. A sideração que o atinge provém

---

[110] Raphaël Liogier, "La vie rêvée de l'homme", *La Pensée de midi, op. cit.*, p. 24 e 27.

do fato de que homem sabe que não extrai sua origem de seu próprio gênio, mas que é o resultado muito imperfeito de um "processo" que escapa à sua vontade. Encontramos em Anders a ambivalência de sentimentos diante dos sucessos da racionalidade técnica: uma mescla de vergonha e de inveja. "[O homem]", diz ele, "tem vergonha de ter se tornado, em vez de ter sido fabricado. [Ele] tem vergonha por dever sua existência — ao contrário dos produtos, que são irrepreensíveis, pois foram calculados em seus menores detalhes — ao processo cego, não calculado e ancestral da procriação e do nascimento."[111]

Anders confessa temer uma *terceira revolução industrial* que eliminaria até os últimos traços, residuais, de humanidade não técnica. Ela completaria a absorção do humano por esta última. O autor se interroga, sem acreditar muito nisso, sobre as possibilidades de interromper esse mecanismo de canibalização. Quando se pensa que a primeira edição alemã desse livro (em Munique) data de 1956, deve-se saudar a extraordinária clarividência de seu autor. Observemos a esse respeito que essa publicação, com cerca de dois anos de diferença, é concomitante à de *La Technique ou l'Enjeu du siècle*, o mais importante livro de Jacques Ellul, do qual o pensamento de Anders às vezes está muito próximo. Na época, isto é, em plena Guerra Fria, toda a atenção dos intelectuais era capturada pela rivalidade entre capitalismo e comunismo, rivalidade que dividia o mundo e estruturava a maior parte dos debates. Na época, poucos foram os autores (em plena revolta húngara!) que perceberam por trás desse enfrentamento o surgimento de um outro, muito mais decisivo: aquele que submetia o sistema técnico ao pensamento crítico.

O projeto transumanista volta a dar uma atualidade inesperada às análises de Günther Anders.

Uma releitura incômoda dos sixties

O transumanismo persegue objetivos que superam os do titã Prometeu: acesso à imortalidade, ao poder absoluto, à autonomia, ao prazer perfeito. Ainda que seus adeptos neguem, ele se apresenta como uma escatologia (do grego *eskhatos*, "último", e *logos*, "discurso"), isto é, como um anúncio dos fins últimos do homem e do mundo. Rejeitando as ideologias mortíferas

---
[111] Günther Anders, *L'Obsolescence de l'homme*, Encyclopédie des nuisances, 2002, p. 38.

do século XX, indica um outro caminho para se chegar a *amanhãs que cantam*. Em compensação, há uma preocupação que lhe é estranha: a ética. Aparece antes, como salienta Raphaël Liogier, "como uma antiética". Aceita com dificuldade a propensão de as criaturas vivas (e não apenas do homem) adotarem *comportamentos colaborativos*, aqueles programados por seus genes.

A inacreditável rispidez de certos anúncios feitos pelos defensores do transumanismo e o tom frequentemente inquietante de seus argumentos não deveriam, repete-se, ser obstáculos para nós. O medo que eles geram em nós se originaria no velho humanismo que ainda governa nosso espírito preguiçoso, aquele ao qual somos convidados a renunciar. Para compreender melhor a natureza das transgressões antiéticas e das dominações anunciadas pelos transumanistas, impõe-se uma recapitulação. Nessa questão, nem tudo provém em linha direta do pensamento cibernético e das conferências Macy. Para constituir-se como projeto, foi necessário que o transumanismo recontasse um momento utópico particular: o dos anos 1960.

Isso pode causar surpresa. Em nossa memória, a contracultura dos *sixties* americanos é espontaneamente associada à liberação sexual, às músicas de Joan Baez, à brandura pacifista dos hippies, às *Flower Child*, à efervescência libertária dos campus, ao culto hedonista da natureza etc. Efetivamente, ela foi isso. Mas também comportou outra dimensão, quase nunca evocada: a fascinação pela técnica e o aparecimento de gurus com discursos divinatórios. Uma releitura desse período, à luz do que agora sabemos sobre o transumanismo, reserva algumas surpresas. A maior parte dos tecnoprofetas contemporâneos participaram do sonho californiano dos anos 1960 ou são seus herdeiros. Nem as novas dominações, nem o fetichismo técnico que seus discursos permitem entrever contradizem a visão das coisas defendida pelas grandes figuras da época. Ora, essa visão não era realmente "de esquerda". Vejamos alguns exemplos do que estamos dizendo.

Timothy Leary (1920-1996) é apresentado, com razão, como o papa do movimento hippie. Psicólogo na Universidade de Harvard, ele foi demitido por encorajar seus estudantes a experimentarem o LSD, substância alucinógena do qual era um ardente prosélito. Preso várias vezes por posse de drogas, ele se tornou a figura emblemática da contracultura dos *sixties* e da sensibilidade psicodélica. Seu slogan favorito não podia senão atender às demandas da juventude americana: *Turn on, tune in, drop out* (ficar ligado e cair fora). Dono de uma personalidade tão extravagante quanto indefinível, apaixonado pela mecânica quântica, Leary também foi — a partir dos anos 1980 e do aparecimento da cibercultura — um tecnófilo convicto e um capitalista libertariano sem complexos. A generalização da microinformática e o aparecimento da Internet completaram sua conversão política. Ao se aliar ao neoliberalismo, ele se afastava dos movimentos de extrema-esquerda que o ajudaram a fugir da prisão em 1970.

Em seu livro *Chaos and Cyberculture*, publicado em 1994, ele chega até mesmo a se alegrar com a ideia de que o governo federal dos Estados Unidos seria sem dúvida substituído por multinacionais onipotentes. Seduzido pela informática, defensor entusiasta da Internet, da realidade virtual e da aventura espacial (e, portanto, do cyborg), Leary considerava que o homem pode "refazer a si mesmo" em função de seus próprios desejos. Ele propunha uma "teoria dos oito circuitos da consciência" para descrever o processo de remodelagem do humano. Em um livro anterior, *Exo-Psychology*, publicado em 1977, anunciava o aparecimento próximo de uma raça de mutantes. Ele próprio parecia estar convencido da quase imortalidade prometida pela *criogenia*, isto é, a conservação dos corpos em uma temperatura muito baixa. Foi assim que o "homem mais sulfuroso dos anos 1960 se tornou o porta-bandeira respeitado da geração Silicon Valley".[112]

Uma outra personalidade emblemática dos *sixties*, William Burroughs (1914-1997), percorreu um caminho comparável. Próximo de Jacques Kerouac e de Allen Ginsberg, muito ligado à Beat Generation, ele foi inicialmente o autor proscrito de *Naked Lunch*, romance publicado em 1959 e julgado "obsceno" (em um primeiro momento) pela justiça de Massachusetts. Esse romance foi transposto para o cinema em 1992 por David Cronenberg, e Chris Rodley fez um documentário sobre a realização do filme sob o título *Naked Making Lunch*. Os temas que Burroughs evoca então como romancista — e que correspondem às experiências vividas por ele — são a marginalidade, a droga, a vagabundagem ou a homossexualidade. Desconfiado em relação à linguagem — esse "vírus proveniente do espaço" —, será tentado pela Cientologia e logo depositará todas as suas esperanças na exploração espacial. Ele também se tornará um ardente defensor da clonagem humana, na qual via uma maneira de ter acesso à

---

[112] Rémi Sussan, *Les Utopies posthumaines. Contre-culture, cyberculture, culture du chaos*, Omniscience, 2005, p. 92. Várias anotações sobre esse período dos *sixties* foram tomadas desse livro muito bem-informado.

imortalidade. Burroughs é apresentado, com razão, como um dos escritores mais importantes do século XX. Junto com Leary, ele também se tornará um dos principais inspiradores do movimento ciberpunk, radicalmente tecnófilo. A esse título, ele é realmente um dos precursores do *transumanismo*.

A partir dos anos 1980, duas revistas prolongarão a sensibilidade dos *sixties* e oferecerão à cibercultura um espaço de expressão e de debates: *Mondo 2000* e *Wired*. Elas serão objeto de um fascínio indistinto e se tornarão lendárias. Ora, as opções políticas e técnicas que defendem não têm mais muita relação com o pacifismo bucólico e a frugalidade voluntária dos hippies. É verdade que nesse meio-tempo se passou da contracultura para a tecnologia ligada e para o elogio da empresa rentável. Em um artigo muito crítico sobre a revista *Wired*, Keith White ironizará essa mudança de foco ideológica: "Fazer parte de uma grande companhia deixou de ser algo estúpido e conformista. Passou a ser algo legal!"[113] Com efeito, a revista encarna a embriaguez do novo "capitalismo do acesso" de que fala Jeremy Rifkin. Observemos que, mais ou menos na mesma época, criticou-se o periódico francês *Libération* por apresentar como estrelas do rock altos executivos do CAC 40.

Deve-se dizer que os fundadores de *Mondo 2000* e de *Wired* nem sempre provinham dos meios desfavorecidos. Uma das criadoras e musa de *Mondo*, Queen Mu (cujo nome verdadeiro é Alison Bailey Kennedy), crescera em uma enorme propriedade do bairro residencial de Palo Alto, estudara em um refinado pensionato suíço e recebera a herança confortável de seus pais. A sede da revista ciberpunk era em uma imensa residência de Berkeley Hills, que não é um bairro plebeu.

A essas duas grandes figuras dos *sixties* evocadas como exemplo poderiam ser acrescentadas algumas outras. Escolheremos apenas uma delas. Aldous Huxley, autor do famoso *Admirável Mundo Novo*, frequentemente citado por aqueles que temem a onipotência do cientificismo, publicou, em 1962 — um ano antes de sua morte —, uma outra obra muito menos conhecida, *A Ilha*, que se opõe ao primeiro. A ilha imaginada por Huxley chama-se Pala. Nela, seus habitantes vivem em harmonia com a natureza; eles praticam ioga, consomem uma droga, o *moskha*, apresentada como um derivado da mescalina, e praticam o eugenismo ou manipulações genéticas com o fim de melhorar a qualidade de sua descendência. A descoberta de uma jazida de petróleo suscita a cobiça dos vizinhos da ilha. A visão

---

[113] *Ibid.*, p. 143.

mercantil do progresso que motiva esses invasores obrigará os habitantes de Pala a se dispersarem. O romance está atulhado de longas digressões teóricas nas quais o autor parece ter se reconciliado com o projeto científico.[114]

Esse romance terá influência sobre a sensibilidade New Age, predominante na Califórnia no final dos anos 1970. Um conhecedor desse período conclui, com fundamento: "As análises da contracultura que a definiam por sua rejeição total da tecnologia negligenciam os temas 'ciberdélicos' que eram a contrapartida do primitivismo do retorno à terra: as substâncias psicodélicas como técnica de libertação, as mídias eletrônicas [...] que ampliavam a consciência, os terminais de computador de acesso livre como instrumento de emancipação."[115]

A era dos tecnoprofetas

Sejamos claros, o termo *tecnoprofeta* não é apenas irônico. Ele geralmente remete a reflexões cuja coerência não deve ser subestimada. Elas remetem a mentes brilhantes, de cientistas reconhecidos, de intelectuais diplomados. Para além das competências particulares de cada um deles, algumas preocupações comuns os associam: *construir uma visão positiva do futuro*, examinar as oportunidades — e as promessas — oferecidas pelas tecnologias avançadas, rejeitar a negação covarde e o desespero chique. A essa sensibilidade se acrescenta uma comum incredulidade em relação à política e ao social, sobrevivências inúteis do pensamento humanista. O prefixo "tecno" enfatiza o fato de que os profetas em questão confiam na técnica — e frequentemente apenas nela — para remediar os problemas do mundo e temperar a desesperança dos homens.

São conhecidas algumas das promessas — às vezes delirantes — que esse tipo de raciocínio permite: os organismos geneticamente modificados (OGM) resolverão o problema da fome no mundo; uma remodelagem neurológica permitirá curar os homens da violência que mora neles; o monitoramento eletrônico fará com que a delinquência urbana desapareça; a banalização do útero artificial completará a liberação feminina; a clonagem

---

[114] Em março de 2010, o livro de Huxley foi relançado na França pela Éditions Pocket.
[115] Mark Dery, *Vitesse virtuelle. La cyberculture aujourd'hui*, trad. do inglês de Georges Charreau, Éditions Abbeville, 1997, p. 41.

tornará supérfluas as obrigações da procriação sexuada etc. A técnica, em suma, é vista como uma "resposta" muito mais eficiente do que qualquer voluntarismo político ou até mesmo que o paciente esforço educativo para civilizar os costumes. Naturalmente, uma convicção desse tipo conduz a evitar a política e, com mais razão ainda, o direito social.

A despeito de sua diversidade, essas profecias acabaram por constituir um bloco de pensamento que se construiu, "ao lado" da cultura humanista clássica, como um grande iceberg que se separou da geleira. Graças às interconexões infinitas que se tornaram possíveis com a Internet, os habitantes (ou passageiros) desse iceberg intercambiam incessantemente, compartilham sua fé comum, inventam para si mesmos uma língua e referências, estabelecem regras e códigos que dificilmente podem ser compreendidos de fora. Discute-se nos blogues textos e autores fundadores com o mesmo rigor maníaco que os marxistas de outrora usavam pias citações de Marx, Lênin, Feuerbach ou Engels.

Há poucos contatos entre o velho mundo e o novo, para não dizer que inexistem. Eles são marcados sobretudo pela hostilidade recíproca, pelas alfinetadas cruzadas ou pela ignorância voluntária. Em razão disso, o transumanismo, em seus diferentes avatares, nunca é seriamente questionado. Ele certamente merece sê-lo de modo atento, do mesmo modo que merece ser descrito o embaralhamento incerto de suas "profecias". Isso não ocorre com frequência. Não se sai do estágio polêmico. Entre o temor indignado e a adesão devota, o espaço da deliberação razoável pedida pelo filósofo das ciências Dominique Lecourt, antes benevolente em relação ao pós-humanismo, é mesquinhamente medido.[116] Está-se mais perto de uma religiosidade gnóstica, o que é o cúmulo quando se trata de ciência e de técnica. A tonalidade profética de certos textos, discursos, anúncios ou teorias, brandidos contra o "velho pensamento", resulta, em boa parte, dessa incomunicabilidade recíproca. Acabam predominando a pregação e o gosto pela discórdia. Um profeta sempre fala doutamente a partir de um além. Suas palavras caem das alturas de um local inacessível aos mortais comuns.

Todas as religiões gnósticas, lembremo-nos, insistem na profundidade do abismo que separa os iniciados dos simples profanos. Elas usam uma linguagem que deve ser interpretada por seus sacerdotes. O vocabulário da cibercultura em seu conjunto também é recheado de metáforas, monstros

---
[116] Dominique Lecourt, *Humain. Posthumain. La technique et la vie*, PUF, 2003.

mitológicos e símbolos que participam — conscientemente ou não — de uma religiosidade arcaica. O computador encarna, por exemplo, uma divindade intimidadora, da qual os técnicos em informática seriam os capelães. Alguns autores tomaram ao pé da letra essa divinização espontânea das maquinarias informáticas.

Christopher Evans (1931-1979), cientista da computação britânico muito favorável ao programa de inteligência artificial (que não deve ser confundido com o ator americano homônimo), observa tranquilamente em seu livro *The Micro Millenium*, publicado em 1979, ano de sua morte: "É possível que os computadores um dia sejam venerados como deuses e, se eles se tornarem máquinas ultrainteligentes, essa crença não será totalmente equivocada." O elogio dos ídolos denunciado por Evans desde o começo dos anos 1970 (em um outro livro, *Cults of Unreason*) não é o menor dos paradoxos para uma cibercultura que reivindica um estrito ateísmo e que se vive como a própria expressão da modernidade. Veremos no próximo capítulo que, em certos aspectos, o parentesco entre o transumanismo e a gnose religiosa dos primeiros séculos de nossa era é ainda mais evidente.

Em todo caso, isso mostra o verdadeiro alcance do qualificativo "tecnoprofeta". Impõe-se uma constatação: com a generalização dessa escatologia de novo tipo, com o surgimento de correntes organizadas como as dos extropianos ou dos adeptos da *teoria do caos*, foi dado um passo adicional na direção do transumanismo. Ainda falta demonstrar com um pouco mais de detalhes quem são esses profetas da técnica. Ray Kurzweil, o inventor da *singularidade* já citado, é um deles, certamente, assim como Hans Moravec, do qual trataremos mais adiante neste livro. Mas, e os outros? Embora essa categoria se enriqueça sempre com novos profetas (*grandes* ou *pequenos*, como na Torá), podem ser citadas algumas personalidades marcantes. Frequentemente desconhecidas do grande público e até mesmo dos intelectuais europeus, elas correspondem bem à denominação de tecnoprofetas. Reunidos em uma nomenclatura muito sumária, eis os nomes daqueles que estiveram — ou ainda estão — entre os mais influentes. Estão ordenados de acordo com a idade, do mais velho ao mais jovem — obedecendo à sua data de nascimento. Muitos deles desempenharam um papel importante na contracultura dos *sixties*.

O arquiteto e escritor Richard Buckminster Fuller (1895-1983) foi o inventor do "domo geodésico", apresentado como uma forma arquitetônica perfeita por ser capaz de ocupar o mínimo de superfície e oferecer o máximo de espaço. Resolutamente tecnófilo, hostil à política em geral e à existência do Estado em particular, ele popularizou o conceito de *sinergia*. Foi adulado pelas correntes hippies mais favoráveis à tecnologia. Timothy Leary reconhecia ter sido influenciado pelo pensamento desse precursor. Um dos primeiros a rejeitar o próprio princípio do engajamento político.

O antropólogo e epistemólogo americano Gregory Bateson (1904-1980) é conhecido sobretudo — especialmente na França — por seus trabalhos sobre a comunicação, a esquizofrenia e o famoso *double bind* (injunção paradoxal) — trabalhos realizados pela escola de Palo Alto (fundada por ele). Geralmente se esquece de que ele participou, junto com Margaret Mead, sua esposa na época, das conferências Macy organizadas por Norbert Wiener, conferências de onde saíram, como já mostramos, o pensamento cibernético e a informática, e depois de modo mais indireto as biotecnologias. Durante os anos 1960, Bateson participou ativamente, na costa californiana, dos estranhos seminários do grupo Esalen, sediados em Big Sur, local que o romancista Henry Miller, autor de *Trópico de Capricórnio*, já tornara mítico. Dentro desses grupos barrocos e no meio de fumaça de incenso, nasceu a utopia místico-naturalista do New Age. Com a clara separação proposta por ele entre o *pleroma* (mundo das leis físicas) e a *creatura* (mundo do espírito), Bateson contribuiu para a reinterpretação, ao mesmo tempo complexa e comunicacional, do humano. Desse ponto de vista, ele desempenhou um papel importante no surgimento da cibercultura.

O escritor e romancista americano William Gibson (nascido em 1948) foi um autor de ficção científica e, depois, um objetor de consciência em relação à guerra do Vietnã (ele se refugiou no Canadá em 1968). Ao descobrir a contracultura, cada vez mais desconfiado a respeito do capitalismo e do complexo militar-industrial americano, se tornou, no entanto, um teórico — e adepto — do movimento ciberpunk. Ele foi, entre muitas outras coisas, o vulgarizador do conceito de "transcendência tecnológica". Um de seus romances de ficção científica, *Neuromancer*, que apresenta um hacker, o tornou famoso. Deve-se a Gibson a invenção da palavra *ciberespaço*. Vários de seus textos ou fragmentos foram adaptados ou transpostos para o cinema, especialmente no filme *Alien*. "Toda tecnologia emergente", dizia ele, "foge espontaneamente do controle, e suas repercussões são por natureza imprevisíveis."

O engenheiro americano Kim Eric Drexler (nascido em 1955) dará a conhecer a palavra *nanotecnologia*, inventada em meados dos anos 1970 — para outros fins — por um cientista japonês chamado Norio Taniguchi. Drexler foi o primeiro a construir o "projeto nanotecnológico", através de sua segunda tese de doutorado, que foi considerada a melhor publicação científica de 1992. Sua intenção — jamais realizada — era a de construir uma montadora molecular que permitiria que as nanomáquinas se reproduzissem sem ajuda humana. Com sua mulher Christine Peterson (da qual ele se divorciou), fundou, em 1986, o já famoso Foresight Institute, com a missão de explorar e de enquadrar as tecnologias emergentes e as nanotecnologias em particular. As análises de Drexler inspiraram muito a literatura de ficção científica contemporânea, especialmente os romancistas Neal Stephenson e Michael Crichton. Um romance deste último, *Presa*, mostra explicitamente, de modo apocalíptico, os riscos suscitados pelas nanotecnologias, com seus nanorrobôs se tornando incontroláveis.

A esses nomes pode ser acrescentado o do filósofo e romancista belga Gilbert Hottois (nascido em 1946). Inicialmente influenciado pelas críticas radicais do sistema técnico (Jacques Ellul prefaciará um de seus livros), Hottois rapidamente mudou de orientação e passou a demonstrar um interesse marcado pelo imaginário tecnocientífico. Em um de seus livros, explica essa mudança de ponto de vista. Ele insiste no fato de que a tecnociência é portadora do projeto — aos seus olhos positivo — de remodelagem da natureza humana. "As tecnociências", diz ele, "abrem para uma transcendência *operatória* da espécie: elas permitem superar efetivamente limites naturais associados à condição humana."[117] Todo o projeto transumanista está contido nessas linhas.

Uma indiferença assustadora

Gostaríamos de dedicar uma atenção particular a um outro tecnoprofeta, mais jovem que os outros, o filósofo inglês Max More, nascido em 1964 (cujo nome verdadeiro é Max T. O'Connor). Formado em Oxford e na Universidade da Carolina do Sul, ele foi o criador de um grupo específico de transumanistas: os *extropianos*. Max More fundou, em 1991, o Extropy

---

[117] Gilbert Hottois, *Essais de philosophie bioéthique et biopolitique*, Vrin, 1999.

Institute, que publica uma revista e dispõe de um site (www.extropy.org). Por que foi escolhido esse termo tão estranho? Para recusar ostensivamente o conceito de *entropia* (do grego *entropé*, "retorno"). Este último corresponde ao segundo princípio da termodinâmica. Ele designa o inevitável processo de degradação que conduz todo corpo físico a uma desordem sempre crescente e toda energia rumo à sua degradação, sendo que a entropia máxima corresponde à morte. Desse modo, a entropia postula a ideia de *limite*, tradicionalmente defendida pelos físicos. Ao escolher a palavra *extropia*, Max More pretendia rejeitar toda hipótese de limitação, como faz, aliás, Eric Drexler, arauto das nanotecnologias.

Os extropianos representam o setor mais extremo do transumanismo. Eles dizem se filiar a Nietzsche, mas interpretam ao seu próprio modo o tema nietzschiano do super-homem. Em sua revista, eles o descrevem como um "potencial à espera de realização". Em sua opinião, os avanços da tecnologia não podem conhecer nem fim nem interrupção. Deve-se, pois, evitar opor-lhes qualquer freio, quer seja de ordem jurídica, política ou moral. Max More redigiu um longo manifesto com o título "Princípios extropianos". Ao longo dos anos, foi objeto de numerosos acréscimos, modificações e reformulações. Já nas primeiras linhas da versão datada de 2003, anuncia-se: "Os princípios *extropianos* definem uma versão ou 'marca' particular do pensamento transumanista."

O primeiro dos princípios enumerados nesse texto certamente trata da questão dos limites e, nas entrelinhas, da própria ação política: "Visar mais inteligência, sabedoria, eficiência, uma duração de vida indefinida, a supressão dos limites políticos, culturais, biológicos e psicológicos à realização de si mesmo. Ultrapassar incessantemente aquilo que tolhe nosso progresso e nossas possibilidades. Estender-se no universo e avançar sem fim."[118] No corpo do manifesto encontram-se apelos corteses ao debate, ao livre exame e até mesmo à "melhoria das condições sociais". O elogio da benevolência ocupa até mesmo um parágrafo inteiro, que faz a apologia da polidez, da paciência e da honestidade. Essa precaução é sobretudo diplomática. Nesse mesmo texto, os extropianos reafirmam sua rejeição vigorosa de todo "controle centralizado autoritário, que abafa as escolhas e a organização espontânea das pessoas autônomas". Garantindo que não são cínicos, eles

---

[118] Uma versão francesa desse texto está acessível na Internet no seguinte endereço: http://editions-hache.com/essais/more/more1.html

também rejeitam toda "proteção paternalista do indivíduo". Destacam sua vontade de não obedecer a nenhuma verdade estabelecida. "Não aceitamos", está escrito, "nenhuma autoridade intelectual final. Nenhum indivíduo, nenhuma instituição, nenhum livro, nenhum princípio único pode servir de fonte ou de referência para a verdade."

A interpretação extrema do transumanismo que transparece nesse manifesto prosélito é ainda mais evidente em certos textos da revista *Extropy* ou nas entrevistas de Max More. Neles, podem ser confirmadas a adesão ao *laisser-faire* capitalista integral e uma perfeita indiferença em relação ao "social". "Ao pregar a caridade zero, o transumanismo extropiano não abre nenhum espaço para os desfavorecidos da economia, para os marginais da sociedade, para os 'psicologicamente fracos'."[119] Encontramos aqui o tipo de raciocínio e as convicções dos capitalistas libertarianos evocados no primeiro capítulo deste livro. Os adeptos da extropia compartilham uma mesma abordagem do indivíduo. Ele é concebido como uma entidade autônoma, separada de todo vínculo e de todo pertencimento coletivo, uma mônada autocriada. No citado texto de Max More, o prefixo *auto*, aliás, é usado de modo tão frequente que o efeito produzido chega a se tornar cômico. Fala-se em auto-orientação, em autodisciplina, em autotransformação, ou ainda em autoexperimentação. Essa redundância visa rechaçar por antecipação toda espécie de sujeição ou de enquadramento social.

Da democracia à "plurarquia"

"A estrutura política que se desenvolve na Internet é fundamentalmente diferente daquela da democracia capitalista. A habilidade legendária que os netocratas possuem de deixar o ambiente em que se encontram e ir em frente se o contexto não mais lhes convém cria os elementos prévios do surgimento de um sistema político inteiramente novo e extremamente complexo: a plurarquia. A plurarquia pode ser definida, em sua forma mais pura, como um sistema em que cada indivíduo decide em função de si mesmo, mas em que ele não possui nem a capacidade, nem a possibilidade de decidir em função dos outros. A noção fundamental da democracia, em que uma maioria decide por uma minoria em caso de divergências de opiniões, passa a ser impossível de se manter.

---

[119] Mark Dery, *Vitesse virtuelle. La cyberculture aujourd'hui*, op. cit., p. 317. O autor se refere aqui a um artigo de Max More publicado no nº 8 (verão de 1990) da revista *Extropy*.

> Na Internet, cada um é seu próprio mestre para o bem e para o mal. Isso significa que todos os interesses coletivos, a começar pela manutenção da lei e da ordem, sofrerão grandes pressões. Uma plurarquia pura mina as condições de existência de um Estado judiciário. A diferença entre a legalidade e a criminalidade deixa de existir. Torna-se quase impossível ter uma visão de conjunto da sociedade na qual toda decisão política importante seria tomada dentro de grupos fechados e seletivos, sem abertura possível."
>
> Alexander Bard e Jean Söderqvist,
> *Les Netocrates*, Leo Scheer, 2008, p. 84.

Uma interpretação tão estreita da realidade humana — mais estreita ainda que a dos libertarianos, que reduz o homem ao *Homo oeconomicus* — suscita regularmente aos extropianos críticas fortes, e até mesmo zombarias. Elas emanam de jornalistas, antropólogos, filósofos ou sociólogos de todas as orientações. O homem, recordam, não é uma ilha. Desde Aristóteles e seu *zoon politikon* ("o homem é um animal político"), sabe-se que o que caracteriza o humano jaz, pelo contrário, na relação, em seus vínculos com o grupo. Ao rejeitar o vínculo para dispensar toda ideia de dever, raciocina-se como Gribouille. Ou, pior ainda, talvez. Até mesmo o teórico do capitalismo integral, o economista austríaco Friedrich von Hayek (1899-1992), ganhador do Prêmio Nobel em 1974, não chegara tão longe no consentimento às desigualdades e às dominações.

O mundo descrito e desejado pelos extropianos, aquele que é apresentado pelos romances de inspiração ciberpunk, "é um universo tecnológico desumanizado, em uma paisagem desolada, onde grandes companhias estão em uma luta sem trégua pela posse da informação, enquanto as ruas são assombradas por uma população no limite da sobrevivência e fora da rede. Uma aristocracia informática é responsável pela lei".[120] A essa constatação do sociólogo e historiador francês David Le Breton, corresponde o desconcerto de Rémi Sussan: "Dentro dos grupos transumanistas e extropianos que constituem a parcela mais futurista da cibercultura, uma minoria professa uma indiferença das mais hostis e desagradáveis em relação à humanidade sofredora..."[121]

---

[120] David Le Breton, *L'Adieu au corps*, Métailié, 1999, p. 158.
[121] Rémi Sussan, *Les Utopies posthumaines*, op. cit., p. 119.

O homem: uma experiência fracassada?

A quem considerar excessiva essa consternação, ou injusto o uso do qualificativo "hostis e desagradáveis", é preciso recordar uma resposta do tecnoprofeta Hans Moravec. Em 1993, o ensaísta americano Mark Dery, especialista em cibercultura, questionou-o a respeito das desigualdades provocadas por um "aperfeiçoamento" da espécie, que produziria dois tipos de humanos: aqueles que teriam sido "aperfeiçoados" (uma minoria) e os outros. Como não ficar preocupado, objetava Dery, com as implicações socioeconômicas da robótica aplicada e do transumanismo? Não seríamos confrontados com a existência de uma categoria de super-homens frente a centenas de milhões de sub-homens? Com efeito, tudo permite pensar que os procedimentos de "aperfeiçoamento" do humano, *via* clonagem, robótica ou manipulação genética, seriam reservados — durante muito tempo — a uma minoria afortunada, enquanto os habitantes do planeta, não apenas os condenados da terra, deveriam se contentar em ser humanos "do jeito antigo".

Moravec articulou tranquilamente a seguinte resposta: "Pouco importa o que as pessoas façam, elas serão deixadas para trás como o segundo estágio de um foguete. [...] Você se incomoda muito hoje que o ramo dos dinossauros tenha sido extinto? O destino dos humanos não terá qualquer interesse para os robôs superinteligentes do futuro. Os humanos serão considerados como uma experiência fracassada." Um pouco depois, Moravec encerrou o assunto acrescentando: "Creio que é possível ceder à compaixão e desse modo invalidar as coisas mais importantes."[122] Ao dizer isso, Moravec transmitia uma opinião estritamente pessoal ou retomava uma argumentação relativamente comum entre os transumanistas? Para ter certeza, foi examinado minuciosamente o ponto de vista expresso pelo sueco Nick Bostrom, que preside a World Transhumanist Association (que agora é mais conhecida por um nome mais sóbrio, Human+). Em vez de consultar os santos, é melhor dirigir-se diretamente a Deus.

Em uma longa intervenção, datada de 2004, na Universidade de Stanford, Bostrom procurava responder às críticas de Francis Fukuyama, para o qual o transumanismo é "a ideia mais perigosa do mundo". Nesse texto, publicado

---

[122] Citado na obra organizada por Roberto Barbanti e Claire Fagnart, *L'Art au XXe siècle et l'utopie: réflexions et expériences*, L'Harmattan, 2000, p. 138.

logo depois na revista *Foreign Policy*, o orador não conseguiu evitar a questão da desigualdade subsequente — e eticamente trágica — entre os pós-humanos "aperfeiçoados" e os bilhões de outros que permaneceriam em estado "natural". Significativamente, Bostrom responde a essa objeção *analisando o problema em termos de riscos*. É preciso temer que ações violentas oponham as duas categorias de humanos? Isso poderia alimentar um terrorismo de novo tipo? Colocada desse modo, a questão é evidentemente banalizada, para não dizer edulcorada. A resposta consiste em remeter o objetor a uma reflexão clássica sobre o governo dos homens: pertinência das leis, eficácia dos controles etc. Em nenhum momento a verdadeira natureza do problema — filosófica e ética — é abordada.[123]

Uma resposta tão direta como a de Moravec e uma argumentação tão curta quanto a de Bostrom tornam legítimas algumas das angústias manifestadas por André Gorz durante os últimos anos de sua vida. Ele temia que as remodelações do humano tornadas possíveis pela engenharia genética — e que os transumanistas louvam — transformassem essa engenharia em uma máquina de seleção e de hierarquização social. O pretexto invocado, segundo o qual ninguém deve se opor aos avanços tecnológicos, conduz a aceitar antecipadamente o aparecimento de novas formas de escravidão ou a instauração de um sistema de castas. A dominação mais dura se tornaria legítima e seria abandonado de uma vez o "velho" princípio inscrito em todas as nossas Declarações desde o Iluminismo: "Os homens nascem livres e iguais em direitos".

Esse resultado não seria, aliás, o fruto de uma vontade, mas sim, pelo contrário, de um abandono, de uma renúncia. Para compreender isso, é preciso dizer algumas palavras a respeito de uma ideia que ronda e que reaparece sempre na maior parte dos textos e dos debates sobre a onipotência das tecnologias convergentes. Trata-se do *princípio de não controle,* que às vezes é aproximado do conceito taoísta de *Wu Wei* ("não ação"), ao menos da interpretação simplista que é feita dele no Ocidente. Ao convocar desse modo o taoísmo, pretende-se salientar a obrigação que teríamos de renunciar ao "voluntarismo" de outrora, isto é, ao controle de nosso próprio destino.

Para os transumanistas, essa vontade está ligada à candura "humanista". O fato de não controlarmos mais a aceleração exponencial da tecnologia

---

[123] Esse texto pode ser consultado (em inglês) no site pessoal de Nick Bostrom: www.nickbostrom.com

não se deve a uma falha ou porque nos comportamos como "aprendizes de feiticeiro". A verdadeira razão está ligada ao funcionamento da própria tecnociência. Jean-Pierre Dupuy, bom especialista em nanotecnologia e ciências cognitivas, oferece uma explicação convincente para essa nova lógica científica. Em termos de pesquisa e desenvolvimento técnico e científico, não se trata mais de atingir um objetivo criando os meios para chegar até ele. A injunção cartesiana de se "tornar mestre e dono da natureza" não é mais atual. O processo é mais descendente que ascendente (*bottom-up*). Isso significa que *se parte da existência de estruturas ou de organizações complexas do real e que se procura saber o que elas são capazes de "produzir"*.

Em suma, procura-se testá-las, explorar o campo do possível novamente oferecido. A recompensa do pesquisador não consistirá mais em atingir uma meta, mas em ser surpreendido pelas emergências provocadas. A vida artificial, os algoritmos genéticos, a robótica, a inteligência artificial e, *a fortiori*, as nanotecnologias já correspondem a esse funcionamento procedural. Para Dupuy, o engenheiro de amanhã se comportará como um explorador e um experimentador.[124] Isso significa que a renúncia ao voluntarismo ativo não é apenas resultado de uma desilusão, após os extravios históricos do humanismo, nem de um "cansaço de ser livre". Ela é constitutiva das novas ciências. Para retomar a fórmula de Jean-Michel Besnier a respeito das utopias pós-humanas, a sabedoria não será mais avaliada de acordo com a medida de um projeto, mas sim de acordo com nossa capacidade de nos deixar surpreender por aquilo que estiver além de nós mesmos. Isso é ainda mais tentador porque as novas tecnologias incessantemente fazem *emergir* resultados que não haviam sido previstos ou desejados. Como dizia o teórico das mídias americanas Neil Postman (1931-2003), que se tornou muito crítico em relação ao *imperium* da tecnologia, esta última "joga seu próprio jogo".

Com a eliminação programada do indivíduo e sua entrada na rede, noções como vontade, meta, objetivo, projeto, propósito são remetidas ao nada do velho mundo. Para que voluntarismo se não há mais meta mas apenas "circuitos retroativos" sem fim? De resto, o que significa a vontade humana em um universo no qual prevalecem a fluidez e a incerteza, e onde o homem não é senão o resultado sempre provisório, sempre flutuante, de interações genéticas e de *stimuli* informacionais? Agora seria a "situação" que decidiria

---

[124] Inspiro-me aqui em um artigo publicado por Jean-Pierre Dupuy em *Le Débat*, nº 129, março-abril de 2004.

por nós. "A história está perdendo sua direção predeterminada, a utopia está desaparecendo. A marcha para a frente não é mais a única maneira de avançar; para cada ponto de partida, existe uma infinidade de possibilidades que assumem a forma de caminhos virgens ainda não percorridos. A totalidade, o racionalismo e o coletivismo organizado estão desabando sob a pressão da diversidade do mundo virtual."[125]

Da utopia aos negócios...

O transumanismo tal como foi evocado (brevemente) suscita reações relativamente estranhas. Estamos pensando na paixão de certos grupos ou correntes de pensamento que se situam mais à esquerda e que parecem não perceber as dominações e as lógicas que favorecem a desigualdade presentes nessa utopia. Eles são seduzidos principalmente pelo otimismo, pela novidade e pelo lado transgressivo da teoria. Embora dos dois lados do Atlântico alguns intelectuais manifestem seus receios, é preciso reconhecer que eles não são a maioria. Já foram citados os filósofos franceses Jean-Michel Besnier e Jean-Pierre Dupuy. Também poderiam ser mencionados os nomes do jornalista Jean-Michel Truong ou o do filósofo da Universidade de Reims, Michel Terestchenko, que vê em tudo isso algo "funesto politicamente". Mencionemos também o caso do universitário e ensaísta americano Andrew Ross, um dos primeiros a se alarmar com esse egoísmo tecnocrático indiferente a toda preocupação social. É compreensível a decepção de Rémi Sussan, que exprime— sem grande convicção — o seguinte desejo, contudo modesto: "Que os pensadores de uma esquerda futura mergulhem nos algoritmos da vida artificial para deles deduzir, de modo sério, seu alcance e seus limites em termos sociais."

A esse respeito, o tempo urge. A razão para isso é simples.

O transumanismo, como se disse anteriormente, não é senão uma nebulosa de teorias dotadas de maior ou menor sensatez, maior ou menor cinismo. Seus vínculos com a alta administração pública e — sobretudo — com o mundo dos negócios já o constituem como um *desafio político*. Ele possuía seus pesquisadores, seus profetas, seus roteiristas e seus romancistas, agora ele possui seus lobistas e empresários. Na frente da genética, um

---

[125] Alexander Bard e Jean Söderqvist, *Les Netocrates, op. cit.*, p. 136.

inovador impetuoso como o biólogo e empresário Craig Venter encarna o novo poder do privado e dos negócios. Decodificador inovador do genoma, esse veterano do Vietnã (ele nasceu em 1946) prometeu a si mesmo ser o Bill Gates da genética. Nessa lógica de exploração comercial, se tornou um líder no registro de patentes, mesmo das menores descobertas, o que atraiu a ira da comunidade científica. Alguns ensaístas se declararam espantados com seu mercantilismo.[126]

Veder abrirá várias empresas: primeiramente a Celera Genomics (da qual ele sairá em 2002), e depois, com um nome mais nobre, o J. Craig Venter Institute. Acostumado com os anúncios na mídia, ele reivindicará várias vezes — às vezes com alguma razão — ter progredido rumo à criação da vida artificial. Isso ocorreu em 21 de maio de 2010, quando publicou na revista *Science* um artigo descrevendo a primeira célula com genoma sintético, criada a partir de uma bactéria. Inicialmente esse comunicado gerou uma grande repercussão nas mídias de todo o mundo, mas depois foi minimizado por certos pesquisadores. Venter, que investira quarenta milhões de dólares nessa pesquisa, apressou-se em depositar uma série de patentes para proteger o conceito utilizado, o de *Mycoplasma laboratorium*. A equipe de Venter reúne pesquisadores talentosos, mas que estão preocupados sobretudo com descobertas lucrativas. Desse modo, Craig Venter começou uma pesquisa financiada pela empresa de petróleo e gás Exxon Mobil para criar algas que pudessem absorver o dióxido de carbono da atmosfera e transformá-lo em combustível.

Venter é um bom exemplo da *imbricação cada vez mais estreita entre a pesquisa científica e a corrida em busca do lucro*. A utopia transumanista não escapa desse discutível controle de uma lógica de conhecimento por uma lógica do lucro ou da dominação. Um personagem merece ser citado aqui: William Sims Bainbridge. O nome desse cidadão americano ainda não é tão conhecido quanto o de Craig Venter. É verdade que seus objetivos são um pouco diferentes: mais o lobby que a busca imediata de lucros. Esse sociólogo nascido em 1940, formado em Harvard, interessou-se durante muito tempo pelos grupos religiosos e pelas seitas antes de se apaixonar pelas tecnologias emergentes. Hoje diretor da National Science Foundation americana, ele publicou várias obras sobre as nanotecnologias e a inteligência artificial e

---

[126] Ver especialmente o livro de Frédéric Dardel e Renaud Leblond, *Main basse sur le génome*, Anne Carrière, 2008.

se apresenta como um militante desinteressado da causa transumanista. Em sua opinião, esta é essencialmente "progressista", o que explica as oposições "conservadoras" que ela enfrenta e enfrentará. Em uma comunicação de julho de 2003, na World Transhumanist Association, ele convidava os "progressistas de todos os países" a aliar-se ao projeto, inclusive constituindo sociedades secretas, caso fosse necessário, para resistir aos obscurantismos.

Por um lado, William Bainbridge é um septuagenário cortês, capaz de evocar tranquilamente o transumanismo diante de um colega estrangeiro. Tratava-se, neste caso, do biólogo francês Jean-Didier Vincent, que fora aos Estados Unidos para informar-se a respeito dessa corrente de pensamento. No relato de seu encontro com Bainbridge, ele se mostrou impressionado e até mesmo seduzido.[127] Por outro lado, o mesmo Bainbridge aparece como um lobista influente, com muito acesso à alta administração pública americana, inclusive no Pentágono. Jean-Pierre Dupuy confessa que seus próprios trabalhos sobre a convergência de tecnologias às vezes assumiram, por causa disso, "a aparência de uma investigação policial". Descobriu-se que William Bainbridge agiu muito nos bastidores para que a elaboração do relatório NBIC (já citado) se beneficiasse de subsídios federais consideráveis, inclusive por parte de centros militares. Dupuy também descobriu que Bainbridge fora, junto com o economista Robin Hanson, iniciador de um projeto estarrecedor promovido pela DARPA, o organismo de pesquisas do Pentágono. Tratava-se de "organizar um mercado especulativo em que seriam trocadas apostas — em termos técnicos, *futures* — sobre acontecimentos do tipo instabilidade política, atentado terrorista, grande crise internacional, até mesmo assassinato de um determinado líder do Oriente Médio".

Em outras palavras, consistiria em submeter à arbitragem do mercado especulativo a própria geopolítica, com seus riscos de guerra e suas chances de paz, suas oportunidades estratégicas etc. Essa sinistra apoteose da governança pelos números, para retomar a expressão de Alain Supiot, suscitou tantas reações indignadas que o projeto foi abandonado. As coisas são claras: William Bainbridge, redator-chefe adjunto da World Transhumanist Association, não é mais — mas nem um pouco! — um humanista.

---

[127] Jean-Didier Vincent, "Hypothèses sur l'avenir de l'homme", *La Pensée de midi, op. cit.*, p. 49.

Capítulo 5

Ódio do corpo e novos pudicos

> Algo está acontecendo aqui,
> Mas o senhor não sabe o quê.
> Não é, Senhor Jones?
>
> Bob Dylan[128]

Como uma tempestade em aproximação, um curto-circuito imprevisto ameaça a *supermodernidade* (para retomar a expressão de Georges Ballandier) e em particular a cibercultura. Ela traz uma questão tão embaraçosa que se evita falar nela. Os especialistas em informática falariam em um "bug" sobre o qual tropeçam tanto os *gender studies* como a utopia do transumanismo, ao menos em sua versão extrema. Pode-se dizer que são como dois eletrodos que são aproximados até ficarem lado a lado, mas cujas correntes transportadas não possuem nem a mesma voltagem nem a mesma polaridade. Elas são rivais.

A primeira corrente, que move a cibercultura e os *gender*, é de inspiração libertária e permissiva. Ela procura afrouxar o aperto das normas burguesas e sexuais do antigo mundo; quer deixar o espaço livre para o prazer, para o *amor fati* (amor pelo real) nietzschiano, para a livre disposição de si mesmo. Ela defende de bom grado a entrega aos prazeres e à exultação do corpo físico. Nisso, é herdeira legítima dos *sixties* americanos e do Maio de 1968 francês. Desfazer as categorias, reconhecer as sexualidades minoritárias, combater a velha ordem masculina e patriarcal, repudiar as hipocrisias "humanistas", promover o indivíduo contra a prisão do grupo: tudo isso corresponde ao mesmo objetivo libertador. *Let the sunshine in* (Deixemos o sol entrar!), cantava-se em outubro de 1967

---
[128] *Ballad of a Thin Man* (1965).

no Biltmore Theater, da Broadway, na primeira apresentação de *Hair*, a comédia musical na qual os atores apareciam nus, comédia que incendiaria o mundo inteiro de prazer.

A segunda corrente conduz a caminhos bastante diferentes. A utopia do imaterial responde à preocupação de se desvincular pouco a pouco das limitações impostas pelo real e pela matéria. Toda a cibercultura é marcada por uma exaltação do virtual, graças ao qual nos tornamos vaporosos, somos libertados da gravitação terrestre, capazes de ter acesso à ubiquidade e de navegar — na Internet — à velocidade de um influxo eletrônico. Já os sonhos mais precisos de remodelagem da matéria (nanotecnologia) e de imortalidade (transumanismo) retrogradam a *materialidade* perecível ao patamar de uma velharia incômoda. À frente dessa realidade material estão o próprio corpo humano, a carne, os órgãos biológicos, com seu peso de sangue e de humores.

A contradição que opunha (às vezes falsamente) o libertário ao neoliberal é menos irredutível que a que opõe essas duas correntes, a da sexualidade alegre e a da desmaterialização. Há um curto-circuito inevitável entre uma celebração feliz da *carne* e o culto desencarnado do *imaterial*, o qual curiosamente se vincula, como já se disse, aos pensamentos gnósticos e aos dualismos (platônicos ou cristãos) dos primeiros séculos. O corpo volta a ser *ipso facto* esse "túmulo da alma" de que falava Platão. Na corrida desenfreada rumo ao ponto ômega de Teilhard de Chardin, com essa grande transumância rumo ao horizonte da *singularidade*, o corpo humano se torna um fardo. Imperfeito, frágil, ele encarna a *finitude*, no antigo sentido do termo. Mesmo que seja melhorado ou "aumentado", mesmo recheado de implantes tecnológicos que aumentem seu desempenho, ele permanecerá como um *handicap*, um deficiente que precisa ser carregado consigo. Túmulo do espírito, de fato...

Foi assim que apareceu, ano a ano, uma verdadeira desconfiança em relação ao corpo biológico. O inimigo é o corpo! Na literatura ciberpunk, ou sob a pena de certos pesquisadores apaixonados pela robótica ou pela inteligência artificial, aparecem regularmente frases que designam a carne como uma servidão da qual é preciso livrar-se. Ela é apenas isso, carne (*meat*). As entranhas humanas são julgadas menos higiênicas que uma proveta, menos confiáveis que um disquete de computador, menos limpas que uma incubadora. O corpo torna-se o elo fraco de uma utopia imaterial.

Não são mais aceitos os inconvenientes e as trivialidades de que é portador e que são pouco compatíveis com o grande desígnio virtual. Ele precisa ser alimentado, cuidado, lavado, auscultado e é necessário lhe conceder um tempo de repouso cotidiano. Na temporalidade do cibermundo, o sono é tempo perdido. Grudados em seus computadores, os *geeks* insones conhecem muito bem esse tipo de incômodo e praguejam contra tais limitações. Não é só isso: o corpo possui a desvantagem de possuir um sexo anatômico, uma identidade caracterizada por órgãos e substâncias endócrinas. Ele é até mesmo portador de diferenças impostas: um rosto mais ou menos agradável, uma idade, um visual. Não é tão submisso quanto os algoritmos do cibermundo, que permitem que cada um escolha uma identidade, fabrique *avatares* sedutores, pratique uma cibersexualidade sob medida (e sem riscos), escolha sua idade. Em suma, o corpo carnal deixa de ser um peso para o *hipercorpo* (a expressão é de Pierre Lévy) da cibercultura. O maravilhoso mundo anunciado por esta última — o universo em que pululam mutantes e cyborgs — é, por hipótese, um mundo no qual o corpo não possui mais lugar. Ele se tornou um membro supernumerário, um passageiro excedente, que deve urgentemente ser posto para fora. "Os mundos virtuais são não lugares, mas nossos corpos nunca poderão ser não corpos."[129]

Uma visão negativa da carne acabou se impondo sub-repticiamente apenas pela conjugação dos avanços tecnológicos e das visões que eles fizeram nascer. "O corpo humano", diz o filósofo e jurista francês Bernard Edelman, "entrou, nas pontas dos pés, na era da desconfiança. Até então coabitávamos pacificamente, éramos indivisíveis: ele era 'eu', e eu era 'ele'. Mas esse velho companheiro de todos os dias tornou-se um outro, praticamente um estranho. Ele deixou de ser esse 'envelope carnal' que tratávamos familiarmente sem sequer pensar nele e se tornou uma jazida de valor, composto de órgãos e de células que podem ser vendidos, alugados, patenteados, uma máquina de maior ou menor desempenho que pode ser aperfeiçoada; em suma, uma 'moeda viva.'"[130]

A depreciação do corpo, pouco a pouco, pode conduzir até mesmo à sua *difamação* pura e simples. Essa palavra é usada intencionalmente.

---

[129] Philippe Quéau, *Le Virtuel. Vertus et vertiges*, op. cit., p. 85.
[130] Bernard Edelman, *Ni chose ni personne. Le corps humain en question*, Hermann, 2009, p. 4.

No *Crepúsculo dos Ídolos*, Nietzsche censurava os cristãos por difamarem o mundo. Alguns tecnoprofetas contemporâneos fazem uso de fórmulas e imagens depreciativas que nenhuma tradição rigorista e religiosa do passado teria ousado empregar. Esse movimento vem de longe. A negação do corpo, em nome da superioridade tecnológica, começou — significativamente — nos anos 1960, com os progressos da cibernética. David Aurel, um dos primeiros autores franceses a se interessarem por essa forma de pensamento, previa em um livro publicado em 1995 que o corpo humano se tornaria o ponto fraco de uma fábrica automatizada. Ele acrescentava que um aperfeiçoamento harmonioso e ilimitado das máquinas só poderia ser alcançado quando o último homem fosse expulso da fábrica.[131]

Foram percorridas muitas etapas desde então. Nesse meio-tempo, foi imposta uma representação do corpo como simples agregado de interações moleculares ou como feixe de informações. Ela incentivou a retrogradação e depois a difamação da carne viva. Um homem como o pesquisador Marvin Minsky (nascido em 1927), um dos promotores do conceito de inteligência artificial, sempre manifestou o "nojo" que essa *meat machine* (máquina de carne) lhe inspirava. Ele demonstrava a mesma condescendência em relação ao cérebro humano, essa *bloody mess* (sujeita sanguinolenta). Joseph Fletcher, que renunciou ao sacerdócio da Igreja episcopal americana, falecido em 2005, e que foi professor de ética biomédica em Harvard compartilhava esse desdém. Grande defensor da clonagem e do útero artificial, ele opunha a segurança higiênica de uma superincubadora ao "lugar obscuro e perigoso" constituído pelo útero feminino. Essa visão parece ser relativamente difundida nos meios biomédicos, segundo o relato do jornalista científico britânico Gerald Leach. Em uma pesquisa publicada em 1970, Leach designava o útero materno como "o meio mais perigoso no qual um ser pode ser chamado à vida".[132] Ele acrescenta que uma maioria de seus colegas concorda com esse ponto de vista.

O papa dos *sixties*, Timothy Leary, em seu livro *Caos e Cibercultura*, anunciava que um dia sairíamos de nosso "envelope carnal" do mesmo modo que os peixes pré-históricos saíram da água para alcançar um estágio superior da evolução. Ele se deleitava com a ideia de que o ciberespaço finalmente

---

[131] David Aurel, *La Cybernétique et l'Humain*, Gallimard, "Idées", 1965, p. 85.
[132] Gerald Leach, *Les Biocrates, manipulateurs de la vie* (1970), trad. fr. Seuil, "Science ouverte", 1973.

libertava o homem da "escravidão do corpo". O artista australiano Stelarc (cujo verdadeiro nome era Stelios Arcadiou), figura importante do *body art*, que ele experimenta em si mesmo, repete que o corpo humano é uma materialidade ultrapassada se ele for comparado ao cyborg. É o momento de nos perguntarmos, acrescenta ele, se "um bípede, com um corpo que respira, que bate, com uma visão binocular e um cérebro de 1.400 centímetros cúbicos ainda é uma forma biológica adequada".[133] O professor universitário de Georgetown, O. B. Hardison, especialista em Shakespeare e físico amador, usa a mesma linguagem. Ele publicou, em 1989, um livro sobre as tecnologias do século XX (*Disappearing Through the Skylight: Culture and Technology in the Twentieth Century*, Penguin) no qual afirma que chegou o momento de embarcarmos, desmaterializados, em sondas espaciais para realizar "o velho sonho místico: sair da prisão da carne para contemplar uma luz tão forte que parece obscura para nós".

Alguns vão muito mais longe. Cita-se o caso de David Skal, historiador da cultura, especialista — e roteirista — de filmes de terror. Ele escreveu em 2001 um livro de sucesso sobre a história desse tipo de filme. Em seu romance *Antibodies* (publicado em 1988 e agraciado com o prêmio Locus de melhor romance de terror), ele conta a história de uma jovem em busca da imortalidade e da desmaterialização. O romance fez a alegria dos ciberpunks. O seguinte trecho dá uma ideia do tom empregado: "Corpo-alma, corpo-carne corpo-morto fétido respirante mijante feto peidante órgãos pendentes enterrado vivo em um caixão de sangue meu Deus não eu façam com que não seja eu preciso sair do salto de tripas que me aspira me vomita levem-no tremelicando girando turbilhonando esse corpo-carrossel, esse CORPO".[134]

Os adeptos da ficção científica e da cibercultura (frequentemente são as mesmas pessoas) também conhecem a passagem do romance de Bruce Sterling, *Crystal Express*, em que é deplorada a miserável forma humana de um dos personagens. Se o saber é poder, você imagina, é-lhe falsamente perguntado, "que sua pequena forma frágil — suas pernas rudimentares, seus braços e mãos ridículos, seu cérebro minúsculo e amarrotado — pode *conter* todo esse poder? Claro que não!".[135] Familiarizado com a cibercultura,

---

[133] Os principais textos e entrevistas de Stelarc estão disponíveis em seu site: http://stelarc.org/

[134] David Skal, *Antibodies*, Worldwide Library, 1988, p. 25.

[135] Bruce Sterling, *Crystal Express* (1990), trad. fr. J. Bonnefoy, Denoël, 1991, p. 25.

Mark Dery cita várias observações do mesmo estilo, inclusive por parte de autores cujo itinerário não é estritamente literário. Ele evoca o historiador das ciências Bruce Mazlish, professor do Massachusetts Institute of Technology (MIT). Em um texto que retrata a evolução paralela dos humanos e das máquinas, Mazlish observa que os humanos perderam o privilégio da "descontinuidade" de que dispunham em relação às máquinas. Eles devem se adaptar a isso, mesmo que, desse ponto de vista, os meios carnais de que dispõem pareçam tão pobres que convidem a detestar o próprio corpo. "Quem nunca sentiu a 'sujeira' do corpo e o desejo de livrar-se dela?", pergunta ele, "quem não sentiu nojo das necessidades mais 'baixas', a da defecação, ou até mesmo do sexo?"[136]

O paralelo entre essas denigrações ciberculturais e o horror em relação ao físico manifestado pelos gnósticos dos primeiros séculos não é apenas uma cláusula estilística. Com dois mil anos de separação, os dois pensamentos respondem um ao outro às vezes palavra a palavra. Isso se evidencia na polêmica conduzida por Tertuliano contra Marcião (no *De Carne Christi*). Marcião, figura do século I de nossa era, interpretava a mensagem dos Evangelhos de acordo com uma inspiração gnóstica e rigorista ao extremo, o que provocou seu afastamento. Hostil à carne, ele chegava até mesmo a defender a rejeição do casamento e da procriação. Não aceitava a ideia de que um deus feito homem pudesse ter nascido das "entranhas" de uma mulher, a saber, Maria. A maior parte dos escritos de Marcião foi perdida e, paradoxalmente, nós os conhecemos através do panfleto de Tertuliano, redigido contra ele um século depois. Para Tertuliano, primeiro padre da Igreja do Ocidente, Marcião, cujos escritos ele citava, rechaçava escandalosamente a ideia (cristã) de um Jesus efetivamente "nascido nas entranhas gotejantes", isto é, simples "coágulo de sangue entre as imundícies".

Seria o uso dessas palavras fruto apenas de imperícia de expressão?

A mesma questão surge a respeito dos neognósticos da cibercultura, tão fortemente embriagados pela promessa de um "paraíso" imaterial que deixam sua imaginação correr solta e cedem a artifícios retóricos. Apesar de tudo, os excessos de escrita ou de linguagem sempre existiram. Na literatura, em qualquer época, podem ser encontradas passagens em que se

---

[136] Bruce Mazlish, *The Fourth Discontinuity: The Co-Evolution of Humans and Machines*, Yale University Press, 1993, p. 218. Tomei essa citação de Mark Dery, *Vitesse virtuelle. La cyberculture aujourd'hui*, op. cit., p. 248. Para o resumo do livro, retomei o que foi feito pelo editor de Mazlish.

manifesta uma mesma repulsa pela carne. Na *Náusea*, de Jean-Paul Sartre, o corpo e os líquidos orgânicos que o compõem são descritos com uma repugnância persistente. Esse nojo sartriano pelo corpo "em si" constitui até mesmo a verdadeira diferença entre sua literatura e aquela, contemporânea, de Albert Camus. A sensibilidade mediterrânea deste último, a dimensão solar e sensual de seu *pensamento do midi* são o oposto do neocatarismo hostil à carne viva, presente na obra de Sartre. Para citar um outro autor contemporâneo, os escritos de Emil Cioran (1911-1995) — especialmente *Le Mauvais Démiurge* — também contêm passagens que diabolizam o corpo físico "perecível até a indecência", enfatizam "o horror das secreções" vindas das "entranhas" e estigmatizam a "fisiologia de macabeu".[137]

Poderiam ser encontradas mil outras passagens literárias do mesmo tipo. Elas tenderiam a provar que a repulsa do corpo não é tão nova assim e que essas *difamações* não devem ser tomadas ao pé da letra. No entanto, a diferença é clara: as denigrações pós-modernas citadas mais acima não provêm apenas da literatura; articulam-se em *teorias* construídas e correspondem a verdadeiros programas tecnocientíficos. Em outras palavras, participam de uma visão tecnológica do mundo assumida e alimentam "projetos" muito reais.

A inteligência artificial: forte e fraca

O primeiro diz respeito ao vasto domínio da inteligência artificial (IA). Desde o início, e como no caso da Internet e de seu ancestral ARPA, das forças armadas americanas, as implicações militares desse conceito contribuíram para a aceleração das pesquisas a seu respeito. No final dos anos 1950, tratava-se simplesmente de criar um dispositivo tecnológico e, posteriormente, um centro específico no extremo norte do continente americano, com o fim de decodificar informações fornecidas pelos radares de vigilância. Naturalmente, o objetivo desse programa, batizado de Semi-Automatic Ground Environment (SAGE), era detectar a aproximação de aviões e de mísseis inimigos, neste caso soviéticos. Posteriormente, os aviões de caça americanos foram dotados de meios de detecção de tão

---

[137] Devo a ideia de reler Cioran — e outras observações contidas neste capítulo — a David Le Breton e ao seu livro *L'Adieu au corps*, op. cit., que foi de grande ajuda para mim.

elevado desempenho que a quantidade — e a velocidade — das informações obtidas ultrapassava a capacidade de um cérebro humano. Para tratarem e administrarem essa massa de dados, os pilotos necessariamente tinham de estar conectados a poderosos computadores. Os pilotos tinham de funcionar em simbiose com estes últimos. Isso é ainda mais verdadeiro com os novos caças F-22 e F-35, que hoje são pilotados graças ao auxílio da inteligência artificial.

Com essa necessária simbiose entre o piloto e sua máquina, encontra-se o caso original do cyborg no contexto da aventura espacial. No caso do programa SAGE, trata-se da indústria militar, mas a lógica é a mesma. O paralelismo com o cyborg é revelador, pois a desconfiança em relação ao corpo não está longe. No *Manifesto cyborg*, de Donna Haraway, como já vimos, o repúdio do corporal, a censura que lhe é feita, de ser um instrumento de injustiça e de dominação, afloram quase em todos os lugares. Para Haraway, ao que parece, o corpo biológico não é apenas obsoleto, ele merece nossa desconfiança. O mesmo ocorrerá nas reações suscitadas pelas pesquisas complexas e aprofundadas sobre a inteligência artificial. À medida que estas avançavam, o limite das capacidades corporais (especialmente cerebrais) parecia mais evidente. O tema da *deficiência constitutiva do corpo biológico* será ainda mais reforçado.

Inspiradas nos trabalhos dos grandes precursores Alain Turing, Von Neuman e Norbert Wiener — que foram os inventores do computador —, as pesquisas sobre a IA começaram no verão de 1956, após uma famosa conferência ocorrida no Darthmouth College. Elas foram conduzidas por um punhado de cientistas cujos nomes já pertencem à história das ciências: John McCarthy, Marvin Minsky, Herbert Simon e, na França, Jacques Pitrat. O objetivo desse programa neurocientífico era saber se uma máquina cibernética algum dia seria capaz de "raciocinar", até mesmo de experimentar sentimentos como uma criatura humana. As seis décadas que se seguiram a 1956 tiveram incontáveis controvérsias sobre a viabilidade técnica dessa inteligência. Alguns, qualificados de "vitalistas", acreditavam que a consciência e os sentimentos eram algo específico do ser vivo e que a IA integral seria irrealizável; os outros, qualificados de "materialistas", replicavam que os processos cognitivos e reflexivos podiam, sim, ser integrados a um computador. A revolução teórica induzida pela mecânica quântica parecia abrir o caminho para essa hipotética recriação, e dar razão aos segundos.

Desses duros debates emergiram duas concepções diferentes da IA: uma "fraca", a outra "forte", cada uma delas resultando em aplicações e programas informáticos distintos. Em todo caso, tanto uma como a outra permitiram, a partir dos anos 1970, a produção de máquinas específicas: os videogames, os programas de tradução automática, os drones militares etc. A pergunta central (ela diz respeito sobretudo à IA "forte") gerou uma abundante literatura de ficção científica e diversos filmes produzidos por Hollywood. Essa interrogação pode ser formulada em poucas palavras: as máquinas inteligentes poderiam se tornar, algum dia, *mais inteligentes que os humanos, a ponto de escravizá-los*? A questão ainda está aberta. Ela é debatida em uma grande quantidade de conferências contraditórias, como a que foi organizada em julho de 2009, na Califórnia, pela Association for the Advancement of Artificial Intelligence (AAAI).

Por hipótese, os defensores da IA "forte" são os mais inclinados a julgar com severidade o corpo biológico. De seu ponto de vista, as fronteiras entre o humano e a máquina, o biológico e a cibernética se confundem e até mesmo desaparecem. O apego à concretude do cérebro humano torna-se, pois, mais incerto, mais "obscurantista". "A inteligência é percebida como uma forma etérea que flutua em torno do corpo sem estar ligada a ele, uma espécie de alma acidentalmente enraizada nos neurônios cujo princípio poderia ser isolado não apenas fora do corpo mas também fora do próprio sujeito."[138] Para Alain Turing, o corpo vivo é claramente "supérfluo". Sua única utilidade é a de "fornecer ao espírito algo para se ocupar".

O ser humano em um disquete

Será transposta uma etapa na direção da negação do biológico com o segundo projeto, o de carregamento do cérebro (*uploading*), que certos tecnoprofetas, como Hans Moravec ou Marvin Minsky, consideram como perfeitamente realizável. Se não há mais certeza a respeito do vínculo direto entre as capacidades cognitivas da função cerebral e a realidade fisiológica do cérebro humano, então deve ser possível carregar as informações guardadas pelos neurônios e transferi-las para um suporte informático. Desse modo, seriam "copiados" e conservados não apenas os conhecimentos de

---
[138] David Le Breton, *L'Adieu au corps, op. cit.*, p. 184.

um ser humano, mas também sua memória, suas sensações; em suma, seu espírito. Com isso, a imortalidade estaria ao nosso alcance. O homem por inteiro seria "salvo" e "estocado", assim como os dados informáticos (escrita, sons, imagens) mais complexos. Ele poderia ser duplicado, transferido e reimplantado.

Hans Moravec, como fervente materialista, considera que tudo depende das quantidades de informação (calculadas em octetos) que formos capazes de manipular. Seria necessária a capacidade de tratar dez mil bilhões de operações por segundo. Segundo Moravec, uma dezena de teraoctetos deveria ser suficiente em capacidade de estocagem, pois um teraocteto equivale a mil "gigas", isto é, mil bilhões de octetos. Não há problema de estocagem, portanto. O cenário muda quando se trata da capacidade de tratar essa massa de informações *em um segundo*. Os meios de que dispomos não permitem isso. Os processadores de maior desempenho da Intel são capazes de tratar de cem a duzentos milhões de instruções por segundo. Ainda se está muito longe dos mil bilhões. É verdade que os avanços realizados ao longo dos últimos trinta anos no campo dos microprocessadores foram esplendorosos (eles obedeciam à famosa Lei Gordon Moore e dobravam a cada dezoito meses). Nada impede de pensar que eles ficarão ainda mais rápidos, especialmente graças às nanotecnologias.

Esse otimismo não é compartilhado por todos os especialistas em informática. Alguns deles preveem, pelo contrário, uma inevitável redução na velocidade dos progressos no campo dos microprocessadores. Do mesmo modo, muitos especialistas consideram o *uploading* cerebral como uma profecia delirante. O físico Erich Harth, ex-professor na Universidade de Syracuse, considera, por exemplo, que, para carregar os conhecimentos e a memória de uma vida inteira, seriam necessários instrumentos que estamos longe de possuir e até mesmo de imaginar. As informações em questão dependem estreitamente da organização específica (e evolutiva) de cada cérebro humano.[139] Outros autores objetam que as funções cognitivas do cérebro mobilizam o conjunto do organismo vivo. Como sempre, no entanto, os sonhos resistem aos desmentidos. Isso não afasta alguns racionalistas inveterados, como Hans Moravec, de suas convicções:

---

[139] Erich Harth, *The Creative Loop: How the Brain Makes a Mind*, Perseus Books, 1995. Uma síntese das objeções de Harth ao carregamento cerebral pode ser lida no seguinte site: http://www.2think.org/harth.shtml

o *uploading* da consciência humana será realizável em médio prazo. O mesmo ponto de vista é compartilhado por Ray Kurzweil, arauto da *singularidade*: para ele, o carregamento do cérebro poderá ser realizável nos próximos trinta anos.

Os criativos e os sonhadores, por sua vez, não esperaram o resultado dessas disputas científicas. Uma abundante literatura profética, uma série de filmes e até mesmo videogames vendidos no comércio ou disponíveis on-line foram elaborados a partir dessa crença. Eles enriqueceram o imaginário da cibercultura e reforçaram a rejeição pudica do corpo natural, com seu sangue, órgãos úmidos e sua deplorável finitude. O *uploading* é o tema central de *Permutation City*, romance de um jovem autor australiano, Greg Egan.[140] Ele também está presente no romance *Accelerando*, do escritor britânico Charles Stross, especializado em terror e ficção científica.

Muitos filmes exploram essa mesma temática da manipulação, do apagamento ou da transferência de informações (a memória) contidas no cérebro. Citemos o filme *Brilho eterno de uma mente sem lembranças*, dirigido em 2004 por Michel Gondry, com Kate Winslet e Jim Carey, ou ainda a trilogia dos *Matrix* realizada pelos irmãos Wachowski. Mais recentemente, *Avatar*, o longa-metragem de grande sucesso de James Cameron, com Sam Worthington e Sigourney Weaver (2010), provém do mesmo imaginário. Em todos esses filmes, o "desempenho" do corpo vivo parece terrivelmente limitado.

Uma gravidez protegida das "entranhas"

A terceira dessas utopias já foi objeto de fortes polêmicas. Ela via a criação de um útero artificial capaz de abrigar o embrião e de garantir seu desenvolvimento com toda a segurança, poupando a genitora do fardo da gravidez. Esse projeto é mais antigo do que se pensa. Seu aparecimento é muito anterior ao da cibercultura. A palavra que o designa, *ectogênese*, foi utilizada, pela primeira vez em 1923, pelo geneticista britânico John B. S. Haldane (1892-1954). O seu primeiro livro, *Deadalus, or Science and the Future*, publicado em 1924, imaginava a concepção e o nascimento de uma criança fora do corpo materno. Ele obteve uma grande repercussão e foi reeditado várias vezes. É preciso dizer que os anos 1920 coincidiram com o apogeu do

---

[140] Disponível em francês pela Éditions Robert Laffont e pela Livre de Poche, 1999.

credo eugenista, então aprovado pelo conjunto da comunidade científica, tanto nos Estados Unidos como na Europa. O voto das primeiras leis eugenistas em Indiana remonta a 1907.[141] Ora, o autor do *Deadalus* é considerado um dos fundadores da genética das populações. Conhecedor do assunto, ele encontrou seu público. A ideia será retomada oito anos depois (1932) pelo amigo mais próximo de Aldane, que é ninguém menos que Aldous Huxley, autor de *Admirável mundo novo*.

Depois disso, a tecnoprofecia seguiu seu próprio caminho. Ela se beneficiou, a partir dos anos 1980, dos incríveis avanços da procriação medicamente assistida (PMA). Algumas experiências recentes, realizadas no Japão e nos Estados Unidos, tendem a mostrar que o projeto é realizável, apesar de ainda estarmos longe de chegar a esse ponto. São citadas as pesquisas aplicadas do professor Yoshinori Kuwabara, da Universidade de Juntendon, realizadas em 1992. Outras são mais recentes. "Em 2002", conforme a ensaísta Peggy Sastre, "a Dra. Helen Hung-Ching Liu, da Universidade de Cornell, conseguiu implantar embriões em um tecido uterino criado *in vitro*. A parede desse útero, um copolímero de condroitina e colágeno, foi revestida com células das glândulas e do estroma (tecido conjuntivo), retiradas do útero de uma mulher e cultivadas *in vitro*. O embrião se desenvolveu normalmente durante uma semana, aderindo progressivamente ao epitélio."[142]

Como os dois precedentes, esse projeto midiatizado ao extremo teve consequências culturais importantes. As feministas americanas se apoderaram dele. Vários autores dos *gender studies* veem nele um passo a mais rumo a uma liberação completa e tangível das mulheres, sempre penalizadas — inclusive no mundo do trabalho — pelas restrições impostas pela maternidade.

Esse entusiasmo não é compartilhado por todas as pessoas. Muitos psiquiatras infantis e psicanalistas se dizem preocupados com a exogênese. Em sua opinião, ela romperia os vínculos estreitos e vitais que unem *in utero* um embrião à sua mãe. Esses vínculos não verbalizados e essas trocas endócrinas contribuem, antes do parto, para a construção do embrião enquanto pessoa. De que construção se beneficiaria um feto desenvolvido em uma proveta? Na França, uma autora como Catherine Dolto, especialista em haptonomia (ciência da afetividade), insurge-se contra a técnica em nome dessa ausência. Trataremos de suas análises mais adiante.

---

[141] Esbocei uma história do eugenismo em *Le Principe d'humanité*, op. cit.
[142] Peggy Sastre, *Ex utero. Pour en finir avec le féminisme*, La Musardine, 2008, p. 135.

Algumas feministas francesas declararam-se favoráveis à ectogênese, sem, contudo, compartilhar a impetuosidade das americanas. Marcela Iacub, por exemplo, vê nisso um meio para escapar do que ela chama de "nascimento sacrificial". A fórmula — provocadora — servia de título para um artigo publicado em 29 de março de 2005 no diário *Libération*. Na verdade, esse artigo é principalmente uma reflexão sobre o livro publicado naquele ano por Henri Atlan.[143] Este biólogo e filósofo franco-israelense se mostra favorável ao projeto de útero artificial, mesmo observando que ele não será viável antes de várias décadas. Além disso, acrescenta Atlan, nossas sociedades não estão suficientemente maduras — antropológica e moralmente — para fazer um uso razoável dessa técnica. Marcela Iacub usa as observações de Atlan como pretexto para insistir no peso das representações sociais que fizeram da gravidez uma sujeição — heterossexual e normatizada — visando às mulheres. Ela extrai disso um argumento para defender as mães de aluguel ou a homoparentalidade, seus temas prediletos. "Esse papel na reprodução foi atribuído às mulheres", diz ela, "não tanto por causa da gravidez mas sim das decisões políticas precisas que modelaram nossa modernidade familiar."

Em compensação, ela acrescenta de modo significativo, ainda que ironicamente e de passagem: "No fim das contas, se nesse meio-tempo descobrirmos um procedimento para nos tornarmos imortais, a questão da reprodução não será mais colocada nos mesmos termos, pois o planeta correria o risco de ser terrivelmente sobrepovoado." A última observação não é fantasiosa. Com efeito, a perspectiva da ectogênese coincide com o aparecimento de um movimento de opinião que ganhou uma certa amplitude nos últimos anos, especialmente nos Estados Unidos e no Canadá. Nascido nos anos 1980 e batizado de *Childfree*, esse movimento reivindica o "direito" de não ter filhos, e seus adeptos apregoam uma "esterilidade feliz". Nos Estados Unidos foram publicados livros sobre os *Childfree*, e pesquisas universitárias foram feitas com eles, especialmente na Universidade do Texas. Os slogans *Childfree* às vezes são ostensivamente provocadores: "As crianças", pode-se ler em blogues especializados, "são um substituto patético para aqueles que não podem ter animais." Outros adeptos vão ainda mais longe e não se contentam em invocar o argumento (clássico) da superpopulação: "As crianças", dizem eles, "são um ninho de bactérias. Elas estão sempre doentes e contaminam todo mundo."[144]

---

[143] Henri Atlan, *L'Utérus artificiel*, Seuil, 2005.
[144] Citado por Peggy Sastre, *Ex utero. Pour en finir avec le féminisme*, op. cit., p. 54.

Com isso, chega-se novamente à negação do corpo humano, até mesmo ao nojo que ele suscita nos extremistas da cibercultura.

> **A recusa de procriar**
>
> "Estima-se em cerca de 20% o número de mulheres que, no mundo ocidental, alcançam a menopausa sem terem se reproduzido. Recentemente, as porcentagens atingiram 45% nas alemãs com curso superior, 14% nas italianas e espanholas, um pouco mais de 10% nas vizinhas francesas, que ainda são as mais prolíficas da Europa junto com as irlandesas. De acordo com uma pesquisa de 2002 do centro de controle americano de doenças (Fertility, Family Planning and Reproductive Health), a escolha de não ter filhos torna-se uma opção cada vez mais popular. Das 61,6 milhões de mulheres com idades entre 15 e 44 anos, 6,2% voluntariamente não tinham filhos, contra 4,9% em 1982. As mulheres sem filhos planejando reproduzir-se antes da menopausa eram 13% em 2002 contra 25% em 1995. De acordo com o censo federal, 42,2% das mulheres americanas são nulíparas. O número de casais sem filhos superaria o limite de 50 % até 2010. Evidentemente, na França, onde as pessoas se vangloriam de bater a cada ano os recordes europeus de fecundidade, isso ainda não aconteceu."
>
> Peggy Sastre, *Ex utero. Pour en finir avec le féminisme*, op. cit., p. 60

Mais uma vez, a recusa de procriação constitui uma perturbadora analogia entre esses movimentos nascidos da *supermodernidade* e as correntes gnósticas dos primeiros séculos. Desta vez, a analogia é mais precisa. Para os gnósticos, a procriação tinha de ser interrompida para interromper a "cascata das gerações" e, desse modo, acelerar a chegada do fim do mundo. Certas correntes cristãs próximas da Gnose — os *encratistas* — diziam-se hostis, eles também, à reprodução humana. Considerados como heréticos, tornaram-se numerosos e influentes nos séculos IV e V, a tal ponto que o imperador (cristão) Teodósio promulgou, em 382, três decretos de proibição contra eles. Voltaremos ao assunto mais adiante.

Com a Gnose, a visão herética favoreceu o aparecimento, dentro do cristianismo medieval, de várias heresias particularmente pudicas: valdenses, bogomilos e albigenses, isto é, cátaros. Estes últimos compartilhavam o projeto de interrupção da espécie proveniente dos encratistas. Eles não se opunham ao coito enquanto tal, mas sim à reprodução. O casamento era para eles um estado de pecado permanente. Por causa disso, recaíu sobre eles a suspeita

— como no caso dos templários — não de homossexualidade (a palavra foi inventada apenas no século XIX), mas sim de sodomia. Durante as cruzadas contra os albigenses, entre 1208 e 1249, sofreram as perseguições que conhecemos. O crime de sodomia fazia parte das acusações dirigidas contra eles.

Os tecnoprofetas e os jovens *digital natives* apaixonados pela cibercultura certamente não ficarão satisfeitos ao terem sua apetência pelo virtual aproximada do rigorismo sectário desses longínquos "ancestrais". Eles possuem a convicção de encarnar a ruptura com o velho mundo, a marcha para a frente, o progressismo. Isso será imputado a uma astúcia da História. Em termos de crença e de visão do mundo, o tempo não é tão linear quanto Hegel julgava. Ele conhece sinuosidades, curvas, ciclos, dobraduras e recobrimentos. O arcaísmo, em suma, nem sempre é aquilo que se pensa.

Meu corpo pertence a mim

Se a reflexão for ampliada, o adjetivo *pudico* aqui empregado abarca, é verdade, uma realidade mais complexa. As profecias tecnológicas não são as únicas em causa. A modernidade em seu conjunto transformou as relações que mantemos com o corpo. Ao fazer isso, ela diversificou ao infinito as formas que a "pudicícia" pode assumir. Algumas delas não são vividas como tais e merecem ser denunciadas. Elas geram hábitos, modos, práticas que o "pensamento do fluxo", isto é, as mídias, tendem a celebrar, às vezes de modo imprudente. O grande mérito do sociólogo David Le Breton é o de ter, livro a livro, procurado decifrar as mil e uma maneiras que manifestam o que ele chama de nosso adeus ao corpo, isto é, uma espiritualização do humano. Ele interpreta certas práticas como o fisiculturismo, o jogging, os esportes extremos, o piercing ou a cirurgia estética como diversas tentativas de recuperar a sensação carnal em perdição. Ao fazer isso, Le Breton tentava resolver uma parte do enigma contemporâneo que pode ser formulado do seguinte modo: como uma sociedade moderna que pratica continuamente um elogio do corpo, da beleza, da juventude, pode ao mesmo tempo favorecer — e sem dar-se conta disso — a denigração da natureza física dos humanos?

Partamos de uma constatação elementar. No cotidiano, fazemos cada vez menos uso de nosso corpo, ao menos nas sociedades industrializadas. As máquinas nos livram do esforço físico; nossos deslocamentos não são mais feitos a pé; nossos trabalhos (salvo algumas exceções) não requerem mais o recurso à força muscular; as atividades terciárias, atualmente predominantes, mobilizam mais a inteligência que os músculos. Ninguém pensa em lamentar a conquista que consistiu em reduzir o esforço físico e em liberar nossas vidas dos sofrimentos infligidos por este último durante milênios. Ninguém deplora que pouco a pouco se tenham erradicado — sobretudo a partir dos séculos XVIII e XIX — de nossas cidades e de nossas casas as emanações nauseabundas, os fedores e os miasmas orgânicos que constituíam algo ordinário nos séculos anteriores. A vontade de se afastar da animalidade conduziu, entre nossos cinco sentidos, a atrofiar o olfato (o menos nobre dos sentidos) sob a desculpa de nos proteger. Inicialmente, essa revolução higienista beneficiou os mais afortunados, deixando de lado o povo miúdo. Depois, ao se generalizar no século XX, ela foi tão completa que nossa sensibilidade olfativa mudou coletivamente. Certos odores, ainda ontem considerados normais, hoje nos causam repulsa.

Isso contribuiu para afastar nosso imaginário das "repugnantes" realidades corporais. Tudo ocorreu como se estas últimas se desprendessem de nós. O relegamento do corpo, que atualmente gera novas formas de pudicícia, é o resultado final de um longo processo cultural. Muito antes da cibercultura, de geração em geração, fomos nos distanciando da carne em geral. A prova disso é que muitas patologias contemporâneas — obesidade, doenças cardiovasculares, alergias, câncer — aparecem como consequências de um subemprego do corpo. Outrora embrutecedor, o esforço físico é atualmente pouquíssimo praticado. De obrigação ancestral ligada à sobrevivência alimentar, a atividade física tornou-se — em nossos países privilegiados — uma prescrição médica. De um ponto de vista simbólico, a permuta equivale a um extraordinário cavalo de pau.

Não é apenas isso. É preciso acrescentar que a própria construção social do corpo se metamorfoseou ao longo dos últimos séculos. Quando os autores dos *gender studies* insistem no fato de que as categorias sexuais são socialmente construídas, eles não estão errados. Deveriam acrescentar que o próprio corpo era, em boa parte, produto de uma construção social e política. Historiadores e sociólogos estudaram o modo pelo qual a gestualidade, a manutenção corporal e até mesmo o ritmo da respiração podiam variar em função das diferentes culturas. As melhores escolas de línguas levam isso em consideração e ensinam seus alunos a gestualidade que corresponde a uma determinada língua antes mesmo de lhes ensinar o vocabulário. O antropólogo Marcel Mauss mostrou de que modo, nas sociedades tradicionais, "cada movimento, cada gesto, certamente permitido pela configuração biológica do homem, é realizado apenas com a mediação, a modelagem da sociedade à qual o indivíduo pertence".[145]

Isso significa que o corpo de cada um comportava uma dimensão coletiva. O corpo nos vinculava ao grupo, à comunidade. O modo de habitá-lo e de movê-lo era parcialmente ditado pelos costumes sociais. A partir do Renascimento, e com a prevalência progressiva do individualismo, esse vínculo coletivo foi desfeito. O corpo não nos ligava mais aos outros, ele nos distinguia deles. O corpo, em suma, tornava-se a plena "propriedade" daquele que o encarnava. Meu corpo pertence a mim! Ninguém imaginaria pensar diferente hoje. Se ele pertence a mim propriamente, ele define minha identidade. Caberá apenas a mim fazer bom uso e tirar o melhor proveito dele. O corpo é percebido como um patrimônio pessoal, um capital. Não haverá surpresa quando o vocabulário da economia passar a ser utilizado para descrever a nova relação que cada um mantém com seu próprio corpo. Fala-se em "capital-saúde", em "capital-beleza", em "recursos musculares" etc.

Essa interpretação identitária do corpo incita o indivíduo a incessantes comparações. Como meu corpo é o primeiro marcador, a vitrine de minha intimidade, então minha obsessão será a de torná-lo melhor do que os outros. Cabe a mim, e somente a mim, construí-lo segundo a minha vontade. Em outras palavras, o corpo também entrou para o grande mercado moderno, tanto para o bem como para o mal. Dispor de seu próprio corpo é uma liberdade perfeitamente legítima, mas a preocupação obsessiva em torná-lo competitivo pode fazer com que todas as instrumentalizações imagináveis sejam aceitas: venda de órgãos, aluguel do útero, mercantilização do sexo etc. Pense-se nos intermináveis debates sobre a prostituição voluntária, a gravidez por encomenda de outrem ou a apropriação comercial de fragmentos do genoma. Outrora, o proletário vendia sua força de trabalho, isto é, uma dimensão única de seu corpo. Hoje, como veremos mais adiante, é a *inteireza do mesmo corpo que assume o seu lugar no mercado.*

---

[145] Comunicação apresentada por Marcel Mauss à *Société de psychologie* em 17 de maio de 1934. Citado por Christine Détrez, *La Construction sociale du corps, op. cit.*, p. 76.

O novo modelo: uma imagem digitalizada do corpo

Objetar-se-á que essas considerações nos afastam da pudicícia. Isso não é verdade. A apropriação individual e identitária do corpo, sua designação em termos de capital ou de patrimônio incitam cada um a aceitar sacrifícios físicos, obrigações obsessivas, mortificações que não devem muito às proibições puritanas de outrora. Com efeito, o corpo físico adulado pelo discurso moderno não é qualquer um: é um corpo jovem, sem defeitos, capaz de realizar proezas, sedutor, que está de acordo com os padrões de beleza de uma época e de uma sociedade determinada. A construção dessa maravilha torna-se *o* projeto individual mais compartilhado. Ele conduz a uma série de injunções, não tão moralizantes como no passado, mas tão severas quanto os mandamentos da velha moral. Não é mais conveniente ser corpulento, é horrível envelhecer, odioso ter bolsas sob os olhos ou rugas no pescoço, é humilhante não funcionar perfeitamente, especialmente no plano amoroso.[146] Em suma, assim como se fala hoje em dia no mundo do trabalho em "empregabilidade" de um desempregado, pode-se acrescentar que o corpo de cada um deve satisfazer critérios de "aceitabilidade".

As feministas foram as primeiras a se preocupar com essas formas inéditas de normatização. Elas fizeram isso de um modo ainda mais insistente depois que a digitalização do mundo *aumentou muito a força dessas pressões*, e de um modo ainda mais perigoso por ser sub-reptício, para não dizer oculto. Quanto evocamos há pouco os padrões de beleza de uma época aos quais deveríamos obedecer, não precisamos qual era a natureza desses padrões. Os estereótipos da beleza ideal propostos pelas revistas aos seus leitores ou leitoras referem-se a exemplos vivos? Eles apresentam uma determinada atriz de cinema, uma modelo, um sedutor famoso? Não é mais tão simples assim.

O retoque sistemático de uma fotografia, tornado banal pelos programas de edição de imagens, a construção de figuras femininas ideais, que logo serão oferecidas à avidez mimética do público: tudo isso conduz a uma espécie de loucura coletiva. Os modelos sociais a serem imitados não são mais corpos verdadeiros, mas sim criações digitais. Somos assim chamados a nos parecer com algo que não existe! O virtual triunfa sobre o real. Isso não importa, pois o recurso à cirurgia estética permitirá que se chegue perto

---

[146] Desenvolvi esse paralelo em *La Tyrannie du plaisir*, Seuil, 1998 [*A Tirania do Prazer*, Bertrand Brasil, 1999] e "Points Essais", nº 588.

dessa perfeição imaginária! Essa atitude corresponde bem à visão transumanista. "O esboço inábil que é o corpo esperava apenas o milagre da ciência para ser por fim refeito e se oferecer como um ideal técnico."[147] De fato, sabe-se agora que muitos cirurgiões plásticos usam programas específicos da área como referência. O "verdadeiro" corpo é julgado como demasiadamente imperfeito, como não suficientemente belo. E a injunção é mais urgente do que se pensa. Se for preciso, ela usa uma arma tão antiga quanto a humanidade: a culpa. Aquele que não se adequar a esse modelo cometerá um tipo de pecado contra si mesmo. Ele não estará longe de desperdiçar estupidamente a sua própria vida.

> ### O corpo mimado e tiranizado
>
> "Nunca o corpo humano foi tão *mimado* como hoje em dia. Seja no consumo, no lazer, no espetáculo, na propaganda, o corpo se tornou um objeto de tratamento, de manipulação e de encenação. Para o corpo convergem numerosos interesses sociais e econômicos, assim como no corpo se acumula toda uma série de práticas e de discursos.
>
> Mas, por fim, de que corpo se trata? Na verdade, o objeto "corpo" dos discursos socioculturais contemporâneos é, cada vez mais, um *fetiche* e uma *abstração*: um corpo que vale tanto não possui cheiro, salvo o de um perfume que está na moda, nem medidas, salvo aquelas controladas pela ginástica e pelos regimes alimentares; um corpo sobre o qual só se fala quando ele manifesta desejos e necessidades aceitos e codificados pela sociedade. Um corpo, por fim, que não coincide com nosso corpo real, pois ele é mais um corpo idealizado e perfeito, capaz de comunicar os valores da sociedade contemporânea, assim como homogeneizar os gostos, as preferências e os comportamentos dos indivíduos.
>
> [Certamente] as normas culturais se inscrevem desde sempre no corpo, o fato novo reside, hoje, na amplitude do fenômeno e no reforço dos critérios estéticos e éticos de *controle* aplicados ao corpo. Embora toda sociedade apresente um *ideal* do corpo, espelho no qual cada um procura se reconhecer, lamentando sempre não se parecer com ele o suficiente, a nossa sociedade se caracteriza por um ideal totalmente *asséptico e abstrato*."
>
> Michela Marzano, *Penser le corps*, Paris, PUF, 2002, p. 13-14.

A ensaísta americana Naomi Wolf, considerada como representante da terceira onda do feminismo (ela nasceu em 1962), estudou, desde o final

---
[147] David Le Breton, *L'Adieu au corps, op. cit.*, p. 126.

dos anos 1980, as consequências pouco conhecidas dessa nova tirania da intimidade. Um de seus livros, *O Mito da Beleza*, obteve um grande sucesso e a tornou famosa.[148] Ao pesquisar, em 1988, a organização do concurso de beleza Miss América, ela descobriu que cinco candidatas haviam sido fisicamente "reconstruídas" por um único e mesmo cirurgião plástico. Desse modo, um objetivo de beleza inatingível (por ser fictício) é, pois, apresentado às mulheres pelo discurso midiático. De acordo com a feminista canadense Louise H. Forsyth, "são apresentadas a cada dia nas mídias que nos cercam *mais de três mil imagens da beleza estereotipada*".[149] A maioria delas é "melhorada" por programas de edição de imagens, isto é, elas são fictícias. A pressão cotidiana, portanto, é muito forte. Condena as mulheres a sentir permanentemente uma sensação de fracasso, de imperfeição. Ela as acostuma a viver desde a infância desaprovando a si mesmas. A autora também indica em seu livro o aumento constante do número de vítimas de anorexia, tentativa desesperada para escapar de seu corpo, tornando-se controladora de seus apetites, no sentido primeiro do termo.

Essa frustração cria uma falta que promete ser remediada, de um outro modo, pela indústria de cosméticos, de cremes antirrugas, de aparelhos de musculação etc. Em suma, o *mito da beleza* analisado por Naomi Wolf não está apenas a serviço da sociedade masculina e patriarcal que exige mulheres sedutoras, heterossexuais e disponíveis; ele também é o instrumento de uma dominação particular: a das multinacionais. Uma boa parte da imprensa feminina serve — inocentemente ou não — aos interesses destas últimas. Compra-se não a beleza, mas uma promessa de beleza. Veremos que esse não é, longe disso, o único procedimento de mercantilização do "velho" corpo humano.

Saúde perfeita: a promessa e o pecado

Em primeiro lugar, seria errôneo imaginar que a intimação a se adequar a uma beleza imaginária se dirige apenas às mulheres. Os homens também são submetidos a essa pressão difusa. Não se está aqui fazendo referência apenas à extensão progressiva ao sexo masculino dos hábitos cosmetológicos, até

---

[148] Naomi Wolf, *The Beauty Myth. How Images of Beauty Are Used against Women*, Vintage, 1991.
[149] Louise H. Forsyth, "Pour la reprise du corps des femmes et des filles", *Études féministes*, n° 3, janeiro-julho de 2003.

mesmo cirúrgicos. Admite-se perfeitamente hoje que os homens — ao menos aqueles que possuem meios para tanto — frequentem salões de beleza, tinjam cabelos e sobrancelhas, ou até mesmo reconstruam seus rostos, quando não uma "melhoria" de seus pênis. Essas tendências se inscrevem em uma lógica geral do *unissexo*, que não necessariamente é criticável.

A verdadeira novidade se situa em outro terreno. Pensamos aqui na paixão pelo fisiculturismo, pelo *body-building* ou pela prática de esportes radicais. Em todos esses casos, trata-se de recuperar e de remodelar seu corpo em nome de um projeto, para não dizer de uma utopia. Espera-se, em primeiro lugar, reconquistar — de um modo até mesmo caricatural — uma masculinidade ameaçada pela feminização geral das sociedades modernas. A esse título, a atitude é puramente reativa. Mas não é apenas isso. Ela significa que o mental afirma seu controle sobre o biológico, que o espírito toma literalmente o corpo para moldá-lo de acordo com sua vontade. Esse voluntarismo retoma uma visão dualista do corpo e da alma. Ele evita limitar-se ao corpo "natural" e aceita realizar grandes esforços cotidianos para atingir uma aparência física meticulosamente definida e codificada. O corpo deve estar permanentemente sob controle. A vida viva é enjaulada.

Muitos autores, de Jean Baudrillard a Georges Vigarello, passando pela historiadora Michèle Perrot, analisaram a ambiguidade dessa normatização não mais sofrida, mas sim reivindicada. Seus trabalhos demonstram que a preocupação com a aparência não satisfaz mais os artifícios vestimentários tradicionais (as luvas, o espartilho, o chapéu etc.). As restrições devem ser interiorizadas não em nome do verdadeiro corpo, mas sim de um *imaginário* do corpo. Preocupados com o estado de nosso "patrimônio físico", expostos ao olhar dos outros, solicitados por modelos corporais oferecidos pela mídia, frequentemente mantemos com nosso físico relações de ansiedade em que se misturam a raiva e o amor.

Michel Foucault também analisou essa autorrestrição difusa, cujo primeiro efeito era o de substituir as antigas proibições por novas injunções tão imperativas quanto as antigas. Trocou-se uma transcendência por outra. Por sua vez, Georges Vigarello raciocina do seguinte modo: "O fracasso das transcendências políticas, morais, religiosas reforça essa importância da consciência corporal: é melhor colocar-se à prova, aumentar o registro das sensibilidades, não envelhecer."[150] Esse autor acrescenta que a hipertecno-

---

[150] Georges Vigarello, *Le Sain et le Malsain*, Seuil, 1993, p. 104.

logia intervém para fazer com que recuem cada vez mais os limites dessa remodelagem física e, com isso, dos desempenhos esportivos atingíveis.

A história do esporte moderno pode ser relida à luz dessa impossível fantasia. As obras que tratam da sociologia do esporte evocam o poder crescente da tecnologia, da farmacologia e dos diversos dopantes que ajudam a superar o biológico. O esporte é o espelho ampliador da tecnicização geral das relações ambíguas que passamos a manter com nosso corpo. "A técnica", diz ainda Georges Vigarello, "impõe seu universo ao conjunto das práticas físicas."[151] O esporte ilustra isso. No limite, ele impõe a cada um uma reconstrução farmacológica e maquinal de si mesmo. Dos maiôs para os nadadores aos tênis dos corredores de cem metros, do regime alimentar calculado às roupas feitas com fibras especiais, nada é mais tecnologicamente instrumentalizado que a hipertrofia do esportista. Não se está tão longe assim do cyborg.

Aliás, cita-se como um símbolo desse comportamento o caso extremo do atleta sul-africano Oscar Pistorius. Com as duas pernas amputadas acima dos joelhos, ele foi dotado de pernas mecânicas de fibra de carbono. Isso permitiu que ele corresse os quatrocentos metros em quarenta e seis segundos e trinta e quatro centésimos e que ganhasse uma medalha de ouro nos Jogos Paraolímpicos de Atenas, em 2004. Nos Jogos Olímpicos de Pequim, em 2008, o comitê olímpico impediu sua participação argumentando que suas próteses lhe proporcionavam uma vantagem em relação aos outros atletas. Em outras palavras, considerou-se que ele não era mais um humano comum, e sim um cyborg. Tecnicizado, obcecado por algo que está além do desempenho humano e do espetáculo, o esporte é integrado na grande competição mercantil. Ele se torna o arquétipo do princípio concorrencial e é estreitamente submetido à lógica do mercado. "A competição é o ponto comum entre o esporte e a empresa, com os resultados humanos de desportistas devendo estar à altura da curva de produtividade do trabalho."[152]

Entretanto, nem o mito da beleza denunciado por Naomi Wolf nem o imperativo de desempenho são as únicas pressões pudicas que atormentam o indivíduo contemporâneo. A perfeição corporal — inacessível — erigida em fantasia coletiva anda lado a lado com outra obsessão: a da saúde perfeita.

---

[151] *Ibid.*, p. 61.
[152] Bernard Andrieu, *Les Plaisirs de la chair. Une philosophie politique du corps*, Le Temps des Cerises, 1998, p. 157.

O sociólogo francês Lucien Sfez foi o primeiro — ao menos na França — a denunciar esse mito insidiosamente culpabilizador. Por si só, o título de seu livro, publicado em 1995 na Seuil, resumia seu argumento: *A Saúde Perfeita. Crítica de uma nova utopia*. Ele já explicava que, em relação ao corpo e à saúde, as instâncias normativas não eram mais as Igrejas ou as morais tradicionais, mas os especialistas em biotecnologia, o corpo médico e os pesquisadores em geral. Os mandamentos que emanam dessas novas "religiões" já transformaram nossa concepção da saúde. Ela não é mais definida como "a vida no silêncio dos órgãos", para retomar a conhecida fórmula do cirurgião René Leriche (1937), mas aparece como um ideal que cada um deve ter esperança de atingir, com temor e tremor. Sfez reatualizou uma intuição mais antiga do grande filósofo das ciências (e da medicina) Georges Canguilhem (1904-1995). Em sua tese de medicina, defendida em 1943 e intitulada *Essai sur quelques problèmes concernant le normal et le pathologique*, ele observava com uma clarividência inquieta: "A saúde, considerada absolutamente, é um conceito normativo que define um tipo ideal de estrutura e de comportamento orgânicos."[153]

O adjetivo *normativo* é mais atual que nunca. A saúde se tornou — também — um espaço político no qual a dominação é exercida. Ao definir novas patologias como o estresse, a *ansiedade* ou o *burn out*; quando medicalizados os desconfortos e sofrimentos da vida (e sobretudo do trabalho), são conduzidos para o terreno médico protestos que dependeriam das relações sociais e políticas. O sofrimento individual torna-se uma simples patologia. Fortalece-se, desse modo, o "biopoder" evidenciado por Michel Foucault. Ele marca o surgimento daquilo que às vezes é chamado de Estado terapêutico. A dominação fica ainda mais poderosa. Novas proibições são instituídas ano a ano: o fumo, o açúcar, o álcool, os alimentos gordurosos etc. Midiatizadas ao extremo, elas acabam por gerar uma sensação de angústia e de culpa, até mesmo em sociedades que dispõem de excelentes sistemas de saúde. Essas proibições certamente são justificadas em termos de saúde pública, o que não impede que sua multiplicação crie um clima de coibições e de tormentos.

Comportamentos difundidos, como a escarificação, o piercing, a *body art*, a tatuagem, o uso de drogas ou a prática de esportes radicais, podem ser interpretados como formas inéditas de protesto contra o biopoder em geral

---

[153] Uma versão reduzida dessa tese foi publicada sob a forma de livro, reeditado diversas vezes. Georges Canguilhem, *Le Normal et le Pathologique*, PUF, 1966, p. 86.

e contra a normatização em particular. Desse modo, artistas como a francesa Gina Pane (1935-1990) produziam cortes em seus ombros; outros, como o austríaco Otto Muehl, fundador do *acionismo vienense*, untavam o corpo de seus modelos com lama ou, a exemplo da sérvia Marina Abramovic, atravessavam seus dedos com tesouras e faziam com que seus corpos quase congelassem. Citemos ainda Chris Burden, que ficou famoso em 1971 por ter perfurado o braço, diante de uma câmera, com uma bala disparada por seu assistente a menos de cinco metros de distância. O temor difuso do menor risco é respondido com uma busca obsessiva por este último, como ocorria com as transgressões orgíacas de outrora (carnaval, sabá etc.), que respondiam ao peso sufocante do moralismo religioso. Essa é a tese de Patrick Baudry, que fez uma pesquisa sobre essa questão.[154] Hoje, as mortificações mais difundidas podem expressar, através de uma transgressão ostentatória, uma forma de solidão, até mesmo de abandono. (Ver quadro.)

Piercings, tatuagens e desvinculação

Em contato permanente com os sem domicílio fixo e com os excluídos, o doutor Xavier Emmanuelli fez uma outra interpretação, mais pessimista, dos "sinais físicos" que ele encontra sempre em seu caminho.

"Às vezes é no corpo, na superfície oferecida aos olhares, que o ser exprime sua infelicidade íntima. Os homens antigos provavelmente eram todos tatuados, mas as tatuagens atuais assumiram outra dimensão. Algumas delas são decorativas, estéticas, esotéricas, tal como podem ser vistas nas histórias em quadrinhos, muitas são de pertencimento; mas podem ser observadas outras, novas, que se parecem com as figuras que podem ser encontradas nos muros de nossas cidades e em locais decadentes. [...] Não se trata mais aqui de rituais de pertencimento, mas, pelo contrário, de ornamentos de desvinculação e de sofrimento de grupo, e o corpo, a exemplo dos muros, torna-se testemunha de uma expressão anômica, de uma espécie de garrancho que não pode mais ser linguagem, mas sim abandono".

Xavier Emmanuelli, *Au seuil de l'éternité*, Albin Michel, 2010, p. 172.

Geralmente, exceto nesses casos de abandono voluntário, o antigo temor do pecado sempre está presente. Ele apenas mudou de natureza à medida

---

[154] Patrick Baudry, *Le Corps extrême. Approche sociologique des conduites à risque*, L'Harmattan, 1991.

que uma promessa substituía a outra: *não mais a vida eterna, mas sim a saúde perfeita* (mesmo ambas sendo problemáticas). O novo pecado consiste em desviar-se, mesmo que pouco, dessa promessa escatológica. O medo da falta e da condenação se espalha. Para responder-lhe, a graça disponível não é mais de ordem espiritual, mas farmacêutica. O aumento desmedido do consumo de tranquilizantes, neurolépticos, psicotrópicos ou ansiolíticos nas sociedades desenvolvidas é uma evidência disso. Em 2003, cerca de quinze milhões de caixas de Stilnox (sonífero), onze milhões e meio de Deroxat (antidepressivo) e mais de oito milhões e meio de Temesta (ansiolítico) foram vendidas na França.[155]

A saúde, de passagem, é engolida desse modo pela sociedade mercantil.

O corpo em leilão

A captura do corpo pelo mercado pode ir muito mais longe. Céline Lafontaine, a socióloga canadense já citada quando tratamos da cibernética, conduz atualmente, na Universidade de Montreal, pesquisas sobre a mercantilização do vivente. Em sua opinião, as tecnociências a serviço da bioeconomia aceleraram os processos, modificando nossa abordagem do vivente. O corpo físico não é mais apenas denegrido, desconsiderado, ele também é reduzido à categoria de "coisa", em que cada um dos componentes pode ser objeto de um cálculo especulativo. Baseando-se nos trabalhos mais recentes — sobretudo anglo-saxões — de bioeconomia, ela chama a atenção para o aparecimento de conceitos como *biovalue* ou *biocapital*, que demonstram por si sós a mudança de perspectiva.

Depois do sangue humano, hoje são as células, os tecidos ou os gametas que são objeto de uma competição mercantil. Ela se dá sob o disfarce de uma "economia do dom", por definição incriticável, mas tão regularmente contornada que aparece frequentemente como um simples anteparo retórico. Os termos comumente empregados dizem por si a verdadeira natureza do fenômeno: penúria de órgãos, banco de sangue ou de tecidos, estoques disponíveis etc. Na verdade, o conjunto do processo vital é um caminho de comercialização sistemática. A doação de órgãos será inevitavelmente sucedida por uma venda de órgãos; o empréstimo do útero será substituído pelo aluguel deste etc. No que diz respeito à patenteação do vivente, sua extensão já é questionável.

---

[155] *Le Monde*, 6 de setembro de 2004.

A evolução tornou-se ainda mais irrefreável depois que o aparecimento de uma medicina preditiva e regenerativa aumentou ainda mais o nível da "promessa" biomédica. Esta não se limita mais à saúde perfeita, ela agora abarca o próprio envelhecimento, a duração da vida, até mesmo a imortalidade. No que diz respeito a esta última, sua "promessa" já é objeto de uma especulação muito rentável por meio da criogenização (congelamento específico) do corpo humano, procedimento oferecido por algumas empresas. Na Alcor, a principal delas, a criogenização de todo o corpo custa cento e vinte e quatro mil dólares, e a da cabeça sozinha, oitenta mil.

A vida, dizia-se, não tem preço. Na verdade, ela terá um.

Nos Estados Unidos isso já ocorre, e há muito tempo. Andrew Kimbrell, diretor do Centro de Segurança Alimentar (Center for Food Safety), uma associação de defesa dos consumidores sediada em Washington, e que lutou especialmente contra a Monsanto, já constatava isso em 1992. "Os americanos", dizia ele, "vendem a si mesmos cada vez mais: vendem seu sangue, seu esperma, seus óvulos e até mesmo seus bebês. E, cada vez mais, pesquisadores e empresas vendem 'produtos' humanos, órgãos, partes e tecidos fetais, grupos de células, substâncias bioquímicas, genes. [...] O preço de nossos bens mais íntimos tiveram uma alta tão considerável que o mercado do corpo humano está explodindo."[156]

Depois disso, a evolução descrita por Kimbrell acelerou-se ainda mais. Ora, é preciso compreender a ruptura representada pelo aparecimento do corpo-mercadoria. De acordo com uma tradição jurídica muito antiga, consagrada pelos princípios gerais do direito, o corpo humano substrato do *sujeito* não poderia se tornar *objeto* de direito. Ele escapava — salvo no caso trágico da escravidão — à apropriação e ao comércio; não era vendável. Agora se tornou comercializável. Muitos juristas estão "petrificados de pavor", para retomar a expressão de Bernard Edelman, que é ao mesmo tempo filósofo e advogado. Isso não significa que essa seja uma questão simples de ser resolvida. Cada um de nós, com efeito, quer legitimamente beneficiar-se das novas técnicas médicas, que vão desde o transplante de órgãos até a medicina regenerativa permitida pelo transplante de tecidos dérmicos, musculares ou outros. Todos nós, portanto, criamos uma demanda no mercado biológico. Desse modo, estamos divididos entre

---

[156] Andrew Kimbrell, "Body Wars: Can the Human Spirit Survive the Age of Technology?", *Utne Reader*, maio-junho de 1992, p. 62.

duas preocupações opostas: a preocupação humanista de não autorizar a reificação do corpo humano e a vontade de nos beneficiarmos dela no fim das contas e, caso necessário, até pagando o que for preciso. Os debates bioéticos contemporâneos expressam esse conflito.

O direito moderno, por sua vez, procura adaptar-se ao novo contexto e ao retorno do temível dualismo entre a carne tornada coisa e o espírito. Ele sonha com uma improvável conciliação entre a ética e a utilidade médica. Isso é evidenciado por alguns pareceres do Comité Consultatif National d'Éthique francês, como o de 22 de junho de 2006, sobre a comercialização eventual de células-tronco humanas. Ele chega a pedir, com muito idealismo, por uma "regulação do mercado" e por uma "modificação do comportamento dos concorrentes comerciais". Pode-se pensar que isso seja apenas um desejo piedoso.[157]

O prazer capturado pela técnica

Poderia haver a tentação de tranquilizar-se observando que o prazer sexual, gratuito e renovável, escapa das garras da tecnologia e da pudicícia objetiva dela decorrente. Mas isso não é mais verdade. Ao dizer isso, não penso na antiga questão da prostituição, nem nos tráficos desumanos que resultam hoje das facilidades de viagem e de migração. As tragédias ligadas a esse comércio da carne são bastante reais, mas dependem de um outro tipo de análise. Pensa-se aqui mais modestamente em duas tendências que se afirmam cada vez mais: a desrealização do sexo e seu aparelhamento tecnológico. Não se está proibido de ver nisso algo mais que uma simples e muito feliz liberação.

A desrealização do sexo é inseparável da extensão planetária da Internet. Nesta última, as diversas estatísticas disponíveis para 2010 revelam que de 12 a 15% dos sites acessíveis são dedicados à pornografia e que um quarto das pesquisas em mecanismos de busca, ou seja, cerca de sessenta e oito milhões por dia, têm a pornografia como objeto. Esta última representaria, em termos comerciais, um montante de 4,2 bilhões de dólares no mundo todo. Uma coisa é certa: a maior parte do consumo de pornografia se dá agora na Internet. Os debates habituais a respeito

---

[157] Ver Bernard Edelman, *Ni chose ni personne. Le corps humain en question*, op. cit., p. 65.

dessa "novidade" giram em torno do efeito produzido por essa banalização, especialmente sobre os muito jovens. Há menos ênfase em uma de suas principais características: ela é virtual, desmaterializada. A carne é ao mesmo tempo exibida e ausente.

A atividade em questão participa do espetáculo. Solitária, consumista, imaginária, masturbatória e cobrada, ela está ao mesmo tempo no imaterial e no mercado. O *cibersexo* corresponde a uma sexualidade sem corpo. Ela é livre, não implica risco ou relação. Como em muitos outros domínios da vida social, "a imagem substituiu a experiência do corpo a corpo. Ao nos mostrar corpos, a imagem solicita a visão sem chegar a nos tocar de outro modo que não seja por procuração. Ver o corpo do outro sem ser tocado e sem tocá-lo, sem ser visto enquanto se vê e sem ser olhado: vantagem das telas".[158]

O aparelhamento do sexo, sob diversas formas, é percebido como o completamento da liberação sexual. Desde o final dos anos 2000, a grande imprensa (especialmente a feminina) celebra regularmente a banalização dos *sex toys*, isto é, instrumentos destinados ao prazer, os quais não cessaram de se aperfeiçoar de um ponto de vista tecnológico. Foi como se uma última barreira tivesse sido derrubada. Na França, a utilização e a anglicização do termo que os designa — *sex toys* em vez de *godemichés* [vibradores] — ajudaram muito a desculpabilizar seu uso. Esses instrumentos já saíram do "inferno" das lojas especializadas. Eles estão nas prateleiras, e seus usuários falam livremente sobre seus méritos.

Seu uso tornou-se uma "tendência"; ele é o sinal de um espírito moderno, para não dizer na moda. Os números indicam que sessenta por cento dos compradores são mulheres, mas a proporção de homens e de casais está em alta. A nova indústria criou revistas especializadas (como *S'toys* ou *Sensuelle*), incontáveis sites e blogues na Internet, e até mesmo videogames como *Virtually Jenna*. Não é preciso dizer que esses brinquedos particulares evoluem ao ritmo das novas tecnologias. Estas últimas permitem um uso a distância, ou um encontro tórrido, simulado, com uma estrela. O caráter muito "portátil" desse novo mercado permite prever uma nova extensão e o aparecimento de tecnologias ainda mais inovadoras.

Dentro dessa euforia geral, raros são aqueles que, menos entusiastas, temem as consequências mais longínquas dessa tecnicização da intimidade.

---

[158] Bernard Andrieu, *Les Plaisirs de la chair, op. cit.*, p. 179.

Não é proibido ver nesse despedimento radical da vida viva e da carne uma forma inédita de pudicícia. No fim das contas, eletrodos ou implantes poderiam permitir, algum dia, o desencadeamento mais eficiente ainda — e à vontade — da tão desejada tempestade do orgasmo.

Ganharíamos com isso?

Capítulo 6

O "cientista louco": uma figura enganadora

> É preciso que o homem se sinta limitado em suas possibilidades, sentimentos e projetos por todos os tipos de preconceitos, tradições, entraves e limites, como é um louco pela camisa de força, para que aquilo que ele realiza possa ter valor, duração e maturidade.
>
> Robert Musil[159]

A irrupção estrondosa dos tecnoprofetas na cena pública reativou um mito que habita nossa memória coletiva desde a Antiguidade: o do cientista louco. Atualizada, a figura voltou a povoar a literatura da ficção científica, a filmografia, a música, o desenho animado ou os videogames. Mudou apenas a sua fisionomia. Ele não aparece mais sob os traços de um alquimista mexendo em sua forja, mas como um especialista em nanotecnologias que sonha em reconfigurar a matéria, ou um especialista em informática preocupado em tirar os humanos da prisão dessa mesma matéria. As mídias usam mais do que nunca essa referência à "loucura" que perseguia até mesmo os maiores cientistas. Os doutores Frankenstein, Folamour, Mabuse, Tournesol, Caligari ou Moreau de outrora são substituídos no imaginário moderno por personagens mais atuais, como o doutor Totenkopf em *Capitain Sky e o mundo de amanhã*, do diretor Kerry Conran, o biólogo aventureiro Seth Brundle do filme *A Mosca*, de David Cronenberg, ou o bilionário John Hammond, mecenas inconsequente do *Jurassic Park*, dirigido por Steven Spielberg.

---

[159] *L'Homme sans qualité*, Seuil, 1979, t. I, p. 23.

Os temas evocados nessas obras de ficção não concernem mais à busca pela pedra filosofal nem à transmutação dos metais. Eles dizem respeito às promessas de imortalidade via DNA, à criação da avatares virtuais ou à insurreição de robôs contra seus criadores humanos imprevidentes. Entretanto, a mitologia mantém a mesma natureza. Ela descreve uma transgressão deliberada do *limite*, transgressão cometida por um cientista arrebatado por um sonho de onipotência. Não há tema mais atual que esse. Em outubro de 2009, a Universidade da Bretanha Ocidental, de Brest, organizou um colóquio internacional que reuniu durante três dias especialistas sobre o assunto. O título escolhido para esse encontro: "O cientista louco do século XIX ao século XX." Por si só, a organização de um colóquio sobre esse assunto fazia sentido. Para sua animadora, Marie Pellen, a figura histórica do cientista louco (*mad cientist*) cristaliza hoje "numerosos temores difusos que podem ser de ordem política, social, religiosa, econômica ou ideológica e que estão ligados à própria possibilidade de se definir enquanto humano".

De Mabuse a Tournesol

O reaparecimento dessa figura no começo do século XXI era previsível. Na história humana, os períodos de ruptura, de mutação, de "grande medo" sempre provocaram uma reativação desse mito, adaptado aos temores e aos avanços tecnológicos do momento. Esse foi o caso no século XVIII com as *Viagens de Gulliver* de Swift (1721), romance que descrevia os habitantes da ilha flutuante de Laputa perdendo qualquer senso da realidade, ou, no século XIX, com a *Eva Futura* de Villiers de L'Isle-Adam, em que um gênio científico — réplica de Thomas Edison, inventor do fonógrafo (1847-1931) — doava a Lord Ewald, para substituir sua mulher amada, uma criatura ideal, mas artificial. Também foi o caso nos mais sombrios períodos do século XX: durante o hitlerismo (o *Mabuse* ou *Metrópolis* de Fritz Lang) ou ainda no começo da aventura nuclear (o *Doutor Fantástico* de Stanley Kubrick).

A reinterpretação do cientista louco expressa, como que em negativo, os medos específicos de uma época e acompanha passo a passo os diferentes progressos da ciência. O "louco" em questão antecipa as perdas de rumo possíveis desta ou daquela descoberta. Esta última é abordada com a preocupação semiconsciente de conjurar um temor particular. Para citar apenas um exemplo, no romance de Herbert George Wells, *A Ilha do Dr. Moreau* (1896), são os progressos da cirurgia que são temidos, pois o doutor em questão fabrica cirurgicamente criaturas meio humanas, meio animais. Deve-se observar que o "cientista louco" nem sempre é um monstro, no sentido ético do termo. É verdade que ele frequentemente é uma criatura maléfica, que tem pressa em colocar suas descobertas a serviço do mal, mas ele também pode aparecer como um megalômano de boa vontade, ingenuamente convencido de que seu saber científico o igualará a Deus.

As diversas maneiras de retratá-lo correspondem a essa dualidade. De acordo com o caso, ele assume a aparência repulsiva de um puro malvado, olhos negros, riso nervoso e cabelos desgrenhados ou, pelo contrário, a aparência de um sonhador impenitente — e cômico — como o professor Tryphon Tournesol do desenhista Hergé, personagem inspirado no físico Auguste Piccard (1884-1962), que promoveu o primeiro voo estratosférico em um balão e inventor do batiscafo. De acordo com a época, o cientista louco por ser um criminoso ou um utopista, maléfico ou generoso, dominador ou simplesmente distraído. Em todo caso, seu gênio é tão excepcional que provoca uma mescla complicada de admiração e de temor.

De fato, constata-se há três décadas uma proliferação desse arquétipo, via todos os canais de expressão artística imagináveis. Torna-se difícil encontrar uma única obra de ficção (filme, romance, quadrinhos, mangá, desenho animado etc.) que não seja habitada, mesmo que de modo indireto, pela figura do gênio que se tornou louco ou do inventor ingênuo que coloca ingenuamente seu conhecimento a serviço de uma dominação. O reaparecimento ruidoso do personagem demonstra essa famosa "aceleração acelerante" do progresso tecnocientífico, fonte de novos pavores. Ele salienta a intensidade do pânico contemporâneo. Nisso, o retorno do cientista louco merece ser levado em consideração. No entanto, é preciso evitar cair na armadilha representada por essa figura ambígua.

Denunciar os desvios da tecnociência brandindo o arquétipo do "louco" equivale, definitivamente, a folclorizar o assunto. Circunscrito desse modo, ele se torna uma simples questão psiquiátrica, de loucura individual.

Ele rediz apenas uma evidência: podem existir loucos dentre os cientistas, assim como os há entre os militares, os economistas e os políticos. A evocação tranquiliza, pois contribui para edulcorar o problema. Os riscos induzidos pela tecnociência são reduzidos ao desregramento de uma inteligência individual. A mensagem transmitida torna-se simplista: devemos desconfiar dos pesquisadores psiquicamente perturbados, assim como fazemos com governantes autistas, oficiais que defendem ações violentas ou economistas cínicos. Nada de novo, em suma, sob o sol do progresso.

Na verdade, as coisas não são tão simples assim. Os desvios periódicos da ciência e da técnica obedecem a outras regras que nunca deixam de ter relação com a política, com o estado da opinião e, em última instância, com a antropologia. A história contemporânea nos lembra que os profetismos científicos mais aterrorizantes nem sempre foram considerados como "loucuras" quando de seu surgimento. Foi apenas *a posteriori* que seus fanáticos foram designados como doentes ou aprendizes de feiticeiro. Originalmente, suas ideias e seus projetos não causaram escândalo, pois estavam de acordo com a sensibilidade de uma época. Os pontos de vista desarrazoados — e sempre a serem temidos — da tecnociência não dependem apenas da megalomania de um cientista nomeadamente designado; eles resultam do arrazoamento insidioso da ciência e da tecnologia por um pensamento dominante, isto é, uma *doxa*, que é, ela própria, produto de uma relação de forças. É esta última que, em um momento dado, torna coletivamente aceitável o que mais tarde será justificadamente considerado como uma verdadeira loucura.

Para impor seus pontos de vista, os promotores dessas ideias transgressivas brincam habilmente com a confusão enganadora entre os progressos do conhecimento científico e a instrumentalização destes últimos por um *projeto* que desnatura o seu sentido. Esse subterfúgio permite repelir as críticas sob o pretexto de que estas seriam resultado de um "obscurantismo limitado". Desse modo, a indiscutível nobreza do Conhecimento serve de álibi para os seus desvios. Depois, é necessário esperar que a mentira ideológica se dissipe — o que sempre é algo demorado — para que esse empreendimento seja desalojado de sua pretensa soberania acadêmica. Retrospectivamente, pesquisadores, cientistas, durante muito tempo encorajados e até mesmo adulados pela opinião pública, aparecem então como aquilo que eles eram de fato: iluminados a serem temidos.

A ciência e sua falsificação

Ocorreu com a posteridade de Charles Darwin e a falsificação da teoria da evolução operada pelos defensores do darwinismo social, interpretação promovida pelo sociólogo britânico Herbert Spencer (1820-1903). Aqui também as circunstâncias históricas se prestavam a essa operação. A publicação, em 1859, da *Origem das Espécies* ocorria em pleno período de desenvolvimento industrial, de capitalismo selvagem, de lutas de classes e de expansão colonial. As ideias de sobrevivência do mais apto e de seleção natural caíram, pois, como uma luva para justificar a explosão das desigualdades, a exploração da classe trabalhadora, a escravização e até mesmo a erradicação de populações inteiras.

Desse modo, o darwinismo foi recuperado — ao preço de uma descaracterização de seu propósito inicial — pelos defensores do capitalismo mais selvagem, do malthusianismo e do racismo. Portanto, Charles Darwin foi aplaudido por algo que não escrevera. Essa distorção de seu pensamento suscitou adesão porque correspondia providencialmente à atmosfera da época, a da Inglaterra vitoriana cuja dureza é mostrada pelos romances de Charles Dickens, especialmente *Tempos Difíceis* (1854). Em seu livro, na verdade, Darwin dizia o contrário. Para ele, o resultado último da evolução — isto é, o *Homo sapiens* — viu nascer em si uma ética e um altruísmo *que lhe permitiam desobedecer as leis da evolução*, socorrendo os mais fracos e permitindo que os menos aptos sobrevivessem.[160] Portanto, Darwin rechaçava logo de início qualquer ideia de darwinismo social. Ora, esse aspecto essencial de seu pensamento foi literalmente apagado.

A mesma cegueira da opinião ocidental produziu-se a respeito do eugenismo. Considerado um projeto entusiasmante no começo do século — com o voto das primeiras leis eugenistas em 1907, nos Estados Unidos —, ele se beneficiou durante várias décadas da aprovação fervorosa de uma comunidade científica quase unânime e do apoio da opinião pública. Foi preciso esperar até meados dos anos 1930, com a aplicação integral do eugenismo pelo regime hitleriano, para que se tivesse a dimensão da loucura criminosa

---

[160] Patrick Tort, diretor do Instituto Charles Darwin Internacional, consagrou uma boa parte de sua obra a desmascarar essa instrumentalização desigualitária do darwinismo. Ver especialmente seu último livro: *Darwin et le darwinisme*, PUF, 2009.

do projeto eugenista, cujos fundamentos[161] haviam sido estabelecidos pelo britânico Francis Galton (1822-1911).

Cada época, cada país, conheceu extrapolações científicas dessa natureza que, na época, não foram percebidas como insensatas. São evocadas com pavor, esquecendo-se de que foram maciçamente aprovadas. Podemos citar aqui o caso do francês Georges Vacher de Lapouge, eugenista radical, que visava, no final do século XIX, à hibridação entre mulheres e grandes símios para produzir linhagens de "trabalhadores robustos". Também podemos evocar o ganhador do Prêmio Nobel de 1913, Charles Richet, que propunha a eliminação das "raças inferiores" e das "crianças defeituosas", *proibindo-se qualquer piedade* (ver o quadro). Exemplos análogos não faltam. Esses elementos devem ser guardados na memória para não diabolizar bobamente a ciência ou a técnica em si mesmas. Trata-se, pelo contrário, de questionar a ciência *em nome de suas próprias promessas,* fazendo metodicamente a distinção entre a ciência propriamente dita e os pensamentos dominadores, esses passageiros clandestinos que às vezes ela carrega em seus ombros.

Os progressos do conhecimento são uma coisa, a ideologia é outra.

Os delírios de um Prêmio Nobel

O fisiologista francês Charles Richet (1850-1935) ganhou o Prêmio Nobel de medicina em 1913 devido à sua descoberta da anafilaxia — reação alérgica severa. Eugenista militante, eis o que ele escreveu em seu livro *La Sélection humaine,* publicado em 1919 pela editora Félix Alcan.

"Após a eliminação das raças inferiores, o primeiro passo no caminho da seleção é a eliminação dos anormais. Ao propor resolutamente essa supressão dos anormais, certamente vou machucar a sensibilidade de nossa época. Irão tratar-me de monstro porque prefiro crianças sãs às crianças defeituosas e porque não vejo nenhuma utilidade social em conservar essas crianças defeituosas. [...] Se formos tomados pela piedade, tornar-nos-emos bárbaros. É uma barbárie obrigar um surdo-mudo, um idiota ou um raquítico a viverem... Há matéria viva de má qualidade que não é digna de nenhum respeito e de nenhuma compaixão. Suprimi-los resolutamente seria prestar-lhes um serviço, pois eles não poderão ter senão uma existência miserável."

Citado por Claire Ambroselli, *L'Éthique médicale,* PUF, "Que sais-je?", 1994, p. 43.

---

[161] Tratei desse aspecto da questão em *Le Principe d'humanité, op. cit.*

Quando procuramos refletir sobre os desvios sempre possíveis da ciência ou sobre sua "ideologização", encontramos inevitavelmente a grande figura de Georges Canguilhem (1904-1995). Médico e filósofo, formado na École Normale Supérieure, membro importante da Resistência francesa, ele sucederá Gaston Bachelard na Sorbonne, em 1955. Teve como aluno não só Michel Foucault, mas também Gilles Deleuze, José Cabanis ou Donna Haraway. A ele se deve a reflexão mais circunstanciada sobre as condições do conhecimento e sobre a questão central das normas. Para Canguilhem, uma ciência não deve ser separada do "não científico", isto é, do social, da vida. Desse ponto de vista, Canguilhem denunciava a existência de "ideologias científicas". Para ele, a história e o desenvolvimento da verdadeira ciência inscrevem-se necessariamente em uma reflexão filosófica sobre os valores e o que ele chama de "experiência da vida". Na era da *singularidade* ou do pós-humanismo, compreende-se por que esse pensamento reencontra toda a sua pertinência.

Para convencer-se disso, basta reler o que escrevia — já naquela época — Canguilhem nos anos 1950, quando denunciava "a pretensão da ciência de dissolver no anonimato do ambiente mecânico, físico e químico esses centros de organização, de adaptação e de invenção que são os seres vivos. [...] Um vivente não se reduz a uma encruzilhada de influências. Daí a insuficiência de toda biologia que, por submissão completa ao espírito das ciências físico-químicas, deseja eliminar de seu domínio toda consideração de sentido. Um sentido, do ponto de vista biológico, é uma apreciação dos valores em relação com uma necessidade".[162] Ele falava justamente da "vida viva", assunto de nosso livro. Alguns estudos sobre Canguilhem são atualmente editados ou reeditados, prova de que sua obra voltou a suscitar interesse.[163]

A questão das relações entre ciência e ideologia também nos remete ao conceito de *paradigma*, apresentado pelo filósofo das ciências americano Thomas Kuhn (1922-1996).[164] A palavra designa uma visão do mundo, um modo de pensamento coerente, uma "matriz disciplinar", que são o apanágio de uma dada época. A ciência, mesmo aquela que é audaciosa e crítica, difi-

---

[162] Georges Canguilhem, *La Connaissance de la vie*, Hachette, 1952, p. 193.
[163] Ver especialmente o livro de Pierre Macherey, *De Canguilhem à Foucault: la force des normes*, La Fabrique, 2009.
[164] Publicado em 1962, o livro de Thomas Kuhn, *A Estrutura das Revoluções Científicas*, tornou-se um grande clássico da história das ciências. Constantemente reeditado, ele está disponível em formato de bolso, Flammarion, "Champs", 2008.

cilmente escapa da influência do paradigma em vigor, o qual é de natureza sociológica e política. Por vocação, ela tende a libertar-se dele, mas nunca consegue fazê-lo totalmente. Daí um risco constante de instrumentalização e de recuperação. Isso era verdadeiro ontem e ainda é verdadeiro hoje. As utopias examinadas nos capítulos precedentes evidenciam uma temeridade da tecnociência perfeitamente de acordo com o paradigma dominante, o qual, como veremos mais adiante, é o do número, da concorrência e da mercadoria.

Uma "transcendência negra"

Não estamos mais, ao que tudo indica, na temática simplificadora do cientista louco. O filósofo belga Gilbert Hottois, já citado neste livro, e ele próprio tendo se aproximado do "tecnoprofetismo", evocava ainda nos anos 1980 a natureza às vezes "religiosa" da ciência, a qual se aparentaria então, dizia ele, a uma "transcendência negra".[165] No século XVIII, Vacher de Lapouge, citado mais acima, defensor do darwinismo social, assim como o naturalista Ernst Haeckel, cujo livro ele prefaciava, sugeriam até mesmo a substituição da religião decadente por uma nova "religião" que seria produzida pela própria ciência. Isso equivalia a entregar o ouro. A ciência ultrapassa claramente sua missão quando se apresenta como um saber englobante, hegemônico, único modo de acesso ao real. Uma tecnociência que tenha se tornado religião ou "transcendência negra" retrograda a si mesma ao nível de uma *subjetividade*. Para fundamentar seus empreendimentos, ela pouco a pouco passa a "construir seu objeto", isto é, a *recusar o real*, assim como hoje em dia os apóstolos do transumanismo, no fio de seu raciocínio, deixam de lado a matéria viva e o corpo humano.

Geralmente, quando as tecnociências constroem de fato seu objeto, elas o fazem sem o conhecimento da opinião comum e às vezes sem o seu próprio conhecimento. Pense-se na biometria e nos novos tipos de controles de identidade que ela torna possíveis. Para que essa tecnologia faça sentido, é preciso sancionar previamente uma abordagem particular do vivente: a que define o corpo humano como um conjunto de circuitos informacionais, um simples agregado de dados genéticos. Nessas condições — e somente desse

---
[165] Gilbert Hottois, *Le Signe et la Technique*, Aubier, 1984, p. 152.

modo — torna-se lógico associar o funcionamento do corpo ao da informática, que foi transformada em seu vizinho próximo. Com isso, homens e mulheres são submetidos a controles biométricos ou a análises de DNA que se supõe serem suficientes para "identificar" as pessoas, no sentido pleno do termo. Para fazê-lo, foi preciso deixar de lado todas as dimensões da individualidade que escapam, por princípio, a esse reducionismo possivelmente policialesco. É preciso pensar em exemplos dessa natureza quando se pergunta se a técnica contemporânea não se erigiu em religião secular.[166]

Mas isso não é tudo. A temeridade transgressiva de uma tecnologia "sem limites" geralmente participa de um mito ao menos tão antigo quanto a figura do "cientista louco": o do *novo homem*. Ele serviu, como podemos nos lembrar, para justificar muitas dominações. Como recorda o filósofo Jacques Ricot, "os totalitarismos do século XX foram tentativas de modelar um novo homem a partir da onipotência da educação e do nada originário que é o pequeno homem em seu começo".[167] Prometendo-se metamorfosear o humano ou permitir-lhe autoconstruir-se, os defensores atuais do transumanismo retomam por sua própria conta — mas ampliando — essa ambição cuja natureza é metafísica.

Abolir a morte, remodelar o humano, aperfeiçoar seus poderes: esse propósito — que renasce periodicamente de suas cinzas — pressupõe uma *recusa deliberada dos limites*, quer se trate daqueles fixados pela moral, pela sensibilidade, pela sabedoria, pela subjetividade ou pela própria natureza. Uma coletânea, publicada em 2008, *Les Années 1930, la fabrique de l'homme nouveau*, descreve bem as aplicações concretas desse "projeto", tanto na URSS como na Alemanha nazista. (Voltaremos a tratar disso mais adiante.) Em um contexto político totalmente diferente, é a essa mesma ideia que se refere hoje, no domínio da cibernética, o título do livro publicado em 1994, na Simon & Schuster, por Michael G. Zey, diretor do Expansionary Institute de Morristown, em New Jersey: *Abraçar o Futuro. Como as revoluções da ciência, da tecnologia e da indústria farão recuar as fronteiras do potencial humano e remodelarão o planeta*.

Os novos apóstolos da cibercultura, como os contribuidores da revista *Mondo 2000*, afirmam, a exemplo de Michael G. Zey, sua vontade de rejeitar

---

[166] Tomo esse exemplo de Cécile Izoard, "Biométrie: l'identification ou la révolte", *in La Tyrannie technologique*, L'Échapée, 2007, p. 191.

[167] Jacques Ricot, *Étude sur l'humain et l'inhumain*, Éditions Pleins Feux, 1998, p. 77.

toda ideia de limite. Muitos editoriais convidam os leitores a se libertarem "dos limites da biologia, da gravidade e do tempo". Ao fazer isso, eles cedem a essa antiga desrazão que os gregos chamavam de *hubris* (ou *hybris*). A Larrousse oferece a seguinte definição para essa palavra: "Tudo aquilo que, no comportamento do homem, é considerado pelos deuses como desmedida, orgulho, e que deve suscitar sua vingança." Para o ensaísta Jean-François Mattei, que recentemente consagrou um ensaio à desmedida, a *hubris* significa "a violência injusta, a insolência e o ultraje, isto é, a dimensão passional tanto nas palavras como nas ações".[168] Ora, apaixonada ou não, essa rejeição dos limites está em ação na maior parte dos desgovernos tecnocientíficos contemporâneos. Ela os torna ainda mais temíveis.

> **Tecnociência e dominação**
>
> "A conivência entre as ideologias da dominação — admitidas ou não — e o tecnocientificismo talvez seja a característica mais decisiva da realidade mundial atual. Moribundas ou por um fio, essas ideologias encontram no tecnocientificismo um substituto inesperado: um enorme apelo de poder, baseado em melhorias materiais ou em engenhocas fascinantes, com um imaginário específico (a ficção científica, mas também o industrialismo, a técnica e suas variantes). Questão que já se colocava para o nazismo: o que se tornaria a ideologia atualmente dominante sem esse substituto tecnocientificista? A resposta não dá lugar a dúvidas."
>
> Dominique Janicaud, *La Puissance du rationnel*, Gallimard, 1985, p. 187.

O século XX, através de seus dois grandes totalitarismos, conhecera uma aplicação monstruosa da *hubris*, da "passagem ao ato", para retomar a expressão utilizada por Alain Badiou em seu livro *Le Siècle* (Seuil, 2005). Em um contexto histórico e político bastante diferente — e ao seu modo —, os tecnoprofetas do século XXI se sacrificam, pois, eles também, à desmedida da qual desconfiava a sabedoria grega. A *hubris* ressurge de um modo inquietador na *supermodernidade* do século XXI. Certamente não do mesmo modo que no século passado, mas esse ressurgimento infelizmente está de acordo com o esquema conhecido que conspira para embaralhar o próprio conceito de conhecimento.

A instrumentalização da ciência tira partido, com efeito, de descobertas e de progressos científicos bastante reais. Estes últimos não podem ser

---

[168] Jean-François Mattei, *Le Sens de la démesure. Hubris et Diké*, Sulliver, 2010.

desconhecidos sob pena de obscurantismo. Em compensação, é uma ideologia — e não uma "ciência" — que, partindo disso, nos convida a deixar de lado a ideia de limite para consentir inovações que são loucas de um ponto de vista ético. Ora, embora o conhecimento científico deva ser respeitado e levado em consideração, o mesmo não se aplica à ideologia que dele se apodera. A desmedida, em si mesma, é uma traição. Os verdadeiros cientistas concordam com isso. Ela era denunciada nesses termos, em 1933, pelo grande físico alemão Max Planck (1858-1947): "É um ato perigoso livrar-se de uma obrigação moral dizendo que a ação humana resulta inevitavelmente das leis da natureza."[169]

Essas reflexões epistemológicas tornam-se mais claras quando ilustradas com exemplos precisos. E eles não faltam. Foram numerosas as falsificações ideológicas da ciência nos séculos XIX e XX. Já foram evocados aqui o darwinismo social e o eugenismo. Gostaríamos de nos demorar um pouco em alguns outros exemplos, menos citados mas ricos em ensinamentos. Eles ajudam a compreender melhor os mecanismos por meio dos quais se dá — mais sutilmente do que se pensa — a captação dominadora ou a rejeição desconfiada de um saber verdadeiro.

Lyssenko e a "ciência proletária"

O caso do "lyssenkismo", inicialmente promovido e posteriormente imposto pelo regime soviético no entreguerras, é um dos mais significativos, mesmo que seja apenas por causa de suas implicações teóricas. Ele obedece ao mito do *novo homem* que o regime bolchevique se propunha a moldar ao modificar as condições de vida, de exploração e de educação dos proletários. Os historiadores criaram o hábito de evocar o "caso Lyssenko", mas a fórmula é um tanto lapidar. Na verdade, longe de ser um acidente de percurso, o caso em questão prolongou-se durante quarenta anos e se beneficiou, até mesmo nos países ocidentais, de uma imperdoável complacência.

Originalmente, em 1926, foram conduzidas experiências no Azerbaijão, em Ganja, por um biólogo relativamente obscuro chamado Trofim Denissovitch Lyssenko. (Posteriormente ele se associou com um propagandista muito ativo: o filósofo Prezent.) Essas experiências tinham como

---

[169] Max Planck, *Autobiographie scientifique. Et derniers écrits*, Flammarion, 2010.

objetivo — legítimo nesse período de grande penúria — aumentar o rendimento de certas culturas, como as dos cereais. Lyssenko pretendia que as semeaduras de inverno pudessem ser realizadas na primavera ou no verão, sob a condição de que os cereais germinados fossem previamente umidificados e submetidos a temperaturas relativamente baixas. Em outras palavras, pretendia-se vencer as imposições do clima. O que Lyssenko — depois de outros — chamava de "vernalização" (*Yarovizatsiya*, em russo, nome que se tornará o título de uma revista militante, dirigida por este último).

Esses experimentos tinham um alcance que ia muito além da agronomia. Eles se inscreviam no âmago do debate que opunha, de um lado, os defensores do biólogo francês Jean-Baptiste Lamarck (1744-1829) e, do outro, os de Darwin e dos geneticistas. Lyssenko defendia "a hipótese de que existiriam, na história de uma planta, certos períodos nos quais os seus caracteres hereditários teriam sofrido modificações em razão de o meio ter sido 'assimilado' por ela".[170] A vernalização supostamente permitiria que isso se realizasse. O adjetivo "hereditário" era o cerne do problema. Para que a técnica fosse útil de modo durável, era preciso contar com a transmissão das modificações que as sementes teriam sofrido. Essa hipótese exigia, pois, que se aderisse totalmente às famosas teses de Lamarck sobre a *transmissão hereditária dos caracteres adquiridos*, teses amplamente aceitas no século XVIII, mas desmentidas por descobertas posteriores relativas à hereditariedade — especialmente as do monge tcheco Gregor Mendel (1822-1884) — e depois pelo darwinismo e pela genética. Ao mesmo tempo em que reivindicava o ensinamento de um agrônomo soviético de renome, Ivan Vladimirovitch Michurin (morto em 1935), Lyssenko proclamava-se "lamarckista" convicto. Isso significava que ele rejeitava não apenas a teoria evolucionista de Darwin, mas também o papel dos genes na transmissão. A "genética burguesa" estava em sua linha de mira.

Naturalmente, muitos cientistas soviéticos da época haviam rejeitado há muito tempo o lamarckismo, mas a audiência de Lyssenko se sentiu reforçada pelas posições resolutamente antidarwinistas de Friedrich Engels (1820-1895). Em nome do novo homem, Engels sempre afirmara que, ao se modificarem as condições sociais, podiam ser introduzidos no humano novos traços, progressistas, proletários e transmissíveis. Em seus escritos, ele insistia na influência exercida pelo trabalho na passagem do macaco

---

[170] Jaurès Medvedev, *Grandeur et chute de Lyssenko*, Gallimard, 1971, p. 65.

ao homem.[171] Sustentado por um dos mestres do próprio Marx, Lyssenko estava armado ideologicamente. Ele obteve uma grande notoriedade a partir de 1927 graças a uma reportagem sobre seus trabalhos, publicada no *Pravda* por um jornalista muito conhecido da época, Fedorovitch, sob o título "Os campos no inverno". Dizia-se ali que a vernalização talvez salvasse a URSS da fome. Apesar do apelo dos antilamarckistas dentro da academia comunista, Lyssenko também obteve o apoio declarado de numerosos fisiologistas e botânicos da época, e não dos menos importantes. Apoiaram-no o presidente da Academia de Ciências e também Nikolai Vavilov, grande mestre da biologia soviética. Este último chegou até mesmo a escrever, em 6 de novembro de 1933, no *Izvestia*, que o método de Lyssenko era uma "descoberta revolucionária da ciência soviética". Posteriormente, Vavilov recuou, lamentando publicamente que "a biologia soviética tenha se distanciado da ciência mundial". Essa mudança de posição fez com que ele fosse preso em 1940, na Ucrânia. Julgado no ano seguinte por "sabotagem cultural" e "vínculos com emigrados", foi condenado à morte, pena comutada por uma de prisão perpétua. Ele morreu em 1943 devido às privações que sofreu e à depressão.

A negação da realidade

"Para seguir a lógica de sua inspiração materialista, a ciência soviética [neste caso] recusa-se a aceitar os elementos que poderiam colocar seus postulados em xeque. As ideologias condenam o real que se apresenta como uma refutação. Para conseguir isso, elas utilizam todos os elementos do pensamento para modelar a realidade ao seu gosto, transformá-la, isolá-la ou amalgamá-la à sua conveniência. Elas se revelam, na verdade, como um puro produto do idealismo que combatem com tanta virulência, ou seja, é a ideologia que comanda a ciência, e não a ciência que contribui para a formação da ideia. A ciência obedece à ideologia."

Jean-Philippe Delsol, *Le Péril idéologique*,
Nouvelles Éditions Latines, 1982, p. 95.

Fortalecido por seus reforços iniciais e, depois, pelo encorajamento do próprio Stálin, Lyssenko partiu resolutamente para a guerra contra os adversários de suas teses, que ele, aliás, endurecia ainda mais conforme as

---

[171] Na coletânea de artigos publicada em 1883 sob o título *Dialética da Natureza*, in *Oeuvres complètes* de Friedrich Engels, Éditions Sociales, 1975.

generalizava. Desse modo, "em 1935-1936, Lyssenko e Prezent formularam novos princípios de hereditariedade que opuseram claramente à teoria cromossômica geralmente aceita mas denunciada por eles como reacionária, idealista, metafísica e estéril".[172]

O combate deixara de ser apenas científico. As lutas pelo poder progressivamente se impunham sobre todo o resto. Os antilamarckistas foram acusados de exprimir um "idealismo menchevizante" (em referência à minoria menchevique que perdera para os bolcheviques em 1917) e de ceder a "influências burguesas" provenientes do estrangeiro. Para além do novo homem que o sovietismo pretendia criar, a oposição entre "ciência burguesa" e "ciência proletária" logo se tornou o tema central dos enfrentamentos. Estes últimos se inflamaram notavelmente, sobretudo depois do discurso de Stálin na primavera de 1937, discurso que convidava o partido a tomar medidas "para liquidar os trotskistas e os traidores". Com isso, a controvérsia sobre a genética e o "lamarckismo" transformou-se em um combate global contra "os inimigos do povo" e o "fascismo internacional". Nada menos que isso.

O conflito com a Alemanha relegou as disputas entre "lyssenkistas" e geneticistas para o segundo plano, mas estas recomeçaram assim que o conflito cessou. Elas foram até mesmo revitalizadas pela atmosfera de guerra fria entre a URSS e o mundo livre, que conduziu os soviéticos a diabolizar ainda mais o pensamento "burguês". No final dos anos 1940, houve o triunfo de Lyssenko, que, apesar das novas críticas formuladas em voz baixa, teve acesso a todas as honras do regime: foi-lhe confiada a presidência da poderosa Academia das Ciências Agrícolas (onde ele substituiu o pobre Nikolai Vavilov) e depois a direção do Instituto de Genética. Ele recebeu o Prêmio Stálin e se tornou "herói da União Soviética". Novamente questionado alguns anos depois por alguns cientistas audaciosos, recorreu a Stálin, que demonstrou surpresa com uma falsa simpatia: "Quem ousou ofender um homem tão bom?" Lyssenko é imediatamente recolocado no comando pelo mandatário do Kremlin, e suas teses, tornadas "verdades de Estado", são impostas a todos os países comunistas e a todos os PCs do mundo.

Na URSS, os biólogos e os geneticistas clássicos — isto é, favoráveis às ideias de Darwin — são eliminados. "Em alguns meses, três mil deles foram cassados, revogados ou dispensados, alguns deles foram presos ou deportados. O ensino é expurgado. Institutos de pesquisa foram fechados.

---

[172] Jean-Philippe Delsol, *Le Péril idéologique, op. cit.*, p. 49.

A genética foi praticamente proibida no país. Somente alguns focos de geneticistas conseguiram sobreviver, mas clandestinamente."[173]

Influenciado por Lyssenko, o regime passa então a implementar projetos extravagantes com o objetivo expresso de transformar a natureza transplantando culturas do Sul para o Norte, a ponto de tentar produzir neste último laranjas, limões, azeitonas e até mesmo cacau. Tendo se tornado herói nacional, são erigidas estátuas em sua homenagem enquanto canções populares celebram suas proezas. Depois de 1956, a desestalinização consecutiva ao "relatório Khrushchov" não diminuiu de modo durável nem sua popularidade nem sua influência. Manipulador sem igual, Lyssenko conseguiu reconquistar os favores de Khrushchov, do qual se tornou íntimo. Foi preciso esperar 1964 e um discurso acusador do físico dissidente Andrei Sakharov (1921-1989), diante da Academia de Ciências, para que a aberração científica do "lyssenkismo" fosse por fim reconhecida e que a adulteração das experiências correspondentes fosse demonstrada. Sakharov, é verdade, não hesitara em declarar, sob aplausos, que Lyssenko e seus amigos "eram responsáveis por esse abominável e doloroso período da história da ciência soviética, que felizmente chegou ao fim".

Esse foi o fim para o defensor da vernalização. Demitido de suas funções no ano seguinte, Lyssenko morreu esquecido, em Kiev, em 1976, deixando um filho que defenderá obstinadamente a validade das teses paternas.

Na Europa, os companheiros de estrada do comunismo o haviam apoiado, e com ardor. Em seu prefácio ao livro de Jaurès Medvedev, o biólogo e Prêmio Nobel Jacques Monod (1910-1976), ao tratar de Lyssenko, diz que nunca pôde esquecer "as manifestações delirantes suscitadas, em uma parte da intelligentsia de esquerda e da imprensa francesa, a publicação dos documentos relativos ao caso". Ele lembrou que o defensor mais veemente de Lyssenko foi Louis Aragon, que, em 1948, publicou um artigo lírico na revista *Europe*, artigo em que qualificava os ataques contra Lyssenko como "o efeito dos vestígios da burguesia na URSS". Outros intelectuais de renome, como Jeanne Lévy, professora na Faculdade de Medicina de Paris, o filósofo Jean-Toussaint Desanti ou o médico Arthur Kriegel seguiram seus passos, enquanto vários outros cientistas, ainda que próximos do PC, mantiveram um silêncio constrangido. Para citar apenas um deles, Desanti aceitara

---

[173] Claude Marcil, "L'affaire Lyssenko", *Agence Science-Presse*, Montreal. Esse artigo pode ser consultado no seguinte local: http://www.sciencepresse.qc.ca/scandales/lyssenko.html

assinar na *Nouvelle Critique* um manifesto ingenuamente intitulado "Ciência burguesa e ciência proletária: existem duas ciências, mas somente a ciência do povo é portadora da verdade".[174]

Obedecer à natureza ou dominá-la?

Seria cômodo demais reduzir esse longo caso Lyssenko às extravagâncias de um cientista louco. O promotor da vernalização, protegido por Joseph Stálin e depois por Nikita Khrushchov, não era louco, longe disso. Seus empreendimentos eram apenas o prolongamento de uma certa abordagem do real e da vida, o produto de um *paradigma* sujeito a uma ideologia particular, neste caso o *socialismo científico* teorizado por Engels. A convicção central era a de *uma maleabilidade infinita da realidade e do vivente* que implicava uma libertação de toda referência à *natureza*. A criação de um novo homem participava de um voluntarismo antinatural. Já a famosa transmissão das características adquiridas, ideia tomada de Lamarck, permitiria perenizar a nova humanidade assim surgida.

O *Homo sovieticus* seria o fruto de uma remodelagem, de uma *construção* ao mesmo tempo social e científica. Postulava-se que, ao mudar as condições externas, podia-se provocar o surgimento de mutações bastante definidas e, portanto, modificar a própria hereditariedade. Através de meios diferentes, a vernalização perseguia o mesmo objetivo que as modificações genéticas atuais, que visam dotar os OGM (Organismos Geneticamente Modificados) de qualidades particulares e "acrescentadas" à natureza. Na URSS do pós-guerra, houve um grande esforço para transformar as plantas a ponto de plantar laranjeiras no lago Balaton, na Hungria, como tentou o governo húngaro, sob influência do lyssenkismo e sob injunção de Stálin. Tratava-se de explorar, em grande escala, uma frágil oportunidade oferecida pelo microclima da região. O agrônomo responsável pelo projeto cometeu a imprudência de manifestar algumas dúvidas. Ele foi friamente condenado por sabotagem.[175] Se uma transgressão das realidades invernais dessa ordem era imaginável após a remodelagem das plantas, então nada

---

[174] Artigo evocado no notável programa "La Fabrique de l'histoire" que Emmanuel Laurentin consagrou ao caso Lyssenko na France Culture no dia 18 de novembro de 2008.
[175] *Les Orangers du lac Balaton* é o título do livro de Maurice Duverger publicado em 1980 pelas edições Seuil e no qual o autor ironiza o poder de fascinação da ideologia soviética.

impedia que se modificasse o próprio homem, libertando sua descendência das restrições "falsamente naturais" da evolução.

Observe-se que a rejeição do darwinismo por Lyssenko e seus seguidores dizia respeito a um ponto ideologicamente muito sensível: a "pretensa" concorrência dentro de uma mesma espécie. Para os "lyssenkistas", uma dura competição realmente se manifesta no processo de seleção natural, mas *apenas entre diferentes espécies*. Pretender o contrário equivalia a exprimir um ponto de vista "burguês". Em um artigo publicado em 1947 na *Literaturnaya Gazeta*, Lyssenko reafirmava esse ponto de vista ao escrever sobre os defensores darwinianos da "ciência burguesa": "Graças à pretensa concorrência intraespecífica, essa 'lei eterna da natureza' que forjaram inteiramente, eles procuravam justificar a luta de classes, a opressão dos negros pelos brancos."[176]

A condenação ideológica, longe de ser uma "loucura", não visava de modo algum o próprio Darwin, mas sim a interpretação que efetivamente foi feita pelos teóricos do darwinismo social já citados. Em última análise, uma pura ideologia estava rejeitando outra; ambas tendo a pretensão de ornar-se com os atributos da ciência. Não se poderia encontrar um exemplo melhor que esse sobre a interpenetração sempre recomeçada, sempre ameaçadora, sempre tentadora, entre uma teoria científica e um *paradigma* particular.

Mas não nos enganemos. Nessas disputas, a representação existente sobre o real é flutuante. A ambição demiúrgica que alimenta o mito do novo homem conduz seus promotores ora a livrar-se de qualquer referência à ideia de *natureza*, de *leis naturais*, ou de *realidade viva*, ora a invocar estas últimas para legitimar a dureza de uma dominação. Nesse quesito, o caso do nazismo, sempre evocado quando se trata de denunciar uma barbárie científica, é mais ambíguo do que se costuma pensar.

À leitura dos textos de seus teóricos, o hitlerismo dá a impressão de oscilar incessantemente entre uma aliança proclamada com as "impiedosas" leis da natureza e uma vontade de combatê-las mediante a onipotência da vontade humana. Sob a pena de Hitler podem ser encontrados, por exemplo, argumentos relativamente próximos de um darwinismo social radicalizado: "As riquezas, em virtude de uma lei imanente, pertencem àquele que as conquista. [...] Isto está de acordo com as leis da natureza. [...] A lei da seleção justifica essa luta incessante que visa permitir que os melhores

---

[176] Citado por Jaurès Medvedev, *Grandeur et chute de Lyssenko, op. cit.*, p. 140.

sobrevivam." Hitler trata logo a seguir do cristianismo, que ele assimila a uma "rebelião contra a lei natural", que só pode resultar na "cultura sistemática do lixo humano".[177]

Em compensação, Arthur Rosenberg (1893-1946), um dos principais teóricos do nazismo, condenado à morte em Nuremberg em 1946, defendia um ponto de vista oposto. Para ele, era preciso remodelar a natureza em vez de conformar-se a ela. Em sua principal obra, *O Mito do Século XX*, Rosenberg definia "a alma luciferiana" dos arianos como uma capacidade de escapar do reino da natureza para dominá-lo através de sua recriação. "A essência germânico-dinâmica", acrescentava ele, "não se manifesta em nenhum lugar por meio da fuga do Mundo, mas significa rapto do Mundo, luta. E isto de dois modos: de modo religioso — artístico — metafísico e, empiricamente, de modo luciferiano."[178]

No fundo, a natureza é convocada ou dispensada de acordo com a circunstância. Em todo caso, afirma-se seguir o maior rigor científico. Nisso o nacional-socialismo foi realmente um avatar monstruoso do cientificismo. Não foi sem razão que ele seduziu, no começo, uma fração considerável dos grandes cientistas alemães. De fato, diversos Prêmios Nobel de ciência alemães dos anos 1930 — do químico Carl Bosch ao biólogo Adolf Butenandt. passando pelo físico Werner Heisenberg e muitos outros — trouxeram uma cooperação apressada ao regime hitleriano.[179]

Sem correr o risco de fazer qualquer comparação, é preciso reconhecer que a mesma ambiguidade se manifesta atualmente nos defensores do transumanismo a respeito do conceito de natureza. A natureza humana é dispensada, ridicularizada, denunciada quando se trata de opor-se, em seu nome, a transgressões "pós-humanistas". Faz-se referência a Nietzsche ou a Foucault para explicar que "o homem pode fazer o que ele quiser consigo mesmo". Inversamente, invoca-se a "natureza" para defender as leis da evolução e promover uma imitação fraudulenta do pensamento de Darwin. Do mesmo modo, para os defensores do "todo genético", o determinismo dos genes é uma realidade "natural" com a qual deveríamos, por bem ou por mal, nos conformar. Não haveria escolha.

---

[177] Adolf Hitler, *Libres propos sur la guerre et la paix, recueillis sur l'ordre de Martin Bormann*, Flammarion, 1952, p. 51.
[178] Tomo esta citação de Jean-Philippe Delsol, *Le Péril idéologique, op. cit.*, p. 143.
[179] Desenvolvi mais essa questão em *Le Principe d'humanité, op. cit.*

O homem-macaco de Ivanov

Em outras circunstâncias, o mesmo mito do *novo homem* conduziu cientistas reconhecidos a entrarem em empreendimentos ainda mais descabelados que os de Lyssenko. Pensamos aqui nas tentativas de hibridação entre o homem e o animal e nas "loucuras" sugeridas no século XIX por Vacher de Lapouge. A saber: a criação de *quimeras*, isto é, de seres vivos que estão a meio caminho entre o homem e o grande macaco *efetivamente gerou programas experimentais financiados pelos Estados*. Até recentemente essas tentativas eram pouco citadas e estavam até mesmo praticamente esquecidas. Somente algumas publicações marginais ou fanzines, como o periódico americano *Fate Magazine*, especializado no paranormal, falavam sobre o assunto. Como esses periódicos não eram considerados confiáveis, suas reconstituições históricas não chegavam à opinião pública. Isso mudou depois da transmissão, no dia 2 de dezembro de 2009, pela cadeia cultural franco-alemã Arte, de um surpreendente documentário realizado por Boris Rabin, intitulado *A fábrica do Homem Soviético*. Esse filme confirma em muitos pontos as informações contidas em um longo artigo publicado em 2005 pela *Fate Magazine*.

O programa diz que, desde o começo da Revolução de Outubro, cientistas russos, fervents defensores do eugenismo (como, na época, seus homólogos ocidentais), defenderam a ideia de um aperfeiçoamento fisiológico do homem. Esse foi o caso de Nicolai Koltsov, cientista de primeiro nível que dirigiu o Instituto de Biologia Experimental de Moscou. Com esse objetivo em mente, são imaginados vários procedimentos, dentre os quais a transfusão sanguínea integral, defendida por um pesquisador que também foi autor de ficção científica: Alexandre Bogdanov. Koltsov, no entanto, era hostil às experiências de hibridação com humanos, pois as julgava prematuras.

Em 1924, um zoólogo russo dará o passo decisivo nesse sentido. Trata-se de Ilya Ivanovich Ivanov, conhecido por seus trabalhos com animais — chegou a criar um híbrido de zebra e cavalo — e sua prática de inseminação artificial de bovinos. Sob o regime czarista (nasceu em 1870), já pensara em cruzar um humano com um grande símio. Em 1910, Ivanov fizera uma conferência no Congresso Mundial de Zoologia, em Graz, Áustria, durante a qual sustentara a possibilidade de se obter esse híbrido por meio de inseminação artificial. Na época, a influência moral da Igreja ortodoxa russa, então muito poderosa, fizera com que ele renunciasse a esse projeto. O ateísmo da ideologia soviética o livrou desse obstáculo, e seu projeto foi — discretamente — aceito na alta hierarquia, especialmente pelo poderoso Nikolai Petrovitch Gorbunov, chefe do Departamento das Instituições Científicas. É verdade que o exército se interessou por essas futuras quimeras para testar a eficácia de certas armas químicas e que o próprio regime pensou utilizá-las como subproletários, confiando-lhes as tarefas mais perigosas.

Se o diretor do documentário da Arte estiver dizendo a verdade, Ivanov obteve uma subvenção de quinze mil dólares para organizar uma expedição na África, mais precisamente na Guiné francesa. Ele foi para lá junto com seu próprio filho em 1926. Sua intenção era capturar chimpanzés machos e recrutar mulheres africanas que aceitassem participar da experiência. Os locais escolhidos foram a metrópole regional de Kindia (Guiné marítima), ao pé dos primeiros contrafortes do Fouta-Djallon, e os jardins botânicos de Conakry. Observemos que Ivanov obteve para isso o acordo explícito das autoridades coloniais francesas. É verdade que na época havia um grande consenso eugenista, e o projeto não chocou ninguém, salvo as instituições religiosas.

Essa primeira expedição foi um fiasco. Por um lado, a captura dos chimpanzés foi tão difícil que somente uma dezena de machos e duas fêmeas foram capturados; por outro lado, nenhuma mulher guineana aceitou participar como voluntária. Mudando de estratégia, Ivanov inseminou então duas fêmeas com esperma humano (sem dúvida de seu filho), mas a maior parte dos animais morreu durante a viagem de volta ou algumas semanas após sua chegada. Entretanto, Ivanov não se abateu e decidiu prosseguir suas experiências em Soukhoumi, às margens do Mar Negro, onde se situava um instituto de primatologia. Desta vez ele tentou solicitar mulheres soviéticas, que foram chamadas de "colaboradoras prepostas com funções especiais". Essa tentativa também fracassou e foi a última. No começo dos anos 1930, o clima ideológico mudou, e Ivanov se beneficiou disso. É preciso dizer que tanto na URSS como na Europa as barbáries nazistas fizeram com que se passasse a ver de um modo mais prudente o eugenismo em geral e a hibridação humana em particular. O regime soviético não quer ter mais nada em comum com o hitlerismo. Além disso, sob a atmosfera policialesca do stalinismo, a utopia do *novo homem* não está mais realmente na ordem do dia. Passou a prevalecer a obsessão repressiva. A KGB onipresente, as deportações em massa e o Gulag ganham do sonho dos "amanhãs que cantam", sonho do qual o *novo homem* fazia parte.

Nesse contexto transformado, Nikolai Gorbunov, protetor oficial do zoólogo, perdeu grande parte de seu poder. Ivanov é preso em 13 de dezembro de 1930. Ele é acusado — e essa é uma acusação clássica — de querer restaurar o capitalismo na URSS. Foi condenado ao Gulag, pena que foi comutada por uma de cinco anos de exílio em Alma Ata, Cazaquistão. Ali ele trabalhará para o instituto veterinário até a sua morte, em 20 de março de 1932. Foi o famoso fisiologista russo Ivan Pavlov (1849-1936), Prêmio Nobel de Medicina em 1904, que redigiu sua notícia biográfica. Observar-se-á que Pavlov, o inventor do *reflexo condicionado* (ou *condicional*) do "cão de Pavlov", não ocultara suas críticas ao comunismo. Sua notoriedade — e sua recusa em deixar a Rússia — fez com que ele fosse deixado em paz pelo poder soviético.

Caso se queira uma prova suplementar do poder da política sobre o juízo que a opinião pública dominante possui sobre as experimentações feitas em uma época determinada, é preciso acrescentar a esta narrativa dois "detalhes" reveladores. Já a partir de 1927, alguns jornais da emigração russa no Ocidente, especialmente a *Russkoye Vremya*, publicaram artigos denunciando como "chocantes" as experimentações conduzidas na URSS por Ivanov. Ora, na época, ninguém ficou perturbado com isso na Europa, onde a intelligentsia via favoravelmente a revolução soviética. Inversamente, após a queda do comunismo, foi descoberto nos arquivos soviéticos um relatório de avaliação dos projetos de hibridação conduzidos por Ivanov, relatório datado de 1929. Para os redatores do relatório, esses projetos eram de "grande importância científica".[180]

Embora todas as experiências tenham fracassado, elas inflamaram a imaginação. Ainda hoje, são feitos relatos mais ou menos fantasmagóricos — tanto na Internet como nas livrarias —, testemunhos tão perturbadores quanto incertos, como são os que dizem respeito aos OVNIS. Citemos o livro publicado em 1974, pela editora Plon, do zoólogo belga Bernard Heuvelmans e do pesquisador russo Boris F. Porshnev, *L'Homme de Néanderthal est*

---

[180] Citado por Paul Stonehill, *Fate Magazine*, abril de 2005. Pode ser consultada uma tradução francesa desse artigo-dossiê feita por Jean-Luc Drevillon no seguinte site: http://www.paranormal-fr.net/forum/viewtopic.php?f=3&t=2486&view=previous

toujours vivant (O homem de Neandertal ainda está vivo). Nessa obra, os autores afirmam reproduzir o testemunho de um antigo *zek*, sobrevivente do Gulag, que teria sido punido por recusar-se a conduzir experiências de inseminação de mulheres com esperma de símios. Dá-se a entender que certos pretensos aparecimentos do homem das neves, o Yeti, poderiam ter relação com essas tentativas de hibridação.

Citemos ainda o artigo, desta vez muito sério, publicado em 7 de junho de 2005 por Jeremy Rifkin no *Los Angeles Times*. Nele, Rifkin denuncia os "favores" *de que se beneficiaria novamente, nos meios científicos americanos, a criação de quimeras provenientes da hibridação humano-animal*. Ele conclui que, ao se admitir que a coisa é tecnicamente possível, é preciso "passar um risco" sobre esse tipo de experimentação e proibir qualquer pesquisa suplementar que vise à criação dessas quimeras. Esse é um ponto de vista sábio. Isso não impede que se possa colocar em dúvida a eficácia desse tipo de proibição jurídica em um momento de nossa história dominado pela vulgata do "sem limite", em que as arbitragens decisivas são feitas menos pela ética ou pelo direito que, mecanicamente, pelas... leis do mercado.

No final dos anos 1990, o sociólogo francês Jean-William Lapierre (1921-2007) já apontava para essa impossibilidade de princípio. "A força da ideologia cientificista dominante", dizia ele, "é de tal ordem que, mesmo que pesquisas [desse tipo] fossem legalmente proibidas e privadas de financiamento público, elas seriam prosseguidas clandestinamente com financiamento de diversas empresas ou máfias privadas, interessadas pelo poder ou pelo lucro que poderiam obter."[181] Isso é ainda mais verdadeiro hoje.

Para onde vai a ciência "democrática"?

Toda a questão se resume, pois, ao estatuto real da ciência na *supermodernidade*. Como outros cientistas antes deles, os tecnoprofetas contemporâneos apresentam suas hipóteses — e suas fantasias — abrigando-se atrás de um escudo retórico: as resistências que lhes são opostas, repetem eles, seriam resultado de um obscurantismo desolador. Os "adversários da ciência" — quer se trate dos fundamentalistas religiosos ou dos passadistas de todos os tipos — não aceitariam a marcha do conhecimento humano e nem tampouco

---

[181] Jean-William Lapierre, *Esprit*, março-abril de 1999.

o "progresso" científico. O argumento acerta na mosca. Com efeito, existem muitos adversários limitados da ciência. Pense-se nos criacionistas americanos ou nos "velhos fiéis" russos. Pior ainda: uma diabolização mais difusa da ciência se desenvolve em nossas sociedades e até mesmo nas universidades, onde as fileiras científicas são menos valorizadas que em outras épocas. Tudo ocorre (ver o quadro) como se o cientificismo "sem limites" e o obscurantismo se enfrentassem, no fim, como gêmeos de uma comédia, gêmeos colocados diante do espelho, um justificando o outro e vice-versa.

> **Arrogância cientificista e obscurantismo hesitante**
>
> "Erigir 'a ciência' em um ídolo que pode tudo, sabe tudo e que possui todos os direitos ou fazer dela uma entidade diabólica culpada por todos os nossos males: uma atitude é tão irracional quanto a outra. Nenhuma delas valoriza as lições das ciências autênticas, passadas e presentes: prudência, rigor que se adapta ao seu objeto, espírito analítico e crítico, modéstia do pensamento. O cientificismo arrogante e o delírio anticientífico reforçam-se mutuamente, cada um deles parecendo — à primeira vista — justificar o outro."
>
> François Lurçat (físico, professor emérito na Universidade Paris-XI), *L'Autorité de la science*, Cerf, 1995.

Em teoria, o problema da instrumentalização totalitária da pesquisa científica não deveria mais sequer se apresentar. Em nossas sociedades democráticas, não há dúvida de que a pesquisa é influenciada pelos *paradigmas* em vigor, mas ela não deve mais temer ser dominada por uma ideologia, como era o caso na URSS ou na Alemanha hitleriana. Não se repete há várias décadas que as ideologias enquanto tais desapareceram? Na verdade, como vimos anteriormente, a situação não é tão clara assim. Os vínculos entre os tecnoprofetas e o mundo dos negócios são tão estreitos que não se está muito distante da sujeição ideológica. Esse é o caso da cibercultura, do transumanismo, do movimento extropiano, da convergência das tecnologias etc. No fim das contas, pode-se perguntar se a própria pesquisa científica não mudou de natureza, a tal ponto que não seria mais absurdo estabelecer um paralelo prudente com a instrumentalização do passado. Se esse fosse o caso, então poderíamos estar diante de formas — mutantes — de "lyssenkismo".

A preocupação é compartilhada por um número crescente de cientistas ou de filósofos das ciências. Estes últimos estão alarmados com a captação cada vez mais forte da ciência por lógicas dominadoras que não são mais as da pesquisa livre e do conhecimento universal. Privatização, patenteabilidade das descobertas, busca de mercados, dominação do utilitarismo comercial, midiatização desordenada dos pesquisadores, falta de cultura generalizada, fragmentação dos saberes: esses mil e um desgovernos somam-se hoje ao problema. Elas merecem ser questionadas, mas *em nome da própria ciência*, pois elas minam suas *promessas*.

Em um livro penetrante, publicado no começo de 2009 sob o título interrogativo *La Science à bout de souffle?*, um jovem geneticista de Grenoble, Laurent Ségalat, recenseia metodicamente a maior parte dos desgovernos que já transformaram o funcionamento efetivo da pesquisa e degradaram o estatuto da ciência moderna. Seu propósito, voluntariamente panfletário, concorda com certas análises já formuladas por outros cientistas, como o físico Jean-Marc Lévy-Leblond, o matemático Olivier Rey ou o filósofo das ciências Bruno Latour. Um desses desvios coincide estranhamente com o que abala totalmente nossa relação com o direito em geral e com o direito social em particular: a "governança pelos números", isto é, o delírio calculador.[182]

Para Ségalat, o funcionamento cotidiano da pesquisa científica é amplamente governado e até mesmo sobredeterminado por essa mesma obsessão do quantificável. A quantidade tende a levar vantagem sobre a substância. O número de artigos publicados nas revistas científicas e o total de citações feitas a eles tornam-se mais importantes que seu conteúdo. O *número* permitirá a obtenção de financiamentos. Desse modo, o sonho dos jovens pesquisadores é menos o de fazer verdadeiras descobertas que de publicar do modo mais assíduo possível em uma revista prestigiosa. Eles poderão então mencioná-los em seu CV, como as modelos que arquivam em seu portfólio as capas de revistas que elas "fizeram". Esses pesquisadores dirão aos colegas que publicaram na *Nature* ou na *Lancet*, sem a necessidade de falar sobre o assunto tratado. "No passado", diz Ségalat, "publicar era a culminação de um trabalho de pesquisa; agora isso se tornou o objetivo. [...] O fatiamento tornou-se uma prática corrente; para fazer o contador girar, um artigo é transformado em três. Esse é um

---

[182] Ver capítulo 2: "Os direitos humanos e o mercado".

sistema estarrecedor que faz com que em certos laboratórios os artigos sejam escritos antes de as experiências terem sido realizadas."[183]

Seria errôneo ver nisso apenas uma anedota sem qualquer importância. Ela mostra, pelo contrário, que as novas regras — frequentemente medíocres — que governam a atmosfera de nossa época penetram até mesmo nos laboratórios e centros de pesquisa. O mesmo vale para a tendência geral de criação de estrelas que já subverteu o debate político e que agora está tomando o território da ciência. O autor do livro citado acima se surpreende com o fato de que ninguém se altera com o aparecimento de páginas de "celebridades" em duas publicações científicas de alto nível como a revista britânica *Nature* e sua homóloga americana *Science*. Essa corrida em busca da celebridade faz com que os pesquisadores cada vez mais apresentem suas descobertas (verdadeiras ou falsas) nas mídias de todo o mundo, correndo o risco de produzir mal-entendidos e falsas esperanças.

As novas vertigens da tecnociência

Essas lógicas perversas passaram a intervir não apenas no domínio dos resultados, mas também, a montante, no momento em que são propostos, escolhidos e financiados os grandes programas de pesquisa. Há uma preferência por aqueles que podem gerar lucros ou, em todo caso, resultados de curto prazo. Aqui também o "curto prazo" acaba prevalecendo sobre o "longo prazo", sem contar os efeitos da moda que flutuam e desempenham um papel inegável na aceitação dos projetos. Não é surpreendente, nessas condições, que o enésimo projeto de pesquisa sobre nanotecnologias — que estão muito na moda — encontre financiamento com maior facilidade que um programa de pesquisa sobre uma doença endêmica no hemisfério Sul.

Acrescentemos que esse clima de corrida maluca e de competição de pouca visão favorece, como no universo das mídias ou da Bolsa, comportamentos miméticos. O que tiver se mostrado eficaz para um pesquisador será imitado por seus colegas.[184] Em inglês, o fenômeno é chamado de *herding*. Como os *traders* dos mercados financeiros, os pesquisadores entram em

---

[183] Laurent Ségalat (geneticista, diretor de pesquisa no CNRS), *La Science à bout de souffle?*, Seuil, 2009, p. 26.
[184] *Ibid.*, p. 56.

um jogo de imitações cruzadas, de recópias incessantes, de conformismo calculador, tropismos estes que não têm nenhuma grande relação com o que não se ousa mais chamar de "espírito científico".

Um físico renomado, Dominique Pestre, diretor de estudos na EHESS (Escola de Altos Estudos em Ciências sociais), denuncia um outro desgoverno, pernicioso em longo prazo para a própria ciência: a apropriação privada das descobertas por meio das patentes. A partir do começo dos anos 1980, diz ele, as condições de elegibilidade para a solicitação de patentes foram ampliadas cada vez mais. Hoje, pode-se patentear — isto é, apropriar-se — praticamente qualquer coisa. O fenômeno assumiu tal proporção que os juristas americanos o assimilam a um novo movimento de *enclosure*. "Com isso, eles querem dizer que essa legislação é radical e que permite uma privatização do 'bem comum dos espíritos' (a ciência pública) que corresponde, com muitos séculos de distância, à privatização do bem comum que era a posse da terra na Inglaterra do começo da época moderna."[185] Ora, é preciso lembrar que, nos séculos XVI e XVII, o movimento de *enclosure*, na Grã-Bretanha, ao mesmo tempo em que se mostrou eficiente em certos aspectos, teve consequências catastróficas em termos de desigualdades sociais. Ao suprimir o acesso aos "campos abertos" (*openfields*), as *enclosures* favoreciam os grandes proprietários de terras e anulavam os direitos de uso dos comuns, dos quais dependia o destino de muitos camponeses.

Ao privatizar as descobertas científicas, ao subtraí-las do "mundo comum", o novo movimento de *enclosure* penaliza diretamente a pesquisa ao tornar inacessíveis, ou ao menos comercializáveis, certas conquistas necessárias ao avanço do conhecimento. Para os neoliberais, a privatização é designada como a melhor incitação ao progresso. Ela corre o risco de parecer, no fim, um tratamento letal cujo custo será pago pela ciência enquanto tal. O risco é ainda maior porque, ao mesmo tempo, as grandes universidades, sobretudo americanas, tornaram-se financeiramente dependentes das grandes empresas privadas. Por causa disso, elas praticamente abandonaram sua vocação de "provedoras de ciência aberta", isto é, de um bem público, para se tornarem simples atrizes do desenvolvimento industrial. Esses vínculos ambíguos entre o mundo universitário e o dos negócios ficaram muito evidentes durante a crise financeira de setembro de 2008. O reitor da

---

[185] Dominique Pestre, *Science, argent e politique. Un essai d'interprétation*, INRA éditions, 2003, p. 100-101.

prestigiosa Columbia Univeristy Business Schoool, Glenn Hubbard, antigo conselheiro econômico de George Bush, publicou artigos inflamados para defender a desregulamentação das finanças, com a qual se supõe que ele mantenha vínculos lucrativos. Na Universidade de Harvard, o chefe do departamento de economia recomendou que os pesquisadores não declarassem os rendimentos suplementares proporcionados pelas consultorias que realizassem para os atores financeiros.[186]

O termo *tecnociência* remete precisamente a todas essas transformações que, com razão, podem ser julgadas como desastrosas. Para alguns filósofos das ciências, elas explicam por que, a despeito do grande número de pesquisadores em atividade no mundo — ele é estimado em seis milhões —, a pesquisa patine tantas vezes. Isso é claramente verdade na medicina, em que a luta contra as grandes doenças está marcando o passo e na qual novos flagelos, como a resistência aos antibióticos ou a mutação dos vírus, deixam nossas sociedades praticamente desarmadas. Isso sem contar o número crescente de perturbações que — como a doença da "vaca louca" — suscitam periodicamente pavores coletivos. Esse ponto de vista é compartilhado pelo filósofo e físico Jean-Marc Lévy-Leblond, que, há muito tempo, julga duramente a falta de criatividade e de dinamismo da pesquisa contemporânea. Ele atribui essa (relativa) prostração a uma certa desculturação da ciência em geral e dos cientistas em particular.

O universo científico, diz ele, afastou-se progressivamente da cultura, isto é, da partilha de uma tradição viva e coletiva. Com isso, ele se fechou em um clericalismo empobrecido.[187] "O físico, biólogo ou químico do começo do século XXI conhece apenas os trabalhos próximos dos seus e seus antecedentes imediatos. [...] No balanço de tudo, os pesquisadores não conhecem nem a história de sua disciplina, nem seus problemas epistemológicos, sem falar de suas dimensões sociais, econômicas e políticas."[188] Isso significa que, ao renunciar aos seus próprios princípios, a ciência moderna, desnaturada em tecnociência, seguiu o caminho exatamente inverso daquele que foi mostrado por Max Planck em 1933.

---

[186] Esses desvios são mostrados no documentário de Charles Ferguson, *Inside Job*, que passou nos cinemas em 2010.
[187] Sob o título "Laicizar a ciência e a técnica", consagrei um capítulo a essa questão em *La Force de conviction*, Seuil, 2005, e "Points essais", nº 552.
[188] Entrevista publicada em Genebra pela *Revue durable*, nº 34, outono de 2009.

Por mais pertinentes que sejam, essas observações críticas não devem fazer com que cedamos à nostalgia de uma era de ouro da ciência. Ela nunca existiu. Em compensação, recordam-nos que as relações que uma sociedade humana mantém com a ciência são necessariamente "tensas". Elas devem sê-lo. Em outras palavras, a racionalidade científica deve ser continuamente questionada em seus objetivos e em seus métodos. Isso exige que ela "entre em cultura" (o que não é o caso hoje em dia) e "se abra à democracia" (o que tampouco é o caso). Sem isso, a tecnociência passa a ser apenas um apêndice utilitário da sociedade mercantil e "o estilo empresarial do mundo dos negócios passa a penetrar no mundo livre do conhecimento".[189]

Ao se submeter docilmente à lei do lucro, a tecnociência aceita ser dominada por uma ideologia que, ao contrário das do passado, não gosta de admitir o que é. Após a fantasia de uma "ciência burguesa", que obcecava Lyssenko nos anos 1950, corremos o risco de ver o surgimento de uma "ciência de mercado".

O novo "lyssenkismo" não está tão longe assim...

---

[189] Retomo aqui uma frase da filósofa e historiadora francesa Bernadette Bensaude-Vincent, *Les Vertiges de la technoscience. Façonner le monde atome par atome*, La Découverte, 2009, p. 13.

Capítulo 7

A Resistência a partir de dentro

> Os povos estavam sonolentos, mas o destino cuidou para que eles não adormecessem.
>
> Friedrich Hölderlin

Deve-se então relaxar? Se a "grande perturbação" é um formidável desafio dirigido à vontade humana, teríamos ainda os meios necessários para enfrentá-lo? Em um primeiro movimento, somos tentados a responder negativamente. Poderes demais avançam sobre nós, "sistemas", "processos" demais minam nossa capacidade de defesa; um excesso de dominações inéditas está surgindo: a marcha da história e a configuração das sociedades humanas não nos parecem mais realmente governáveis. O sentimento de impotência encontra a sua origem nesse quadro, para além dos medos de todas as naturezas que atravessam nossas sociedades. O pensamento do número, o peso das finanças, a convergência das tecnologias, a força persuasiva da tecnociência e a retórica inflamada de seus profetas: tudo se mistura para arruinar antecipadamente a ideia de alternativa. Os dados já teriam sido lançados. Um novo tipo de afasia política assombra as democracias desenvolvidas, tanto da velha Europa como da América do Norte. Ela alimenta uma resignação paralisadora, como que um enfraquecimento da vontade combativa.

Os progressos tecnocientíficos, tanto os melhores como os piores deles, parecem-nos ineluctáveis e soberanos. Eles se desenvolvem à nossa revelia. Obedecem a suas próprias regras e, frequentemente, à embriaguez duvidosa que fazem nascer. É como se sua "aceleração acelerante" não fosse mais controlada ou controlável. Somos simplesmente convidados a entrar em uma corrida cujo itinerário ou cuja trajetória não foram fixados ou modificados por nenhuma deliberação esclarecida. É verdade que ninguém hoje é capaz de prever o traçado dessa viagem. Não é sem motivo que a *singularidade* anunciada é definida pela analogia com os *buracos negros* do espaço. Não se sabe quase nada a respeito da ruptura que nos aguarda. A despeito desse nevoeiro, a corrida maluca se acelera. Não se pode parar o progresso, diz-se, e ainda menos a pesquisa e o desenvolvimento tecnocientífico. Essa renúncia às vezes é reivindicada. "Minha posição" — clama o tecnoprofeta Gilbert Hottois — "é a de que é preciso imperativamente *acompanhar* a pesquisa e o desenvolvimento tecnocientíficos."[190] O mesmo autor acrescenta que ninguém pode ser "hostil à dinâmica da tecnociência", salvo que se caia em um "fundamentalismo reacionário". Então corramos de olhos fechados e sem parar para pensar! Não teríamos escolha.

Acreditar nisso seria um erro, e bradar isso seria uma falta. Na verdade, essa paralisia da decisão democrática não é nem fatal nem geral, e a prosternação a que induz é apenas aparente. Ela diz respeito principalmente ao teatro da política e das mídias (dominantes), isto é, ao *espetáculo*. Há formas políticas que se decompõem ali, mas são as do passado. Longe dos projetores, em todos os outros lugares, é possível perceber um movimento inverso. Resistências se constituem, pensamentos críticos são elaborados, esboçam-se alternativas, mas de um outro modo e com outras palavras. A riqueza dessas germinações é de tal ordem que à frase de Hölderlin que encabeça este capítulo poderia ser acrescentada outra, do mesmo autor: "Onde cresce o perigo também cresce aquilo que salva." Muito citada, ela é mais pertinente que nunca. Há uma fermentação em ação no subsolo das sociedades civis. Multiforme, tateante, em rascunho, ela cava as fundações da futura cidadania e procura, a qualquer custo, reinventar mecanismos democráticos diferentes.

Mantendo-se aqui o sentido das proporções, está ocorrendo o mesmo que nas tiranias políticas (Irã, Arábia Saudita, Birmânia, China etc.): frente aos poderes políticos encastelados em Pequim, Teerã ou Kabul, as sociedades civis estão efervescentes e inventivas. Elas aprenderam a contornar o obstáculo, a ocupar as margens. Elas entendem a linguagem do poder, mas não o ouvem mais. É um ruído de fundo, que as deixa indiferentes. A analogia possui seus limites — não estamos em um regime ditatorial —, mas é eloquente. Ainda que, por aqui, o velho mundo se encastele em

---

[190] Gilbert Hottois, *Essais de philosophie bioéthique et biopolitique, op. cit.*

benefício dos "poderes", uma nova *insurreição das consciências* está em gestação. É nos interstícios da vida, na cotidianidade, que campeiam a partir de dentro esses resistentes. Os partidos clássicos, as instituições, as linguagens se esfacelam, e isso não é uma catástrofe, é uma mudança. A pele que se solta é a de um mundo que já ficou velho e que está indo embora.

Os novos resistentes agem através de uma imbricação de associações culturais, sociais, solidárias, mas também cooperativas, científicas, ecológicas etc. Longe de se voltarem para o passado, essas "multidões"[191] não rejeitam as novas ferramentas técnicas oferecidas aos humanos. Elas se propõem a utilizá-las de uma outra maneira, a reconfigurá-las. Citemos apenas um exemplo: a atualidade nos mostra que o ciberespaço, local que abre a possibilidade de novas dominações mercantis, também comporta — contraditoriamente — territórios "libertados", para retomar o vocabulário da insurreição. O território favorável às novas dominações também é o da batalha de ideias. Trabalha-se em favor da promoção de uma sociedade do uso em vez de um capitalismo do acesso. Utilizados de uma maneira diferente, o digital, a rede de competências e de engajamentos, o compartilhamento dos saberes "conferem sentido à inteligência coletiva e aumentam o número de contribuidores criadores de riquezas".[192] Sucesso ínfimo, mas sinal forte: os inovadores já permitiram a promoção do programa livre ou a criação de uma molécula (remédio contra a malária). Eles abrem caminhos nos domínios da alimentação biológica, das medicinas suaves e do reforço dos laços sociais.

Esses "recusadores" não vivem, pois, na nostalgia. Eles procuram fazer, com os olhos abertos, o inventário do possível e do desejável e — sobretudo — reabilitar a vontade democrática que age, aquela que Max Weber definia como o *gosto pelo futuro*. Os grupos que eles formam estão amplamente "fora do campo", isto é, pouco visíveis e mal identificados. São novos brotos, ainda não repertoriados pelos herboristas do sistema. Sua linguagem, seus modos de ação, os horizontes que fixam para si mesmos, nada disso corresponde às antigas clivagens políticas. Como poderia ser diferente?

Nada mais resta das antigas configurações doutrinárias, exceto a gesticulação política. Isso não deve causar surpresa e muito menos aflição.

---

[191] Retomo intencionalmente o termo *multitudes*, título de uma revista científica, fundada em 2000 por Yann Moulier-Boutang.
[192] Emmanuel Dessendier e Anita Rozenholc, *Écorev*, nº 33.

O "segundo dilúvio" tecnocientífico possui a violência de um maremoto. Como o mar que toma de assalto uma orla, ele dispersou o que se encontrava na areia: nossos "jogos", nossos costumes, nossas representações coletivas, nossos refúgios, nossas casas, nossas identidades ou nossas referências. Ele tornou caduco o que julgávamos eterno, frágil o que considerávamos sólido, problemático o que pensávamos estar assegurado. A passagem dessa arrebentação já desorganizou completamente a democracia de anteontem e tornou inoperantes seus modos de funcionamento. Somos realmente imigrados tendo acesso a um mundo que se tornou "outro". Para retomar o controle sobre ele é preciso aprender a morar nele. Conseguir separar os benefícios e os perigos que ele carrega dentro de si exige que nos tornemos cidadãos atentos da *sobremodernidade*. Devemos ser resolutamente modernos, dizia Arthur Rimbaud, nas últimas páginas de *Une saison en enfer*.

Frente às adversidades mutantes, esse esforço implica um trabalho de discernimento. Com efeito, uma coerência insidiosa vincula entre si novas formas de dominação cujo inventário tentamos fazer neste livro. Ela nem sempre é aparente. Trata-se de expô-la à luz localizando as concordâncias sistêmicas — e invisíveis — que reforçam a lógica dominadora. O simples "desvelamento" torna-se um instrumento, para não dizer uma arma. Os altermundialistas, no começo, faziam referência a isso: ao tornar visível um mecanismo, contribui-se para debelá-lo. Eles batizavam isso de "teste de Drácula", que parte do princípio de que as dominações — como os vampiros — detestam a luz do dia. Ora, a conivência objetiva que vincula as dominações entre si deve ser desmascarada e mostrada. Nenhuma resistência crítica seria consequente caso não tratasse do particular, do categorial, do tribal. Os *gender studies*, assim como as reivindicações libertárias, como já mostramos, continuarão sendo vãos enquanto não levarem em consideração as lógicas da sociedade mercantil da qual elas podem se tornar, a qualquer momento, servidoras involuntárias.

O *"controle" desqualificado*

Primeira constatação: a dominação começa justamente com um convite à renúncia. Ao negar aos homens toda possibilidade de controlar sua própria história, eles são preparados para a submissão. O discurso tecnocientífico faz isso, e, mais do que ele, o dos tecnoprofetas. O "controle" é apresentado como uma ingenuidade, e o voluntarismo democrático é considerado uma superstição. Essa desconfiança em relação à *decisão* não é um fenômeno novo. No imediato pós-guerra, os pesquisadores convidados para as conferências Macy de Nova York tinham lançado as bases do pensamento cibernético.[193] Suas reflexões se baseavam primeiramente — e de modo legítimo — em uma repulsa pelas monstruosidades de que a *vontade humana* tinha sido capaz durante a Segunda Guerra Mundial. O horror dos campos de extermínio, o Holocausto e o terror de Hiroshima justificavam que fossem evitados no futuro os desvios humanos. Por isso, a vontade de controle ficou desacreditada. Em sua fria neutralidade, a racionalidade técnica parecia preferível às paixões de carne e sangue. Mas e o humanismo iluminista, depois de ter produzido *aquilo*, ainda merecia ser defendido? Com efeito, depois de ser continuamente desfigurado, recitado ou falsificado, o projeto humanista perdera uma boa parte de sua atratividade.

Melhor seria então aceitar os avanços tecnológicos, deixar-se conduzir por eles, em vez de pretender orientá-los. A despeito da perda de autonomia que implicava para as sociedades livres, o *não controle*, no começo, foi considerado menos perigoso que o *controle*. Preferia-se o inconveniente do acaso tecnológico — que progride através de emergências sucessivas — à escolha deliberada, feita em nome de um propósito. Parecia inaceitável a ideia de temer a "desumanidade" da própria técnica. Ao longo do século XX, a desumanidade fora produzida e conduzida pela própria espécie humana. Ela não podia ser imputada apenas às máquinas.

Setenta anos depois, essa opção inaugural deixou traços, e muito além do que foi chamado de *pós-modernidade*. Os defensores das biotecnologias, assim como os do transumanismo, recusam hoje qualquer ideia de enquadramento da pesquisa, quer seja em nome da política ou da ética: deixemos a ciência e a técnica seguirem seu próprio curso! Os defensores do pós-humanismo, como já vimos anteriormente, reivindicam abertamente o *não controle*.[194] Fazem deste último uma das condições do progresso. Muitos grandes físicos, a exemplo de Wernher von Braun (1912-1977), definiam a verdadeira pesquisa como uma corrida intrépida, sem destino determinado previamente. Acrescentemos, sobre o relatório NBIC de 2002, do qual

---

[193] Ver capítulo 4: "Pós-humanidade: a grande desmontagem".
[194] *Ibid.*

falamos mais acima, que o processo que se desenha no horizonte, graças à "convergência" das tecnologias, reforça ainda mais a ideia de *não controle*.[195] De resto, a definição puramente "comunicacional" do homem — o humano reduzido a uma rede de conexões neuronais — aniquila, hipoteticamente, o livre-arbítrio do qual ele se julga detentor. Se o homem é um joguete dos "genes egoístas" que pilotam seus órgãos, então seu voluntarismo não é senão uma pura ilusão.[196] O que é verdadeiro para o indivíduo também o é para as sociedades. Escolher um propósito? Uma direção? Um destino? Mas em nome do quê? De acordo com que critérios?

Essa desqualificação original do *controle* da tecnologia coincidiria estrategicamente com o princípio defendido pelo economista Friedrich von Hayek (1899-1992), grande adversário da regulamentação em geral e do keynesianismo em particular. Para Hayek, a economia não pode ou deve ser objeto de uma orientação intencional. O automatismo do mercado (a "mão invisível" de Adam Smith) basta a si mesmo, e os "progressistas" não devem contrariá-lo em nome de suas boas intenções. Em seu principal livro, *O Caminho da Servidão*, publicado em 1944, ele ironizava aqueles que chamava de intelectuais "construtivistas". Para o autor, eles têm em mente um projeto de sociedade ou um ideal e procuram fazer com que dê certo, mas não conseguem senão corromper o vivo brilho da liberdade e entravar a criação de riqueza. Aplicada à economia — e reivindicada atualmente pelos libertarianos —, essa defesa da "ordem espontânea" e do "não controle" corresponde perfeitamente à que as conferências Macy exigiam em favor da técnica. Em ambos os casos, *julga-se o piloto automático menos arriscado que a pilotagem manual*.

Atualmente, após a enorme crise financeira e social, a confiança na autorregulação do mercado não é mais conveniente, exceto em algumas seitas ultraliberais. Dos dois lados do Atlântico, cada um toma consciência dos perigos de uma economia globalizada não regulamentada pela deliberação humana. Em todos os lugares fala-se em restauração do Estado, em regulação e em salvamento do privado pelo público. Diz-se que é preciso "moralizar a globalização". O famoso "consenso de Washington", elaborado em 1989 pelo economista americano John Williamson (desregulamentar, privatizar, diminuir o Estado etc.), perdeu toda a sua força.

---

[195] Retomo aqui a constatação de Jean-Pierre Dupuy, *Le Débat*, op. cit.
[196] Ver Richard Dawkins, *Le Gène égoïste*, Dunod, 1990, e Poches Odile Jacob, 2003.

Esses protestos de boa-fé nem sempre são seguidos por resultados. Menos de dois anos após o começo da crise financeira, os grandes bancos — salvos graças ao dinheiro público — já haviam restaurado ou até mesmo aumentado seus lucros. No nível da sensibilidade política dominante, contudo, os compromissos do político correspondiam a uma guinada de cento e oitenta graus.

Esse novo ponto de orientação será mantido? Ninguém sabe.

Ele já suscita problemas inéditos. Por enquanto, o retorno do Estado, mesmo que ele esteja em frangalhos em quase todos os lugares, reduz-se a uma injeção de moeda pública nos circuitos econômicos. A reabilitação do "bem comum" exigirá tempo, mas foi prometida, assim como foi prometido o retorno do voluntarismo estatal. Pode-se esperar que, cedo ou tarde, o mesmo ocorrerá com a tecnociência. Ela deverá ser governada *pelas sociedades*, em vez de conduzi-las. A autorregulação da técnica, na qual se apostava até então, parecerá amanhã tão pouco confiável quanto a do mercado, com o qual, aliás, ela está em parte vinculada. Historicamente legítimo em 1944-1950, o *não controle* torna-se loucura quando se trata de escapar às "sociedades monstros", possivelmente geradas por uma tecnociência submetida aos ditames do dinheiro. Pensemos na sombra projetada por Lyssenko...

Não controle ou controle: esta alternativa não é abstrata. Ela não corresponde a um debate bizantino reservado aos intelectuais, a uma evanescência exilada no céu das ideias; ela é efetiva e seus efeitos são imediatos. Aqui se encontra o cerne do debate contemporâneo. As numerosas escolhas que causam polêmica a respeito do estatuto da pesquisa, do comportamento da economia ou do governo de uma nação sempre remetem à mesma interrogação fundamental: é possível e desejável retomar o controle sobre os processos ou sistemas? É preciso reabilitar o conceito de projeto herdado do Iluminismo ou aceitar docilmente o progresso em curso? Essa é a "mãe das questões". Quando os filósofos das ciências asseguram que a ciência deve "entrar em cultura" e "reintegrar a democracia", eles defendem *de facto* o controle e recomendam um enquadramento mínimo da pesquisa. Os economistas ditos reguladores fazem a mesma coisa em seu domínio quando asseguram que não se deve desistir diante da aritmética impessoal dos mercados e dos tropismos de visão de curto prazo do mercado financeiro.

Em favor de um pensamento de alto-mar

Eis, pois, um primeiro artifício da dominação: aquele que, ao desacreditar toda ideia de controle ou de voluntarismo, desmotiva o cidadão e encoraja a retração do político. Finge-se deplorar essa afasia constatando o absenteísmo dos cidadãos, cada vez maior. Na verdade, esse absenteísmo é lógico. Desencorajados, os cidadãos simplesmente extraem as consequências do discurso da impotência que geralmente lhes é apresentado. Por que eu iria votar, já que, pelo que me dizem, "nada podemos fazer"?

O segundo obstáculo a ser superado diz respeito à própria política, ou àquilo que sobrou dela. Ele está ligado à desorganização das oposições tradicionais, à confusão das linhas de frente. A despeito do espetáculo oferecido pelos ataques eleitorais à moda antiga — ruidosos, mas comicamente datados —, a deliberação democrática tem dificuldades em reencontrar suas características próprias e, mais que isso, seus próprios fundamentos. As antigas clivagens — esquerda contra direita, progressistas contra reacionários, credulidade contra razão — não significam mais muita coisa diante das questões atuais, que são inéditas. As opções são novas, mas as clivagens são antigas. Disso resulta uma enorme confusão. Alérgico à dominação econômica, certos homens de esquerda acolherão favoravelmente toda transgressão tecnocientífica vendo nela um progresso da razão ou da liberdade. Inversamente, um conservador invocará a moral para denunciar uma transgressão bioética, mas esquecerá que ele é incomodado pela onipotência — mais amoral ainda — do mercado. Torna-se difícil estabelecer a cartografia das sensibilidades ideológicas e políticas.

E assim será enquanto os pensamentos morcegos[197] proliferarem na desordem. Como os parentescos, as similaridades de opinião também se recompõem permanentemente. A aspiração libertária e a dominação liberal não cessam de se imbricar e de se contradizer. A ecologia é de direita? Os altermundialistas são reacionários? Os OGM são um progresso do desenvolvimento humano ou uma estratégia de confiscação da vida? A clonagem é um bem? A gestão para outrem é de esquerda? A desmaterialização do mundo é progressista? Quando a nova miséria da política é evocada, são esses imbróglios que se têm em mente.

---

[197] Ver capítulo 2: "Os direitos humanos e o mercado".

O mesmo é válido para o juízo a respeito de autores que, na desordem, se interrogam sobre os riscos inerentes à "grande perturbação". Eles são politicamente classificáveis? O filósofo Jean-Luc Nancy, ligado a uma releitura não religiosa do cristianismo, é um obscurantista? Paul Virilio, que denuncia o culto da velocidade, é de direita ou de esquerda? O jurista Alain Supiot, alérgico ao pensamento do número, é nostálgico? Judith Butler — em seu pensamento maduro — é relapsa ou uma traidora? André Gorz, que despreza o imaterial, é um desajustado? O antropólogo Georges Balandier, que denuncia a tecnicização galopante, é arcaizante? E Hannah Arendt, que via na finitude e na morte anunciada a "marca da existência humana"? Ou Emmanuel Levinas, em suas advertências contra o império da "totalidade"?

Nenhuma dessas reflexões é redutível a uma "opinião" imediatamente utilizável, no sentido político e antigo do termo. Seus pontos de vista não são (ainda) recuperáveis pelo debate político. Eles trabalham um tanto à frente, a montante. Em outras palavras, não é uma "política" que esses autores se esforçam em elaborar, é um *pensamento*. Para isso são necessários mais paciência, silêncio e recolhimento. O assim chamado "silêncio dos intelectuais" frequentemente corresponde a esse recolhimento necessário. A obrigação em que estamos de construir "uma" visão — antes de pensar em fazer um uso político dela — é um dos temas favoritos de Jean-Luc Nancy, para quem o pensamento a ser inventado é simplesmente "o despertar do sentido". Ao retomar Nietzsche neste ponto, ele considera necessária uma transvaloração de todos os valores, isto é, uma "mutação tectônica do pensamento e das representações". Somente desse modo poderíamos "construir um caminho rumo à saída do niilismo. Sabemos que ele é estreito e difícil, mas está aberto".

A distribuição do incalculável

"A parte do sem-valor — parte da distribuição do incalculável e, estritamente falando, portanto, indistribuível — excede a política. Esta deve tornar possível a existência dessa parte, sua tarefa é manter a sua abertura, mas não assumir seu conteúdo. O elemento no qual o incalculável pode ser distribuído tem como nomes a arte ou o amor, a amizade ou o pensamento, o saber ou a emoção, mas não a política — em todo caso a política democrática. Esta se abstém de pretender fazer essa distribuição, mas deve garantir o seu exercício."

Jean-Luc Nancy, *Vérité de la démocratie*, Galilée, 2008, p. 34.

Os intelectuais não são os únicos a pressentir a necessidade de se elaborar um outro paradigma que não se confunda nem com o da pós-modernidade nem com os engajamentos políticos anteriores, sejam eles de direita, de esquerda ou de extrema esquerda. Isso não significa de modo algum que a clivagem direita/esquerda tenha sido ultrapassada, mas sim que suas fronteiras não são mais as mesmas. Quando Edgar Morin pede por uma "política de civilização", ele não diz nada diferente disso. A necessidade de um novo pensamento é tão evidente que, de modo desajeitado, alguns tomadores de decisões do establishment não escondem mais seu questionamento a esse respeito. O francês Pascal Lamy, diretor da Organização Mundial do Comércio (OMC), templo do "pensamento do número" e instrumento do neoliberalismo, quase entregou o ouro. Convidado no dia 4 de novembro de 2010 a Montreal para receber seu doutorado *honoris causa*, ele deixou seus interlocutores estupefatos ao confessar que se interrogava "sobre as raízes culturais e antropológicas do capitalismo de mercado que é intrinsecamente injusto". Ele acrescentou imediatamente que seria preciso "extrair as lições da crise [financeira] e analisar profundamente esse capitalismo para encontrar alternativas. Para fazer isso, é necessária a contribuição de ciências como a antropologia, a etnologia e a sociologia, e não apenas a da economia ou do direito".[198]

A declaração e o apelo dirigidos aos intelectuais críticos foram recebidos como uma confissão de culpa. Vindo de um alto funcionário internacional, isso equivalia a reconhecer que nenhum pensamento digno desse nome habita atualmente o sistema mundial e que é urgente construir um caso se queira retomar o controle das coisas, o que já é chamado pejorativamente de "regulação". Pascal Lamy confirmava, na verdade, o que todos pressentem: o mundo que surge ainda não foi pensado, o que não significa que ele seja impensável.

Assim como o diretor da OMC, sutilmente assaltado por seus "questionamentos", nossas sociedades esperam que antropólogos, filósofos ou sociólogos se empenhem nesse trabalho. Questões como o pós-humanismo, a emergência do imaterial, o ódio do corpo e da matéria, a prevalência obsessiva da quantidade, o embaralhamento ontológico do tempo e do espaço oferecem horizontes nunca vistos a um "pensamento de alto-mar".[199]

---

[198] *Le Monde*, 5 de novembro de 2010.
[199] Tomo essa linda expressão de Bernard Sichère, "Pour une pensée de haute mer", *Nunc, revue vulnérable*, nº 19, setembro de 2009.

Ora, salvo exceção, os filósofos ou os transmissores de opinião, aqueles que poderiam esclarecer os cidadãos porque "falam na televisão", estão ausentes. Poucos são os que — como os filósofos franceses Jean-Michel Besnier ou, ao seu modo, Michel Serres e Alain Finkielkraut — abraçam temas como o digital ou o transumanismo. Esses temas lhes parecem dizer respeito ao devaneio ou à ficção científica? As questões que aparecem lhes parecem excessivamente marginais? Jornalísticas demais? Embaraçosas? Eles preferem limitar-se a uma visão mais acadêmica do mundo e, como antes de ontem, redigir livros sobre os estoicos gregos, a posteridade de Spinoza, o sentido da felicidade, os sofrimentos do amor amedrontado ou a história das ideias. Eles o fazem com talento e sucesso. Essas reflexões produziram, merecidamente, um aumento do interesse dos leitores pela eloquência filosófica.

O pensamento de alto-mar, por sua vez, terá de esperar...

Um retorno à resistência?

Ao usar como título deste capítulo "A Resistência a partir de dentro", pretendia-se designar um aspecto bastante particular do fenômeno. Os novos pensamentos críticos se aparentam a atividades de resistência. Eles não pertencem às forças armadas regulares da universidade ou das mídias. Fragmentados, heteróclitos, efervescentes, praticam a guerrilha e a ocultação. Os pequenos grupos que se dedicam a eles não apresentam uniformes e tampouco pertencimentos bem-definidos. As redes que constituem são efêmeras, em constante metamorfose. Alguns perdem o fôlego, enfraquecem ou desaparecem (esse foi o caso do altermundialismo de primeira data), mas logo surgem outros. Como geralmente é a regra nas ações de resistência, sua extraordinária diversidade aparenta-se a um inventário *à la* Prévert. Muitas famílias políticas se aproximam deles. Trânsfugas da extrema esquerda, ecologistas de todas as linhas, pesquisadores em conflito com o consenso acadêmico, universitários rebeldes, artesãos ou agricultores dissidentes, voluntários de todos os gêneros, artistas revoltados, militantes da "frugalidade feliz": o espectro reúne todos os matizes e mistura todas as cores do arco-íris ideológico.

No cômputo geral, o florescimento desses grupos e redes constitui uma rica universidade selvagem, um laboratório conceitual em escala planetária, uma ágora permanente. A confusão de cores não deve provocar um sorriso de complacência. Ela é a aposta em uma verdadeira liberdade criadora. A expressão "resistentes a partir de dentro", aliás, pode ser entendida de outra maneira. Na maior parte do tempo, os pensamentos críticos que eles elaboram questionam a partir de dentro as disciplinas do saber. Um geneticista, um biólogo, um analista de sistemas, um físico, um economista, um matemático: cada um desses rebeldes está mais bem situado que um "intelectual orgânico", este generalista frequentemente submisso ao poder (a expressão é de Antonio Gramsci), para questionar seu próprio domínio de competência. Geralmente ele sabe sobre o que está falando. Ele encarna a figura que Michel Foucault pedia em seus votos: a do "intelectual específico" que, ao contrário do "orgânico", se baseia em uma competência precisa.

Nos locais de resistência planetários, a intervenção dos intelectuais específicos não consiste em um assalto frontal e mal documentado, que seria conduzido a partir de fora contra uma tecnologia, uma pesquisa científica ou um desvio dominador. Ele surge no próprio cerne destes últimos. Engenheiros do Institut National de la Recherche Agronomique (INRA) colocarão questões incômodas sobre a patenteabilidade dos seres vivos; analistas de sistemas questionarão a mercantilização da Internet; especialistas em física atômica intervirão na questão nuclear; economistas reconhecidos denunciarão a matematização excessiva de sua disciplina; juristas ou magistrados colocarão em dúvida a eficácia do todo repressivo, e assim por diante. Dentro das grandes instituições internacionais, há altos funcionários que entram bruscamente em dissidência.

O economista Joseph Stiglitz, vice-presidente do Banco Mundial durante três anos (de 1997 a 2000), afastou-se de seu cargo para denunciar vigorosamente o "fanatismo do mercado" ou o "triunfo da cobiça". Stigliz frequenta atualmente os fóruns altermundialistas, e a quantidade de leitores para seus livros aumenta cada vez mais. Do mesmo modo, o jurista e consultor Georges Corm, ex-ministro das Finanças do Líbano, transformou-se em dissidente. Em seus últimos livros, ele defende o princípio de uma "desglobalização" resoluta.[200] Na França, o antigo comissário do Plano, Jean-Baptiste de Foucauld, não esconde mais suas críticas à iniquidade do

---

[200] Georges Corm, *Le Nouveau Gouvernement du monde: idéologies, structure, contre-pouvoirs*, La Découverte, 2010.

sistema e defende uma "abundância frugal". O economista René Passet, professor emérito da Sorbonne, também se distanciou do que ele chama de "ilusão neoliberal". Ele foi o primeiro presidente do conselho científico do movimento Attac. Até mesmo aderiu, em 2005, ao campo do "não" no referendo sobre o projeto de Constituição europeia, que ele considerou excessivamente marcado pela ideologia liberal.

Em outras palavras, não há nada mais falso que refutar as críticas feitas à tecnociência, apresentando-as como tendo sido feitas por "ignorantes". Aqueles que, não sem arrogância, formulam essas acusações rapidamente ficam confusos. O antigo ministro francês da Educação, Claude Allègre, experimentou isso quando tratou do aquecimento global. Ele negava a sua existência, antes de ser desmentido, duramente, no outono de 2010, pela Academia de ciências.

Naturalmente, é tentador ironizar a fraqueza estratégica desses resistentes esfarrapados, comparando-a aos poderosos exércitos dominadores que dispõem de grandes batalhões superequipados e de lobbies influentes, que mobilizam os meios tradicionais de comunicação, que possuem acesso direto aos governos e que encarnam — ou pretendem encarnar — uma respeitabilidade institucional que seria confrontada à insolência de alguns maltrapilhos. Raciocinar desse modo revela um certo descuido. A realidade do mundo não corresponde mais a essa medida da influência. No terreno das ideias, assim como em questões militares, a assimetria dos meios deixou de ser um *handicap*. Na supermodernidade, as relações de força, assim como todo o resto, mudaram de natureza. A estratégia do fraco contra o forte agora é compensadora. Dentre mil exemplos, pense-se no simples blog de um internauta que se tornou emblemático da resistência ao mercado total: o de Paul Jorion, antropólogo e sociólogo belga, especialista em ciências cognitivas e economia. Isolado, sem meios e sem reforços, um pensamento resolutamente divergente da condução do projeto europeu ou das políticas abusivamente restritivas praticadas no velho continente conseguiu exercer uma real influência política. Em 2007, Paul Jorion causou um escândalo ao anunciar em um livro premonitório que uma crise gravíssima ameaçava o capitalismo financeiro nos Estados Unidos e que ela surgiria no âmago dos mercados imobiliários. Ele descrevia em detalhes a absurdidade do "sistema do subprime" criado pelos bancos americanos para vitaminar os empréstimos hipotecários e para especular com a inadimplência da classe média. Suas análises foram corroboradas alguns meses depois.[201]

Do ponto de vista sociológico, os resistentes em questão se parecem — estranhamente, aliás — com os jovens de jeans que, nos anos 1970, "inventaram" a informática, criaram a Internet ou colocaram em andamento a revolução biogenética. Quem poderia imaginar que, nas garagens fora de uso de San Francisco, Berkeley ou Palo Alto, estavam surgindo empresas como a Macintosh, a Microsoft ou a Intel? O mesmo paralelo pode ser feito com esses jovens inovadores sem títulos ou posição que amealharam fortunas imaginando ou criando redes sociais como o Facebook ou o YouTube.

Para citar um exemplo mais recente de assimetria vitoriosa, pensemos no terremoto que representou para as forças armadas americanas e para o Pentágono a revelação feita em outubro de 2010 e, depois, no final de novembro do mesmo ano, de quatrocentos mil documentos secretos sobre a Guerra do Iraque desde 2003; documentos que evidenciavam os métodos das forças armadas americanas. A ofensiva surgia de um grupo minúsculo e de um site na Internet, o WikiLeaks, fundado por Julian Assange, um hacker australiano de menos de quarenta anos (ele nasceu em 1971). Qualquer que seja a opinião a respeito de sua iniciativa, ela dá uma ideia do poder potencial dos contestadores que agem a partir de dentro. Com certeza as guerrilhas pacíficas se multiplicarão. Nem todas serão dignas de elogio, mas sua multiplicação, por si só, demonstra o tamanho da mudança.

A nebulosa resistente existe realmente. Ela deve ser levada a sério.

A rede das redes

O termo *nebulosa* é apropriado, mas é demasiadamente restritivo. Quando se quer fazer um recenseamento, mesmo que sumário, desses grupos, rapidamente se é desencorajado de tão numerosos e diversos que são. Nebulosas, talvez, mas o plural se impõe. Alguns mobilizam os agricultores, como a *Via Campesina*, um movimento nascido em 1993 e que está presente em sessenta e nove países, ou, na Índia, a *Navdanya*, criada em 1991 por uma militante ecologista e feminista engajada na luta contra a indústria agroquímica. Outros, como o grupo canadense *Halifax Initiative*, lutam contra

---
[201] Paul Jorion, *Vers la crise du capitalisme américain?*, La Découverte, 2007.

a brutalidade das instituições financeiras. O comércio solidário, por sua vez, mobiliza ONGs transnacionais, como a *Max Havelaar*, ou a rede francesa *Artisans du monde*. A sempiterna questão da dívida do terceiro mundo também gerou a criação de grupos especializados como a rede *Jubilé Sud*, fundada em 1999, ou a *Eurodad*.

A defesa dos direitos humanos é o terreno privilegiado de uma série de outras associações e de redes. Naturalmente, as mais antigas e conhecidas são a *Anistia Internacional* (criada em 1961) e a *Human Rights Watch* (fundada em 1988). Depois disso, surgiram outras: a rede de origem alemã *Foodfirst Information and Action Network* (FIAN), engajada contra a subnutrição, ou a *Sherpa*, outra rede de origem francesa que reúne sobretudo juristas que militam em favor de uma reforma radical do direito comercial e financeiro. No caso da defesa do meio ambiente, a sua organização mais importante ainda é o *Greenpeace*, que dispõe de três milhões de associados e de mil e duzentos funcionários no mundo todo, mas que às vezes faz uso de métodos contestados. No mesmo terreno, outras ONGs prosperaram, como a rede mundial dos *Amigos da Terra*, fundada em 1969 e presente em setenta e dois países.

Em um domínio vizinho, o *Programa de Autoprodução e Desenvolvimento Social* (PADES), criado em 2002, propõe-se, no domínio da autoprodução, a "transformar um tecido de iniciativas isoladas em um processo coerente". No caso da questão feminina, mencionemos a iniciativa canadense da *Marcha Mundial das Mulheres*, nascida em 2000 e que reúne atualmente milhares de associações. As questões relativas à livre informação não foram esquecidas. Ao lado da ONG de origem francesa *Repórteres sem Fronteiras* (nascida em 1986 na França), devem ser citadas a *Indymedia*, uma rede independente presente sobretudo na Internet, ou a *Samizdat*, criada em 1995 para defender a informação dita "alternativa".

Existem muitas outras redes dessa natureza. Seria preciso incluir nessa tipologia muito fragmentária os numerosos sites mais especializados que intervêm no domínio da genética (*Génétique et Liberté*, que infelizmente está adormecido) e das nanotecnologias (*Vivagora*, que reúne sobretudo pesquisadores independentes). Citemos o importante *Observatoire des Inégalités*, associação francesa independente com sede em Tours, França, muito ativa na Internet e que se esforça cotidianamente em "reunir dados e elementos de análise sobre as desigualdades, tanto na França como no mundo".

Essas redes e ONGs de todas as colorações representam muito mais que uma nebulosa. Alojadas — notadamente — no *sexto continente*, suas ações cotidianas frequentemente produzem resultados. Elas não são "poderes" propriamente ditos, nem tampouco "contrapoderes", mas organismos de incentivo, monitoramento e denúncia. Seu número (vários milhões) aumenta continuamente, sobretudo nos grandes países emergentes. Na Índia, um relatório oficial publicado em 2010 trazia a estimativa de 3 milhões, o que representa uma ONG para cada quatrocentos habitantes. Na China, elas já eram milhares em 2010, frequentemente críticas ao poder e muito comprometidas com as questões do meio ambiente. Especialistas chineses até mesmo veem em sua multiplicação uma "astúcia da democracia", isto é, uma maneira de a sociedade civil contornar progressivamente o poder.[202]

Nem todas as ONGs são politizadas, e muitas delas se limitam à ação humanitária ou à ajuda mútua. Elas não compartilham os mesmos pontos de vista. Algumas são folclóricas, outras se expuseram à crítica devido aos seus métodos, à sua comunicação ou ao seu marketing. As mais sérias, no entanto, desempenham um papel político cada vez maior na vida internacional. Com o tempo, elas adquiriram uma competência tão precisa — e às vezes maior — quanto a dos especialistas governamentais, inclusive em questões científicas. Nos últimos anos, as ONGs e as associações teceram laços e criaram pontes entre si para aumentar a coerência de suas ações.

Ao mesmo tempo, elas se profissionalizaram (por exemplo, na ajuda humanitária ou na medicina) e se tornaram interlocutoras obrigatórias das grandes instituições internacionais como a FAO, a OMS ou até mesmo a ONU. Em vários países, elas decidiram — não sem correr riscos — transformar-se em partidos e passaram a concorrer diretamente com as formações tradicionais, em vez de serem "forças auxiliares". Na Alemanha, o "partido verde" (*Die Grünen*), criado em 1980 a partir de várias ONGs, possui atualmente uma capacidade de ação e de mobilização sem equivalentes na Europa. Ele concentra seus esforços em questões explosivas, como a energia nuclear ou a imigração.

Presentes na maior parte dos encontros ou cúpulas internacionais — às vezes sem terem sido convidadas —, as ONGs encarnam uma forma nova e cosmopolita de engajamento. Graças a elas, o voluntarismo ainda vivo

---

[202] Este é justamente o tema do livro de Isabelle Thireau e Hua Linshan, *Les Ruses de la démocratie. Protester en Chine*, Seuil, 2010.

no planeta encontra um território, à margem dos partidos, sindicatos ou instituições oficiais. Em última análise, as ONGs contribuem para mudar o rumo da política mundial ou a orientação das instituições internacionais. Ao assim fazerem, elas constroem, passo a passo, uma nova *Weltanschauung* (visão do mundo), em luta direta com a *supermodernidade*. A influência dessas galáxias coloridas não deve ser exagerada, mas subestimá-la também seria um erro. O peso desses resistentes não poderá senão aumentar.[203]

Uma insurreição das consciências?

A diversificação das redes e dos resistentes e a intervenção, em campo, dos "intelectuais específicos" são exemplos da complementaridade entre o pensamento e a ação. Não há mais, como em outras épocas, justaposição — para não dizer hierarquização — entre o escalão superior da *teoria* e o da ação, ou da *práxis*, situado a jusante. Ambos andam juntos. A *Weltanschauung* do próximo mundo está sendo elaborada, em grande parte, no pragmatismo da ação. A objeção que geralmente é feita a esses resistentes pelos defensores da ordem estabelecida — o que vocês propõem no lugar disso? — não possui nenhum grande significado. A era dos grandes teóricos enciclopedistas ficou no passado, assim como a dos "programas" partidários. A reflexão não está mais reclusa em sua torre de marfim, e o vaivém entre o pensamento e o engajamento assegura a vitalidade de ambos. Pode-se citar como prova disso a quantidade de manifestos coletivos ou de revistas dissidentes que se apresentam como simples traços de união, como intermediários. Dentre os mais recentes, citemos *L'Appel des appels*, publicado na França em 2009 por trinta autores.[204] Na carta que encabeça esse "apelo", a vocação de traço de união é claramente reivindicada. Diz-se que os autores se comprometem a "estabelecer o vínculo entre todas as reflexões, iniciativas e mobilizações". Eles se propõem a "criar um espaço público de vigilância para o qual convergirão as análises e propostas de profissionais e de cidadãos".

---

[203] Várias obras recentes propõem uma nomenclatura mais ou menos completa das diversas formas de resistência. Pode-se consultar com proveito Élisabeth Weissman, *La Désobéissance éthique*, Stock, 2010; Razmig Keucheyan, *Hémisphère gauche. Une cartographie des nouvelles pensées critiques*, Zones/La Découverte, 2010.
[204] Roland Gori, Barbara Cassin, Christian Laval (orgs.), *L'Appel des appels. Pour une insurrection des consciences*, Mille et une Nuits, 2009.

A leitura das contribuições reunidas nesse livro mostra que seu campo abarca praticamente todas as questões abordadas nos capítulos anteriores: estatuto da pesquisa científica, metamorfose do trabalho, mal-estar da justiça, impasse da racionalidade neoliberal, ambivalência da norma, policialização social, esquizofrenia do Estado etc. O subtítulo escolhido, por sua vez, deixa entrever um repúdio do cognitivismo, para o qual a "consciência" não existe. Em um dos textos, esse questionamento do cognitivismo é explícito: ele é criticado por consentir com uma visão globalizadora da ciência, que a torna uma quase divindade, cuja função é a de ser uma "propagadora de verdades", tarefa outrora confiada a Deus.[205]

A variedade das questões abordadas pelos signatários do *Appel des appels* é parecida com o que ocorre na "Resistência a partir de dentro". Entretanto, diversidade não significa ecletismo ou dispersão. Temáticas comuns podem ser observadas. Elas representam mensagens subliminares que remetem a alguns grandes eixos teóricos. Muitas vezes, os resistentes engajados contra uma determinada dominação agem como ventríloquos que, sem saber, fazem outra pessoa falar. Suas análises remetem às do pesquisador vizinho, mesmo que este último não trate do assunto.

Vejamos um primeiro exemplo dessa transversalidade. Não se parou para pensar o suficiente sobre o sucesso inesperado e praticamente universal do prefixo *bio*. Ele é utilizado em muitos terrenos diferentes: fala-se em biótopo, biosfera, biodiversidade, biocombustíveis, biodegradabilidade, biomedicina, biossegurança e assim por diante. Esse prefixo reaparece sempre nos discursos críticos de todas as naturezas, a tal ponto que se poderia dizer que ele é um ingrediente "colocado em todos os molhos". Essa recorrência, contudo, não é nem um modo nem uma comodidade de linguagem. Ela exprime confusamente uma outra coisa. As três letras *bio* remetem etimologicamente ao conceito de vida, e até mesmo de vida viva. A *vida* torna-se, em suma, uma poderosa reivindicação popular.

Um enorme desejo

"Se [...] a vida é a fonte exclusiva da cultura sob todas as suas formas, então se torna evidente que deixá-la de lado é o mesmo que deixar de lado a cultura e que a

---

[205] Alain Abelhauser e Marie-Jean Sauret, "Le crépuscule cognitiviste", in *L'Appel des appels*, op. cit., p. 280.

> modernidade galileana não pode mais oferecer qualquer coisa além do espetáculo aterrorizante que vemos atualmente, o desmantelamento progressivo daquilo que conferia à vida, em cada um dos domínios que lhe pertencem e nos quais ela se exprime, sua razão de viver. Pois, enraizada na vida, em seu movimento incessante de vir em si mesma, de testar a si mesma e desse modo crescer sobre si mesma, a cultura não é senão o conjunto de respostas patéticas que a vida se esforça em oferecer ao imenso Desejo que a atravessa. E essa resposta ela só pode encontrar dentro de si mesma, em uma sensibilidade que quer sentir mais, sentir a si mesma mais intensamente — como ocorre na arte; em uma ação que permita que esse grande desejo de crescimento e de realizar-se de acordo com os caminhos que estão de acordo com ela."
>
> Michel Henry, *La Barbarie* [1987], PUF, "Quadrige", 2004, [Prefácio] p. 2.

A intenção é clara: a vida subjetiva, experimentada e viva, não faz parte das preocupações da tecnociência. Ela é a grande esquecida da *supermodernidade*. Ao contrário da "vida" e da inteligência "artificiais", ela não interessa nem aos tecnoprofetas, nem até mesmo aos laboratórios. Sua lembrança contínua, sua declinação incansável possuem o valor de um protesto contra a racionalidade instrumental. A subjetividade viva, garante-se de mil maneiras, representa tudo aquilo que permanece fora do alcance do pensamento do número e das normas que ele impõe. Ela, aliás, é inapreensível. Participa do afetivo, do imprevisível, do essencial. A vida viva, por natureza, é uma fugitiva que escapa ao poder do mensurável. Ela é evocada com tanta insistência para nos alertar, como diz o fenomenólogo Michel Henry, sobre "a fuga do homem para longe de seu verdadeiro ser, por não conseguir mais suportar a si mesmo".[206]

O ser verdadeiro — e vivo — do homem: essa é a grande encruzilhada do questionamento crítico. Quer eles se interessem pela financeirização da economia, pelos delírios do imaterial, pela exogênese maquinal ou pelo produtivismo calculador, aqueles que resistem a partir de dentro falam sobre a mesma coisa. Longe de serem reacionários, anteveem as dominações que estão por vir. Esse é o caso quando criticam a medicalização obsessiva da vida viva, que acaba por transformá-la em um simples "funcionamento" cujo rendimento precisa ser melhorado e seu desempenho medido. Aos olhos dos novos pudicos da tecnociência, defensores a todo custo da procriação medicamente assistida, "o corpo não faz mais sentido,

---

[206] Michel Henry, *La Barbarie*, op. cit., p. 187.

ele 'funciona' ou apresenta uma 'pane', ele constitui um obstáculo. No limite, prefere-se contorná-lo para não enfrentar os riscos da sexualidade e de uma fisiologia atemorizante. A maternidade torna-se então um arcaísmo ainda parcialmente corporal, mas que não demorará a se tornar um fato médico e técnico por inteiro".[207]

A doença do tempo

Uma leitura transversal do prefixo *bio* abre horizontes de sentido. Pode-se fazer a mesma observação a respeito de adjetivos que colonizaram tão rapidamente a linguagem do dia a dia que não nos perguntamos mais sobre o que eles nos dizem realmente. Isso ocorre com os epítetos "sustentável", "renovável". Recuperados, desvitalizados e transformados em clichês pelo discurso do fluxo, esses vocábulos se tornam próteses semânticas que camuflam o vazio do falatório. Falar-se-á de uma redução "sustentável", de um desenvolvimento "sustentável" ou de uma energia "renovável". Ora, assim como o prefixo *bio*, eles convergem estranhamente. Aplicados a domínios aparentemente estranhos uns aos outros, transportam dentro de si uma mesma reivindicação. Ela diz respeito à relação que mantemos com o tempo e, mais precisamente, com *a temporalidade como condição e atributo da vida viva.*

Ninguém pode ignorar — já nos referimos a isso neste livro — que a temporalidade está em crise. Hegemonia do curto prazo, negação do futuro como "promessa", debruçamento coletivo sobre a imediatez, aspiração infantil ao imediato, monomania da velocidade, alinhamento tecnológico baseado no nanossegundo (um bilionésimo de segundo!), substituição da informação pelo "furo" jornalístico: tudo nos mostra que a *supermodernidade* é vítima de uma doença do tempo. Essa questão tampouco é abstrata. Da economia ao mercado financeiro, passando pelo trabalho, pela coesão social ou pela vida cultural, ela transforma a maior parte das realidades contemporâneas. Muitas de nossas inquietações, de nossas aspirações ou muito de nossos sofrimentos (o envelhecimento!) estão relacionados a esse desregramento sem precedentes da temporalidade.

A "doença" em questão aniquila a escansão meticulosa do tempo humano, à qual todas as culturas aderiram. Das datas festivas às paradas

---

[207] David Le Breton, *L'Adieu au corps, op. cit.*

rituais fixadas pela religião (sabá, celebrações litúrgicas, feriados nacionais etc.), nossa história evidencia uma vontade de ritmar o tempo com o único fim de torná-lo vivível e de assegurar o *continuum* do destino humano. Toda a reflexão de Paul Virilio, autor que já citamos anteriormente, gira em torno dessa gramática temporal, cuja desintegração é por ele constatada. Ele não apenas se emociona com esse luto, mas também vê nele a ameaça do presente, com consequências incomensuráveis. "Anual e sazonal ontem, semanal e diária logo depois, essa rítmica realmente histórica iria receber o golpe fatal da revolução cibernética da informação. *A aceleração da realidade comum* logo tornou impossível a vida prática, a vida comum, e não apenas a social ou familiar."[208]

Hoje em dia, a questão do tempo se tornou uma reivindicação.[209] É a aporia com a qual temos de lidar. Ela está na raiz das angústias contemporâneas. Não sabemos mais habitar ou promover um tempo que ainda corresponda às necessidades mínimas da vida viva. O tempo não é mais oferecido como um horizonte, ele assume o aspecto de uma injunção dominadora. Precisamos "ganhar" tempo dia após dia, isto é, precisamos perdê-lo. A fantasia mais tóxica da *supermodernidade* consiste em uma vontade de encurtar a segmentação do tempo, a ponto de abolir a duração. Isso se verifica na economia (o curto prazo, o fluxo estendido, as engrenagens especulativas etc.), assim como na vida social (mobilidade limitada, deslocamentos acelerados) ou na administração do cotidiano. No que diz respeito às tecnologias "convergentes", elas se propõem a manipular uma temporalidade tão breve que está simplesmente fora do alcance de nossas capacidades cognitivas. Nesse sentido, a máquina faz com que o tempo se torne algo escasso.

Por trás dos adjetivos e das reclamações em uso pelos "resistentes a partir de dentro" a doença do tempo sempre está presente. O "durável" evoca o futuro; o "sustentável" postula a duração; o "renovável" refere-se metaforicamente ao fluxo cascateante — e geracional — da vida viva. Em suma, bradam-nos em todos os lugares algo a respeito de uma temporalidade que caiu em perdição. "Pretender acabar com a duração é querer acabar com o sentido da vida. Pois no fundo a fantasia de anular a duração, isto é, de anular aquilo que nos é custoso, mas que confere sentido à existência humana, não

---
[208] Paul Virilio, *Le Grand Accélérateur*, Galilée, 2010, p. 42.
[209] Ver a introdução: "Dominação, uma categoria mutante".

encontra sua realização na anulação da própria essência da duração, que não é senão a própria vida, onde está a fonte de toda duração?"[210]

É necessário ir muito mais longe nesse tema e perguntar-se sobre uma antinomia perturbadora. O propósito último do tecnoprofetismo, como já demonstramos, não é senão a imortalidade. Esta última equivale a um alongamento do tempo humano até o infinito. Imortal, evidentemente, é aquele cuja vida nunca acabará. Ora, inversamente, as tecnologias sobre as quais os tecnoprofetas da *singularidade* ou do transumanismo apostam produzem o efeito de encurtar o tempo a ponto de torná-lo "inumano", no sentido cognitivo do termo. Por um lado, eles advogam pela imortalidade e, por outro, pela diminuição do tempo.

Que conclusão pode ser extraída dessa contradição a não ser que ela é puramente retórica? Os dois projetos provêm do mesmo erro. *Encurtar o tempo ou assimilá-lo ao infinito equivale, em ambos os casos, a aboli-lo.* A finitude, isto é, a morte, não é uma enfermidade lamentável da condição humana, ela define esta última por inteiro. Pertencemos à espécie humana *porque* somos mortais. Todos os mitos gregos enfatizam essa diferença de estatuto entre os humanos e os deuses. Na mitologia, quando estes últimos se unem de algum modo com as mortais não é para assegurar sua sucessão — uma vez que eles são imortais —, mas sim para ter acesso à "ordem humana" organizada em torno da finitude e da renovação das gerações. Os deuses da Grécia, de Zeus a Atena ou Possídon, às vezes se banqueteiam com os humanos, experimentam como eles iras e desejos para compartilhar por um instante a condição humana à qual eles permanecem pateticamente estranhos.

O filósofo alemão Hans Jonas (1903-1993) insiste nesse aviso enunciado pelos gregos sobre o "perpétuo recomeço" que funda a condição humana. A mortalidade não é senão o reverso da natalidade; ela deixa o espaço aberto para a "resposta da vida" e para o rejuvenescimento contínuo do gênero humano.[211]

Hannah Arendt também se refere a isso em *La Crise de la culture*.

---

[210] Guillaume Carnino, "Rêve numérique ou cauchemar informatique", *in La Tyrannie technologique, op. cit.*, p. 138.
[211] Tomo essa referência de Jacques Ricot, *Étude sur l'humain et l'inhumain, op. cit.*, p. 191.

> **Os homens são mortais**
>
> "Tomada em um cosmos em que tudo era imortal, a mortalidade tornou-se a marca da existência humana. Os homens são os "mortais", as únicas coisas mortais que há, pois os animais existem apenas como membros de sua espécie e não como indivíduos. A mortalidade dos homens reside no fato de que a vida individual, o *bios*, com sua biografia reconhecível do nascimento até a morte, nasce da vida biológica, *zoé*. Essa vida individual se distingue de todas as outras coisas pelo curso retilíneo de seu movimento que, por assim dizer, recorta transversalmente os movimentos circulares da vida biológica. Eis a mortalidade: mover-se em linha reta em um universo no qual tudo se move em uma ordem cíclica."
>
> Hannah Arendt, *La Crise de la culture*, Gallimard, 1972, p. 59.

A duração é constitutiva da vida viva. Sua eliminação em favor da imediatidade, da velocidade, da aceleração, do "mobilismo" anula até mesmo o sentido dos atos e o gosto das coisas. O frenesi consumista, para citar um exemplo, é um mercado de otários. Ele nos convida a uma fruição instantânea e a uma insatisfação durável. Responde mais aos interesses do sistema que aos interesses dos homens. Por outro lado, é significativo que, no mundo do trabalho, o costume (e a dominação!) privilegie os contratos de duração determinada, enquanto aqueles cuja duração é dita "indeterminada" tornam-se sonhos cada vez menos acessíveis aos assalariados. Aliás, é revelador que a vulgata econômica — flexibilidade, mobilidade, adaptação — trai uma abreviação da temporalidade.

Não causa nenhuma surpresa o fato de que, como consequência disso, o direito de acesso à duração, até mesmo à lentidão, tenha se tornado uma temática que os resistentes a partir de dentro declinam de mil maneiras diferentes. Defesa do descanso semanal, luta pelas aposentadorias, incentivo a andar a pé, autoprodução paciente, rejeição de uma medicina em cadeia: essas reivindicações e tropismos são injustamente assimilados a "utopias ecologistas". Muito pelo contrário. A vida viva está no âmago de tudo isso. A coisa é ainda mais gritante no caso dos movimentos como o *slow city* (nascido em 1999 na Itália), que se propõe explicitamente a lutar "pela lentidão e pela qualidade de vida" e que brotou um pouco em todos os lugares da Europa. Esse movimento incentivou o surgimento de grupos comparáveis, especialmente nos Estados Unidos, todos eles procurando fazer da palavra *slow* (lentidão) um prefixo militante: *slow food, slow life* etc. Alguns já se reuniram em torno de um *slow movement*, que proclamou — no âmbito de uma crítica da rede de informações CNN — reveladoramente: "Não somos ratos e a vida não é uma corrida."[212]

O sucesso estrondoso de vários livros que abordam essa questão pode ser considerado como um dos sintomas que evidenciam nossa "doença do tempo". O do jornalista americano Carl Honoré, *In Praise of Slowness*, traduzido para mais de vinte línguas, ou o de Jean-Louis Servan-Schreiber, *Trop vite! Pourquoi nous sommes prisonniers du court terme*, publicado em 2010 na Albin Michel. Quase em todos os lugares surge um murmúrio que tem como alvo nosso frenesi temporal.

A doença do dinheiro

Tempo é dinheiro: a linguagem corrente adora essa frase. Caso ela seja verdadeira, uma "doença do dinheiro" necessariamente tem de acompanhar a do tempo. Na *supermodernidade*, deve-se dizer, a doença em questão atingiu a amplitude de uma pandemia. A "Resistência a partir de dentro" transformou-a em um de seus alvos favoritos. Essa constatação seria banal se parássemos por aqui. Nossas sociedades, sejam elas desenvolvidas ou não, chocam-se dolorosamente contra um novo "muro do dinheiro", cuja altura e solidez são impressionantes.[213] Aumentam as desigualdades, são cada vez mais numerosos tanto os super-ricos como os novos pobres. Entre esses dois mundos, uma fratura, uma falha aberta, um abismo abriram-se e abalam perigosamente a coesão democrática. Essa desigualdade gera raivas que podem se agravar cada vez mais, a tal ponto que o pior cenário não pode ser excluído. A luta de classes que recomeçou torna nossas sociedades inflamáveis. A qualquer momento o fogo pode consumi-las. Os políticos mais lúcidos temem a violência que está por vir.

No entanto, considerado desse modo, o fenômeno corresponde mais a uma regressão histórica que a uma doença no sentido terapêutico do termo. A desigualdade, mesmo que fosse desmedida, não é algo novo em nossa

---

[212] Pode-se consultar o site www.slowmovement.com
[213] Uma descrição muito precisa disso foi elaborada por François Morin, professor de ciências econômicas na Universidade de Toulouse-I, *Le Nouveau Mur de l'argent. Essai sur la finance globalisée*, Seuil, 2006.

história. No passado, ela atingiu níveis ainda mais elevados que aqueles — iníquos — de hoje. No pior dos casos, nossas sociedades ocidentais reinventarão uma Índia, sem sua cultura e suas tradições, dos marajás, que já desapareceu há muito tempo. A regressão histórica é incontestável. Ela é perturbadora — ou escandalosa —, mas não é algo realmente novo.

Na verdade, fala-se em "doença do dinheiro" a partir de um outro ponto de vista. A relação que os ganhadores do sistema mantêm com o dinheiro aparece como um resultado (patológico) de um outro tipo de *convergência*: a que aproxima e acaba unindo o "pensamento do número" e o desregramento da temporalidade. A obsessão pelo calculável e a do curto prazo se conjugam sob os nossos olhos e dão nascimento a uma verdadeira patologia do comportamento. Não trataremos aqui do pensamento do número, descrito mais acima.[214] Recordemos apenas que ele transforma a *quantidade* na matriz de toda avaliação. No que diz respeito à impaciência do curto prazo, ela acelerou a dominação da economia pelo setor financeiro.

A especulação da Bolsa substituiu o "projeto" industrial, cujo custo, no capitalismo do passado, era recuperado apenas *no longo prazo*. Regularmente denunciados, os novos modos de retribuição, não salarial, dos administradores das grandes empresas (bônus, *stock-options*, aposentadorias privadas) possuem em comum o fato de serem alinhados às mecânicas informatizadas do mercado financeiro, isto é, ao *tempo curto*. Eles propiciaram o surgimento de uma bulimia e de uma febre de ganhar que passam longe da simples razão. Os beneficiários dessas fortunas insensatas estão convencidos de que sua capacidade individual, a substância de seus seres, seu verdadeiro peso humano são avaliados de acordo com o número de zeros alinhados em um cheque. De seu ponto de vista, o único padrão de medida sério é — além do dinheiro — a capacidade de ser "esperto". E ganancioso. Estão presentes aqui todos os sintomas de uma doença mental, de uma devoração interior, até mesmo de um infantilismo preocupante.

Em *Trabalho Interno* (*Inside Job*), o documentário de Charles Ferguson já citado anteriormente[215] e consagrado à crise bancária de 2008 nos Estados Unidos, um psicólogo de Nova York, Jonathan Alpert, ajuda a compreender como essa "doença" pode alcançar uma dimensão clínica. Ao evocar os corretores que frequentam o seu consultório, ele insiste em sua impulsividade

---

[214] Ver capítulo 2: "Os direitos humanos e o mercado".
[215] Ver capítulo 6: "O 'cientista louco': uma figura enganadora".

descontrolada e no vício em cocaína da maior parte deles. Consome-se tanta droga, ou até mesmo mais, em Wall Street que nos subúrbios da velha Europa, mas a repressão aplicada não é a mesma...

A doença do dinheiro incomoda até mesmo alguns banqueiros. "Esses exageros em termos de remuneração são 'uma situação perigosa em que os patrões são submetidos à lei do curto prazo dos mercados e não cumprem seu dever de exemplaridade' (*La Tribune*, 24 de agosto de 2009). Essa avaliação austera não é a de um militante trotskista, nem tampouco a de um sindicalista, mas sim de Marc Viénot, antigo presidente da *Société générale*."[216]

O maior risco é mais fácil de localizar. Ele provém do fato de que, na atmosfera de nossa época, esses "doentes" são erigidos em modelos sociais, em líderes a serem imitados, em exemplos a serem seguidos. A doença, então, rapidamente se torna uma pandemia... Esse contágio foi preparado, na França, por uma afirmação martelada durante várias décadas e repetida com satisfação pelas mídias — inclusive de esquerda —, afirmação segundo a qual, para favorecer o desenvolvimento, era preciso desculpabilizar o dinheiro e protegê-lo de uma má consciência originada do velho fundo católico. Caso essa anti-homilia fosse verdadeira, os protestantes e os judeus ficariam mais à vontade com o dinheiro e, portanto, estariam mais bem adaptados ao "espírito do capitalismo". Ora, esse raciocínio está duplamente equivocado. Naturalmente, certas correntes evangélicas americanas — minoritárias — justificaram e ainda justificam as desigualdades financeiras do sistema econômico. Esse é o caso, no presente, da Southern Baptist Convention, de orientação conservadora.[217] Isso não impede que o calvinista Max Weber, em seu conhecido livro *A ética protestante e o espírito do capitalismo* (1905), não tenha qualquer indulgência pelo lucro ou pela avidez financeira. Para as necessidades da acusação, esquece-se deliberadamente de falar disso.

Quanto aos judeus, é preciso desconhecer completamente o conteúdo da tradição hebraica para argumentar desse modo. (Ver quadro.) A habilidade financeira dos banqueiros judeus é consequência de vários séculos de um antijudaísmo que lhes proibia qualquer outra atividade, especialmente agrícola. O grande filósofo e sociólogo judeu Georg Simmel (1858-1918), em

---

[216] Jean-Marc Le Gall, "La nouvelle fracture sociale", *Études*, abril de 2010, p. 466-467.
[217] Retomo aqui a análise do historiador das religiões Pierre-Antoine Bernheim, "Le dollar et la grâce", *Médium*, nº 16-17, julho-dezembro de 2008, p. 340.

seus dois livros mais importantes, *Os Pobres* e *Filosofia do Dinheiro*, lembra que o dinheiro era "aquilo que havia sido deixado para os judeus".

> **Riqueza ou sabedoria?**
>
> "Os mestres do judaísmo tinham razão em dizer, há vinte séculos, que nenhum homem pode beneficiar-se ao mesmo tempo da mesa da fortuna e da sabedoria (tratado *Brakhtor* 2 b). É preciso escolher entre ser rico ou sábio. Eles até mesmo acrescentaram, na forma de uma parábola, que, se a fortuna estiver no norte, a sabedoria, por sua vez, estaria no outro lado: no sul. [...] Para a antiga lenda judaica, ao nascer, o bebê chega ao mundo com as mãos fechadas como que para dizer 'eu quero possuir'. No momento da morte, o velho se vai com as mãos abertas como que para dizer: não levo nada comigo!"
>
> Victor Malka, *Journal d'un rabbin raté*, 2009, p. 52, 71.

Sem negligenciar as reivindicações tradicionais ligadas à justiça social e à desigualdade, a "Resistência a partir de dentro" é conduzida a formular críticas de outra ordem, mais precisas que as dos partidos tradicionais. Elas não visam mais apenas a iniquidade do sistema, mas também a "doença" do entendimento que nele se difunde. Temas como a frugalidade voluntária, o decrescimento econômico equitativo, o efeito rebote, o microcrédito, o abandono da energia nuclear, o *Buy Nothing Day*, a consideração dos custos invisíveis, o convívio ou a "vizinhança" visam as raízes da doença e não apenas os sintomas. Pode-se compreender o fato de que eles suscitem, nos políticos, uma ironia ou um furor particulares. Pode-se ver nisso, erroneamente, um simples retorno do "decrescimento" dos anos 1960, época do Clube de Roma e do "crescimento zero". Isso está errado. Nem tudo é aceitável no novo decrescimento. Entretanto, as constatações nas quais insistem seus advogados convidam-nos a "lustrar nossos óculos", como dizia Spinoza. "Há muito a se aprender, murmuram os defensores do decrescimento, sobre a ética de vida própria dos pobres, sobre o que Gilles Deleuze chamava de seus *futuros minoritários*."[218]

*

* *

---

[218] Majid Rahnema e Jean Robert, *La Puissance des pauvres*, Actes Sud, 2008.

No fim das contas pode-se compreender melhor por que os "resistentes a partir de dentro" ainda não possuem um "programa político". Apesar de não negligenciarem a política, eles não lutam nesse nível. Agem ao mesmo tempo a montante e a jusante. A montante quando fazem a exegese dos novos lugares comuns (para retomar a expressão de Léon Bloy, retomada por Jacques Ellul) com o objetivo de desconstruí-los. Também a montante quando nos ajudam a descobrir as cumplicidades "objetivas" que as novas dominações estabelecem entre si, de onde quer que provenham. Por outro lado, eles trabalham a jusante quando se interessam pela atmosfera da época, pela ideologia invisível, pelo *main stream* da cultura popular. Quando assim precedem atingem o que o sociólogo Ulrich Beck chama de *subpolítica*.[219] Ao propor esse conceito, Beck procurava definir os modos tecnocientífico e midiático de transformação social, que ainda obedecem — de modo praticamente reptiliano — a uma definição estritamente calculadora do "progresso" humano. Ele designava desse modo a tagarelice frenética que dissimula, como que por trás de uma cortina de fumaça, o desânimo generalizado. Para ele, a esse título, a *subpolítica* é, pois, a primeira inimiga da democracia. É nesse nível que se deve resistir.

Assunto encerrado.

---

[219] Ulrich Beck, *La Société du risque. Sur la voie d'une autre modernité* [1986], trad. do alemão por Laure Bernardi, reed. Flammarion, "Champs", 2003.

Capítulo 8

A carne do mundo

> A desgraça e o opróbrio do mundo moderno, que afirma ser tão materialista, é que ele desencarna tudo, ele recomeça o mistério da encarnação de trás para a frente.
> Georges Bernanos[220]

Impõe-se aqui uma recapitulação. Ela permitirá mostrar como se amarram os diferentes fios de Ariadne que seguimos nos sete capítulos anteriores. Ajudará a esclarecer a expressão *vida viva*, que foi escolhida como título para este livro. Esta última não é tautológica, como seria possível pensar. Ela designa uma realidade insuperável e remete a um *sabor* da existência ao qual nenhum ser humano poderia renunciar ou ser privado. Conduz sobretudo a querer proteger, apesar de tudo, nosso acesso àquilo que o filósofo Maurice Merleau-Ponty (1908-1961) chamava de *carne do mundo* (Ver quadro.)

Algumas breves observações serão suficientes para o nosso propósito.

O andamento da *supermodernidade* rumo à digitalização do mundo e ao imaterial privilegia, como já mostramos, uma relação contábil com o real que deixa de lado tudo aquilo que não é redutível aos algoritmos. A subjetividade humana é omitida e, juntamente com ela, tudo aquilo que torna a vida "viva". Se o instrumento informático é importante para nós, sua tirania seria, por conseguinte, mutiladora. Em um outro domínio, o do direito, a concorrência planetária entre as legislações nacionais resulta em uma revisão para baixo, segundo o ponto de vista da pura competitividade mercantil, da proteção social que elas bem ou mal organizavam. Ora, o adjetivo *social* está ligado à dimensão *humana* do direito — sofrimento, liberdade, saúde,

---
[220] *Nous autres Français*, Gallimard, 1939, p. 114.

segurança —, isto é, ao vivo, ao subjetivo, àquilo que nunca pode ser estritamente quantificável. A irrupção da "governança pelos números" no território do direito abre a porta para uma dominação do "não vivo".

O erro produtivista

Embora se articule de um modo diferente, o mesmo raciocínio se aplica às revoluções agrícolas que são incentivadas de modo imprudente há meio século. Não há nenhuma atividade que esteja mais vinculada ao vivente que a própria agricultura. Ora, a escolha das monoculturas de exportação, em nome da famosa (e perigosa) teoria das *vantagens comparativas*, foi feita em detrimento das culturas de produção de víveres, julgadas menos lucrativas. Observar-se-á que o substantivo *víveres* deriva do latim *vivere*, que significa *viver*. Aqui a racionalidade instrumental também exerceu seu poder ao expulsar o que não cabia em suas equações. A eficiência matematizável das culturas exportáveis ganhou preeminência sobre a simples proteção da vida rural. Com o passar do tempo, essas escolhas decididamente "produtivistas" mostram ser desastrosas. Elas visavam à obtenção de melhores resultados matemáticos, mas os instrumentos de avaliação eram inadequados. Com efeito, permitiram produzir um aumento de riqueza, mas também um aumento de pobreza. O erro cardeal consistia em assimilar os produtos agrícolas a mercadorias "como as outras", o que eles não são. As reivindicações atuais que pleiteiam uma reconstituição da soberania alimentar não fazem senão extrair as lições dessa estupidez inicial.

Os ecologistas ou os altermundialistas não são os únicos a se preocuparem com essa situação. Os agrônomos esclarecidos confessam a sua inquietação frente às novas precariedades assim "produzidas": ruína dos camponeses do hemisfério Sul, êxodo urbano, miséria persistente, aquisição das terras pelas multinacionais que exportam suas sementes patenteadas. E não é apenas isso: ao se sujeitar a alimentação dos povos ao grande mercado planetário, relegou-se a própria vida camponesa à situação de algo que "não conta". A ancestral combinação de saberes, de experiências transmitidas, de tradições locais, de cuidados continuados, de equilíbrios sociais: uma certa maneira de habitar o mundo foi aniquilada. O escritor Julien Gracq evocava as mil e uma *atividades miúdas* que verdejavam no cotidiano interiorano e que lhe conferiam uma substância, uma permanência teimosa.[221] É possível imaginar uma abordagem mais bonita da vida viva?

> **Carne de minha carne...**
>
> "Tomemos *os outros* em seu aparecimento na carne do mundo. Eles não seriam para mim, diz-se, se eu não os reconhecesse, se eu não decifrasse neles algum sinal da presença para si da qual eu detenho o único modelo. Mas embora meu pensamento não seja senão o avesso de meu tempo, de meu ser passivo e sensível, é todo o tecido do mundo sensível que surge quando procuro apreender a mim mesmo e também aos outros que estão presos nele. Antes de serem e para serem submetidos às minhas condições de possibilidade, e reconstruídos à minha imagem, é necessário que eles estejam aí como relevos, afastamentos, variantes de uma única Visão da qual eu também participo. Eles não são ficções com as quais eu povoaria meu deserto, filhos de meu espírito, possíveis para sempre inatuais, eles são meus gêmeos ou a carne de minha carne."
>
> Maurice Merleau-Ponty, *Signes*, Gallimard (1960). Citado em Denis Huisman e André Vergez (orgs.), *Histoire des philosophes illustrée par les textes*, Nathan, 2003, p. 305.

Não se trata de defender um retorno ao campo, nem de despertar algum tipo de fantasia agropastoril. O futuro e a sobrevivência de milhões de seres humanos estão em jogo. Muitas autoridades explicam por que os estragos do produtivismo não afetam apenas o meio ambiente (esgotamento dos solos, desmatamento ou contaminação das reservas de água), mas também, de um modo mais perigoso ainda, a frágil base dos equilíbrios humanos. O antigo ministro francês da Agricultura, Edgard Pisani, foi uma dessas raras autoridades que confessaram publicamente e sem subterfúgios seu "grave erro" a respeito do produtivismo. Ele foi um ardente defensor deste último nos anos 1960 e 1970; atualmente ele é o seu incansável crítico.

Uma censura ainda mais vigorosa foi formulada pelo jurista belga e professor de direito internacional Olivier De Schutter. Nomeado em 2008 relator especial das Nações Unidas do direito à alimentação, esse alto funcionário internacional interveio em 2010 diante dos dirigentes da Organização Mundial do Comércio (OMC). Fez um discurso sem contemporização e rigorosamente informado. Em substância, ele explica que a fome atual

---

[221] Julien Gracq, *Lettrines 2*, José Corti, 1974.

e também as que se anunciam não são imputáveis a uma insuficiência da produção agrícola mundial, e sim às escolhas políticas aberrantes que se esquecem da vida viva.[222]

Essas orientações dogmáticas resultaram em uma desertificação nas terras do Sul e na mendicancialização urbana daqueles que viviam nessas regiões. Serão necessários muitos anos para reparar os danos provocados. Em outras palavras, a fome no mundo não é uma questão de técnica ou de produção, mas sim de escolha política. A produção global, medida em milhões de toneladas, não é a verdadeira questão, é a sua distribuição que constitui um problema.

Quando se esquece o subjetivo

O mesmo atordoamento em relação à vida viva se manifesta em domínios que, à primeira vista, parecem estranhos à questão. Esse é o caso do mercado financeiro e do sistema bancário globalizado. Deve-se ter em mente que o estouro da crise bancária dos *subprimes*, em setembro de 2008, possui relações, ela também, com esse desdém falsamente científico pela vida. Muito além de todo juízo moral referente à "doença do dinheiro", é preciso interrogar-se sobre o papel nefasto desempenhado pelos novos instrumentos matemáticos em uso nos mercados financeiros. Pode-se obter um começo de resposta com o exame do conceito de *risco*. Em termos econômicos, e também em outros, um risco é sempre *subjetivo* e tem de ser interpretado como tal. Como calcular realmente que uma determinada família será boa pagadora de um modo durável? Para isso, teriam que ser levados em consideração *parâmetros não mensuráveis*, tais como a saúde dos filhos, a estabilidade psíquica do chefe de família, a solidez do casamento etc. Em outras palavras, isso exigiria que se incluíssem na avaliação do "risco financeiro" dados que têm relação direta com a subjetividade humana e com o sentido.

Infelizmente, não é desse modo que a prática especulativa funciona. Na falta de instrumentos adequados, ela negligencia esses elementos de avaliação sob o pretexto de que eles não podem ser colocados em uma equação. O que é chamado de "securitização" financeira é a atividade (rentável) que consiste

---

[222] Olivier de Schutter, *L'Insécurité alimentaire, facteur de guerre?*, André Versaille éditeur, 2010.

em colocar no mercado créditos ou pacotes de créditos, que são avaliados, isto é, *rotulados com um coeficiente de risco*. Os riscos de insolvabilidade, devidamente adicionados, são, pois, encapsulados em fórmulas econométricas e circulam sob essa forma rudimentar nos mercados financeiros. O inconveniente desse pensamento estreitamente contábil é que toda relação com o sentido não apenas é perdida como também recusada. Os atores dos mercados financeiros condenam-se a jogar com coeficientes, isto é, puras abstrações, artefatos que não possuem qualquer relação com vários componentes do real e, *in fine*, com a própria vida.[223]

Os "ativos tóxicos", para retomar a expressão que entrou para a linguagem comum, correspondem justamente a créditos cujo coeficiente de risco foi tolamente calculado. Ao circularem, a exemplo dos vírus de computador, nos mercados mundiais, eles conseguiram fazer com que o planeta quase entrasse em falência e com que povos inteiros ficassem em situação dramática. Para além do cinismo dos *banksters*, a confiança infantil depositada na econometria, em detrimento do *subjetivo*, apareceu como uma prática nociva. Ela deu cobertura a uma especulação generalizada que equivalia *de facto* a um gigantesco *assalto a mão armada legalizado*.

*
* *

Em outro terreno, não se deve esquecer que uma omissão igualmente perigosa ameaça a todo momento os *gender studies*. Preciosos quando se trata de desconstruir a normatividade dominadora — e discriminante — do pensamento *straight*, os "estudos de gênero" são inevitavelmente conduzidos a rejeitar tudo o que faz parte do biológico na diferenciação sexual. Estes partem do princípio de que os corpos não são senão "textos" revisáveis ao infinito, realidades "construídas". Ora, embora seja necessário combater os pensamentos essencialistas que pretendem obedecer a uma "natureza humana" para impor uma normatividade dominadora, é imprudente esquecer-se da realidade carnal.

---

[223] Esta análise retoma as explicações fornecidas pelos economistas Jean-Luc Gréau e Bertrand Jacquillat no dia 16 de maio de 2009 no programa de Florian Delorme e Alexis Ipatovtsev: "Station météo", na France Culture.

Com efeito, as categorias mulher e homem são amplamente construídas cultural e socialmente, mas elas não são *apenas* isso. Judith Butler, em fase mais madura de sua carreira, tornou-se tão consciente disso que acabou por corrigir seu ponto de vista anterior. Não se pode apagar a vida viva sob o pretexto de libertá-la das dominações sociais. Aliás, as derivas de certas teóricas feministas "antiessencialistas" suscitaram, especialmente nos Estados Unidos, muitas reações hostis aos *gender* em geral.[224] Essas respostas às vezes são excessivas, mas eram previsíveis. Quase sempre a radicalidade é respondida com uma radicalidade invertida. Chega-se àquilo que Simone Weil chamava de *extravio dos contrários*.[225]

Um outro exemplo de esquecimento merece ser lembrado aqui. Preocupados com os avanços tecnológicos "convergentes", salientados no famoso "relatório NBIC" de 2002, e com as fantasias que surgem devido a essa convergência, alguns filósofos trataram dos fundamentos da inteligência artificial. Esse projeto "tecnoprofético" parece-lhes criticável. Desse ponto de vista, a simples expressão *inteligência artificial* é um contrassenso que também evidencia uma incompreensão do que a vida realmente é. André Gorz insiste no fato de que uma *inteligência artificial*, por mais aperfeiçoada que seja, sempre ficará presa a uma incapacidade *ontológica* de definir o que é importante, de escolher o objetivo a ser perseguido, de decidir entre o que possui sentido e o que não o possui, de questionar os critérios em função dos quais os objetivos foram definidos etc. Ele considera que "todas essas questões [...] remetem necessariamente à existência de um *sujeito consciente*, vivo, que pensa, calcula, escolhe, age, persegue objetivos porque *experimenta* necessidades, desejos, temores, esperanças, dores, prazeres". Gorz acrescenta que, em razão disso, o cérebro humano não é um conjunto de programas, "ele é o órgão vivo de um corpo vivo". A escolha do adjetivo não se deve ao acaso. Aqui também é a vida viva que está em questão.[226]

Essa crítica é respondida pelos tecnoprofetas com um argumento que participa da fuga para a frente: para contornar esse obstáculo ontológico, bastaria criar a própria vida artificialmente. Como a utopia tecnocientífica visa à criação de uma *vida artificial* (VA), volta assim periodicamente para

---

[224] Ver especialmente o livro da jornalista e psicóloga canadense Susan Pinker, *The Sexual Paradox. Extreme Men, Gifted Women and the Real Gender Gap*, Random House, 2008; trad. fr.: *Le sexe fort n'est pas celui qu'on croit*, Les Arènes, 2009. [*O Paradoxo Sexual*, Best Seller, 2010.]
[225] Simone Weil, *La Pesanteur et la Grâce* (1947), Pocket-Agora, 2004.
[226] André Gorz, *L'Immatériel. Connaissance, valeur et capital*, op. cit., p. 126-127.

uma posição de destaque e suscita publicações apressadas, mais ou menos triunfais.[227] As pesquisas realizadas sobre essa questão e as proclamações que elas suscitam não são nem um pouco convincentes. Por uma razão simples: a vida viva é *autopoiese*, do grego *auto* (si mesmo) e *poíesis* (criação). Ela se define por *sua capacidade de produzir a si mesma*. Isso significa que ela não é redutível e explicável por nada além de si mesma, mas reside na pura subjetividade da sensação, subjetividade que a técnica não pode nem apreender nem reproduzir. A essência da vida reside no fato de experimentar a si mesma, repete Michel Henry em todos os seus livros. Ele evoca, pois, como André Gorz, o *abismo ontológico* que separa a vida viva dos *processos* por meio dos quais se pretende criá-la artificialmente.

Sobre a pudicícia religiosa...

Ainda falta perguntar-se a respeito do significado do adjetivo *pudico*. Em sentido estrito e pejorativo, o termo designa um excesso de pudor, uma pudicícia tão maníaca que chega a ser ridícula. Ela se apega de modo obsessivo a esconder aquilo que não deve ser visto, especialmente os órgãos sexuais. O repertório teatral usa-a muito, pois a pudicícia frequentemente provém da mais pura hipocrisia. Ela é em primeiro lugar uma postura. Molière põe na boca de seu Tartufo, dirigindo-se à sua criada Dorina, uma admoestação que foi adotada pela linguagem comum: "Cubra esse seio que eu não poderia ver" (ato III, cena 2). O adjetivo pudico está ligado sobretudo à sexualidade e, mais exatamente, à frequente tartufice do moralismo sexual.

No entanto, ele pode ser entendido em uma acepção mais ampla. O que ele convida a ocultar, a reprimir, a ignorar é a própria vida com seus odores, seus suores, suas secreções, seus prazeres ou suas imperfeições, em suma, tudo aquilo que Arthur Rimbaud, em *O barco ébrio*, chamava de "rubores amargos do amor". Ao manifestarem sua repugnância pela vida viva, pelo útero da mulher ou pelo corpo em geral, os tecnoprofetas citados neste livro se revelavam.[228] O ocultar, negar, dispensar e difamar o corpo e a vida viva participam de uma negação assustadora.

---

[227] Dentre as mais recentes, citemos Joël de Rosnay e Fabrice Papillon, *Et l'Homme créa la vie. La folle aventure des architectes et des bricoleurs du vivant*, Les Liens qui Libèrent, 2010.
[228] Ver capítulo 5: "Ódio do corpo e novos pudicos".

* *

Embora os tecnoprofetas cedam a ela hoje em dia, não se pode esquecer de que, em termos de pudicícia sexual, a mais sufocante não é a científica, mas sim a religiosa. A vontade de resistir aos *novos* pudicos não deve nos conduzir a absolver os *antigos*. Eles ainda estão presentes, e mais imperiosos que nunca. O verdadeiro paradoxo do século XXI reside nesse "encontro" surpreendente. Vamos convir que é um tanto extraordinário que se reúnam na mesma detestação da carne os tecnoprofetas mais ostensivamente ateus e os fundamentalistas religiosos. Tais constatações "objetivas" são inesperadas mas bastante reais. Para onde voltarmos o olhar, a maior parte das religiões — se não todas — demonstram atualmente um mesmo recato pudoroso e minucioso. Isso permite que os agnósticos associem automaticamente o pudor à religião. As religiões seriam pudicas por essência ou por vocação. Esse ponto de vista é majoritariamente compartilhado e muito midiatizado. Raciocina-se *a priori* como se o religioso, ao negar o corpo, fosse tristemente fiel a si mesmo, isto é, hostil à carne, para todo o sempre.

Essa interpretação é ainda mais corrente por ser verossímil, corroborada por mil manifestações, discursos, catecismos e proibições mutiladoras. Eles não são resultado apenas do catolicismo, como às vezes se diz, mas de todas as religiões, inclusive as politeístas. Nem o hinduísmo, nem o budismo escapam a essa lúgubre regressão. Em um primeiro exame da atualidade, com efeito, a carne e a fé religiosa não parecem (ou não parecem mais) ser uma boa combinação. Ora, essa pretensa evidência não resiste a uma análise mais aprofundada. *As grandes religiões não são pudorosas por essência, elas ganharam essa característica com o tempo.* Aqui reside todo o problema. A inflexão caricaturalmente rigorista apregoada por certas correntes religiosas — ou correspondente a épocas determinadas — nunca é o *todo* da religião. Pelo contrário, essa injunção ao pudor geralmente corresponde a uma infidelidade, até mesmo a *uma traição da mensagem original.*

A despeito dos dogmas que elas invocam (ou reinterpretam), as grandes tradições religiosas não são revelações intemporais, fixas, permanentes. Elas sempre sofreram inflexões, evoluções, abordagens históricas variadas. Melhor ainda, reúnem dentro de si diferentes famílias de pensamento e de sensibilidade, o que faz com que não possam ser consideradas como blocos monolíticos de crenças. Se esse fosse o caso, nem a teologia nem o trabalho de hermenêutica ou de exegese teriam qualquer razão de ser. Um lugar importante sempre foi reservado à interpretação da mensagem inicial sobre a qual se fundamenta uma fé religiosa. Pense-se na centralidade do Talmude, que faz com que os judeus digam que eles "não são o povo do livro, mas sim o povo da interpretação do livro". Pense-se, no caso do cristianismo, no extraordinário cruzamento de escolas que, desde a origem, contribuiu para tornar essa tradição plural. (Mais adiante veremos até que ponto.)

A mesma diversidade existe, em graus variados, nas outras confissões, quer sejam monoteístas ou não. Essa diversidade não deixa de ter consequências. Ridicularizada pelos agnósticos ou pelos ateus, a pudicícia religiosa é regularmente combatida *a partir de dentro* por fiéis autênticos, mas menos submissos ao clericalismo ou menos perseguidos por ele. Observemos a esse respeito uma perturbadora coincidência histórica: a maior parte das contradições puritanas perceptíveis hoje apareceram nas diferentes tradições religiosas mais ou menos na mesma época, a saber, no século XIX.

As novas "conveniências" da Índia moderna

O caso do hinduísmo é mais chocante, pois ele foi pouco estudado na Europa. Examinando-se a cultura popular da Índia moderna, a que se expressa pelo cinema de Bollywood (indústria cinematográfica indiana de Bombaim), percebe-se imediatamente que ela não corresponde de modo algum à ideia que se tem do erotismo indiano tradicional, o da época pré-colonial e do *Kama Sutra*. Um indianista francês lamenta: "A própria Índia", diz ele, "em sua versão oficial, é hoje puritana, em harmonia com o puritanismo britânico dos séculos anteriores. [...] O ensino dos 'mestres' é muito geralmente puritano, até mesmo muito puritano. A condenação da sexualidade é geral, e é de bom-tom que o casal, depois de procriar, viva separado na continência absoluta."[229] Desse modo, o ritual dos filmes populares produzidos no subcontinente obedece a imperativos pudicos. O amor é evocado apenas por meio de impulsos românticos capazes de desafiar

---

[229] Tomo várias dessas observações ao notável e longo estudo sobre a arte erótica hindu publicada por Michel Angot, membro do Centre d'études de l'Inde e de l'Asie du Sud. Esse estudo pode ser consultado no site http://www.clio.fr/BIBLIOTHEQUE/lart_erotique_hindou.asp

a autoridade das famílias e as conveniências sociais ou as diferenças de castas. Em compensação, não se pode representar nenhum corpo nu ou o menor intercurso carnal, salvo um beijo fugidio.

O indianista Alain Daniélou (1907-1994) foi um dos primeiros a denunciar esse distanciamento da cultura indiana em relação às suas próprias tradições, justamente aquelas que guarneceram os templos antigos com uma estatuária erótica sem muitos equivalentes no mundo. Por sua vez, os antigos textos redigidos em sânscrito eram salpicados de "piedosas obscenidades", celebrando o "altar do sexo" ou "o fogo da vulva". Os primeiros tradutores europeus dos *Rigveda* ficaram surpresos ao encontrar tantos "detalhes lúbricos" e procuraram atenuar a sua expressão. Os diários de viagem escritos no século XIX pelos conquistadores britânicos deixam transparecer uma mesma estupefação frente à audácia libertina, à liberdade carnal de certos templos, especialmente os da aldeia indiana de Khajuraho, no estado de Madhya Pradesh, que foram descobertos em 1840 na floresta que os cobria. O engenheiro britânico T. S. Burt, descobridor desses monumentos, assinala em seu diário as "esculturas extremamente indecentes e chocantes que fiquei horrorizado em encontrar nos templos".

A bela tradição carnal do *Kama Sutra* está hoje bastante esquecida. Daniélou contava que Gandhi enviara equipes de seus seguidores para quebrar estátuas eróticas de certos templos. Na época, foi necessária a intervenção do grande poeta bengalês Rabindranath Tagore, amigo de Daniélou, para que esse vandalismo fosse interrompido. Daniélou lembrava de bom grado que o artigo 377 da Constituição indiana de 1948 pune severamente as "relações sexuais não naturais com um homem, uma mulher ou um animal". Ele protestava, em um de seus livros, contra o "aviltamento de um pensamento religioso que se tornou puramente dogmático, puritano e social, não apenas no Ocidente, mas também na própria Índia moderna".[230]

A verdade obriga a dizer que, ao invocar constantemente a dimensão libertina e erótica da "verdadeira" tradição hindu, Alain Daniélou usava essas referências para combater o rigorismo católico com o qual rompera brutalmente. (Seu irmão Jean, jesuíta nomeado cardeal pelo papa Paulo VI em 1969, era uma figura marcante do catolicismo francês.) Sua intenção explícita era a de reabilitar o paganismo politeísta, ou ao menos o que ele

---

[230] No prefácio de seu livro *Mythes et dieux de l'Inde. Le polythéisme hindou*, reed. Flammarion, "Champs", 2009.

considerava como tal. Desse modo, os trabalhos de Daniélou davam muito espaço para o tantrismo, ramificação do hinduísmo, e, depois, para o budismo, cuja doutrina glorifica o *kama* (desejo) e o poder criador do corpo. Pode-se compreender a cruel decepção do indianista quando constatou que, em termos de pudicícia, a Índia moderna não devia nada à França católica. A obra de Daniélou — que pedia para ser chamado de Shiva Sharan, protegido de Shiva — é atualmente contestada pelos especialistas, tanto indianos como franceses. Ele é criticado por fazer uma interpretação muito pessoal — e politicamente perigosa — da tradição hinduísta.[231]

Apesar disso, a constatação entristecida de Daniélou ainda é válida: a Índia moderna não venera mais a vida viva com a mesma liberdade e com o mesmo fervor que outrora. A Federação indiana, com uma intensidade variável de acordo com cada Estado, passa hoje pelos mesmos debates e reivindicações libertárias que agitam a Europa ou os Estados Unidos. Para citar apenas um exemplo, o movimento dos transexuais indianos, os *hijras*, é tão combativo quanto o nosso. Através de manifestações de rua, os *hijras* lutam por reconhecimento, o que é o mínimo. A separação entre a Índia moderna e o mundo ocidental não é mais tão considerável. De um ponto de vista político, o fundamentalismo hindu, representado pelo nacionalismo da *hindutva* (hinduidade), não é menos hostil à carne que seus homólogos monoteístas.[232]

É ainda mais interessante examinar o puritanismo da Índia moderna porque ele se unifica — e reforça — à doutrina ascética do *desapego* em relação ao mundo sensível, que também faz parte da tradição. Ela impregna um dos textos em sânscrito mais conhecidos, a *Bhagavad-Gita*, que foi escrito entre os séculos IV e II a.C. O *desapego* conduz a depreciar o mundo e a vida, considerados como produtos da Ilusão (*maya* em sânscrito). Ironia da História, o gosto pela especulação matemática e o interesse pelo imaterial também pertencem à cultura indiana. Eles explicariam o espetacular sucesso da Índia moderna no domínio da informática, da cibercultura e dos programas de computador. A Índia somará uma pudicícia a outra? Há razões para temer isso.

---

[231] Especialmente no livro de Jean-Louis Gabin (prefácio de Mahant Veer Bhadra Mishra), *L'Hindouisme traditionnel et l'interprétation d'Alain Daniélou*, Cerf, 2010.
[232] Desenvolvi longamente o tema da *hindutva* em *Le Commencement d'un monde*, op. cit.

O islã: uma sensualidade repudiada

A ruptura hostil com os aspectos mais alegres de uma tradição religiosa é ainda mais marcada no caso do islã. Os islamitas do século XXI, quer sejam salafistas, wahabitas, no caso dos sunitas, ou khomeinistas, no caso dos xiitas, possuem em comum um moralismo sexual agressivo. Véu integral imposto às mulheres, crimes de honra tolerados, castigo dos impudicos com golpes de bastão aplicado por uma "polícia da virtude", apedrejamento das adúlteras, perseguição aos homossexuais: a cada semana surgem um ou vários casos de violência ligados à detestação da carne visível. Esse endurecimento aparenta-se a um pânico.

Ao convocar as tradições mais rigoristas do islã — representadas por Ibn Hanbal (morto em 855) e seu continuador, o jurisconsulto sírio Taqi al-din Ahmad ibn Taymiyya (1263-1328) —, os movimentos fundamentalistas que habitam a *supermodernidade* (e que às vezes conduzem ao terrorismo) afirmam representar o "verdadeiro islã" e lutam contra as supostas influências da "cultura traduzida" ou do mal proveniente do Ocidente (*qarbzadagi*). De certa maneira, sua veemência já produziu frutos. Muitos ocidentais, cristãos, agnósticos e ateus estão convencidos de que tanto o ódio do corpo como a misoginia são características do próprio islã. Tudo parece indicar, dizem eles, que a violência contra a vida viva e a demonização inquieta do prazer feminino estejam desde a origem no cerne do pensamento corânico.

Ora, nada é menos verdadeiro que isso. Se a pudicícia da Índia moderna marca uma ruptura — relativamente recente — com a tradição hinduísta (e não a sua continuação), a observação é ainda mais verdadeira para o islã. Se consultarmos os textos fundadores, o islã é mais sensual, mais voluptuoso, mais carnal que a maior parte das outras religiões. Poderiam ser citadas muitas suratas ou hadith do Profeta que exaltam a felicidade dos sentidos e da carne. "Foi-me concedido amar em seu mundo as mulheres e o perfume", está escrito na surata 4. "O paraíso está sob os pés das mães", afirma um hadith (controverso, é verdade). Os hadiths referentes ao ato sexual evocado positivamente são tão numerosos quanto os que tratam da guerra. Os jogos sexuais (*mula'aba*) são calorosamente recomendados. No fim das contas, diz um pesquisador tunisiano, "a sexualidade possui um estatuto privilegiado no islã. Quer se trate dos textos que regulam seu exercício na vida coletiva ou daqueles que conferem ao sonho sua plena densidade onírica, em todos os lugares o direito à fruição do sexo é fortemente afirmado. O islã é um lirismo da vida".²³³

Somente a homossexualidade masculina (*liwat*) e a feminina (*musah'aqua*) são estigmatizadas, sob o pretexto de que, ao recusar-se a aceitar o corpo sexuado, o "diálogo dos sexos" e a bipolaridade do mundo, elas constituem revoltas contra Deus. Trinta e cinco versículos divididos em sete suratas são dedicados a essa questão. Compreende-se por que ela embaraça atualmente o conjunto dos países de tradição corânica que não escapam, como o resto do mundo, da evolução planetária dos costumes. Os debates e exegeses agitados que ela suscita ocupam um lugar importante dentro do mundo muçulmano, inclusive dentro do islã europeu. Eles geram infinitas citações de textos contraditórios. Não seremos impertinentes aqui a ponto de intervir nesses debates teológicos. Eles exigem uma verdadeira competência que o autor deste livro não possui.

Limitemo-nos a algumas observações históricas ou factuais. Lembremo-nos, por exemplo, de que Nietzsche, grande crítico da pudicícia cristã, não economizava elogios ao culto do corpo que observava nos muçulmanos. Em uma passagem do *Anticristo* (fragmento 59), ele fazia uma homenagem fundamentada "à maravilhosa civilização moura da Espanha, no fundo mais próxima de *nós*, que fala mais aos nossos sentidos e ao nosso gosto do que Roma ou Grécia, mas que foi *esmagada*". Isso ocorreu, acrescentava ele, "porque ela dizia *sim* à vida, além disso com o agradável refinamento da vida moura!..." Para ilustrar sua demonstração — e atacar ainda mais o cristianismo —, ele lembrava que o primeiro gesto das autoridades de Córdoba após a *reconquista* cristã de 1236 foi fechar os milhares de *hamams* (banhos turcos) da cidade. Esses edifícios eram vistos pelos cristãos, acrescentava Nietzsche, como locais de estupro e de desonra. Na verdade, os *hamams* correspondiam sobretudo a uma reutilização e a uma adaptação islâmicas das termas romanas, que permitiam exaltar a beleza do corpo. Nas cidades da época, havia um *hamam* por bairro, até mesmo um por rua. Em Bagdá, segundo Abdelwahab Bouhdiba, havia um *hamam* para cada cinquenta habitantes e um para oitenta no Cairuão.²³⁴

---

[233] Abdelwahab Bouhdiba, *La Sexualité en Islam*, PUF, "Quadrige", 1984.
[234] *Ibid.*

> **"Ir ao hamam"**
>
> "O banho turco é muito mais que a simples higiene ou o simples ritual. Ele é um local fortemente erotizado. A tal ponto, aliás, que seu nome acabou, devido a uma série de subentendidos e de evocações maliciosas, por significar aos olhos das massas o próprio ato sexual. 'Ir ao hamam' em muitos países árabes significa pura e simplesmente 'fazer amor'. Como ir ao hamam está ligado à preocupação de limpar a sujeira consecutiva ao ato sexual, e como o hamam, devido aos cuidados ali oferecidos, também é preparação para o ato sexual, pode-se dizer que ele é ao mesmo tempo conclusão e propedêutica da obra da carne."
>
> Abdelwahab Bouhdiba, La Sexualité en Islam, op. cit.

Além disso, a representação do paraíso no imaginário muçulmano é sem dúvida o mais carnal, quando comparado aos outros dois monoteísmos. O paraíso muçulmano é povoado por *huris*, criaturas femininas eternamente virgens, com corpos perfumados com açafrão, almíscar e cânfora. Ele é a promessa explícita de um "orgasmo infinito". Textos dos séculos XII e XIII — especialmente os do sheik Jalal Addin Al-Suyuti — asseguram que ali "o apetite é multiplicado por cem. Come-se e bebe-se à vontade. A potência sexual do homem também é multiplicada. Faz-se amor assim como na terra, mas cada gozo se prolonga, se prolonga, e dura vinte e quatro anos". Visão poeticamente ingênua, dir-se-á, mas cuja tonalidade fala por si só. Em comparação com isso, os "paraísos" judeus ou cristãos são assexuados e espiritualizados.

Por contraste, o grande filósofo e médico muçulmano Ibn Sina, ou Avicena (980-1037), em seu *Cânon de medicina*, recomendava as alegrias do amor como remédio para a maior parte dos males. "Deixe-se solto o freio das relações sexuais dos jovens", dizia ele, "pois por meio deles serão evitados males perniciosos." Pode-se acrescentar que o patrimônio poético muçulmano é de uma sensualidade e de um sabor inigualados. Ele apresenta, a respeito dos dogmas, uma liberdade de expressão da qual as *Quadras* do poeta persa Omar Khayyam (1050-1223) são o mais belo exemplo, tal como este verso: "Quando uma bela jovem me traz uma taça de vinho, a última coisa em que penso é em minha salvação." Quanto à literatura propriamente erótica, está longe de estar ausente da cultura islâmica, sobretudo a do período andaluz. Alguns de seus textos, como *O jardim perfumado* de Mohamed Nefzaui e Mohamed Lasly (século X), são traduzidos e reeditados em todo o mundo. De um modo ainda mais direto, o folclore popular contém tesouros de obscenidades provocantes, até mesmo de obscenidades transgressivas que ninguém considerava incompatíveis com a piedade. O viés puritano do islã moderno implica a rejeição voluntária de uma boa parte da cultura corânica. Ele é infiel às suas origens. É verdade que os fundamentalistas do século XXI não fazem senão prolongar, exacerbando-o, um viés que começou antes deles. Há muito tempo, observa a ensaísta Malek Chebel, que "a arte, o saber-viver, a cultura da cama e a poesia amorosa não param de se degradar. Seguem nisso o conjunto dos componentes da civilização árabe-islâmica".[235]

O cristianismo esquecido de si mesmo

Vejamos agora o cristianismo. Estamos tão acostumados à insistente pudicícia católica do domínio sexual que não compreendemos mais o que há nela de paradoxal, tendo em vista uma parte notável da tradição. Depois da Contra-Reforma do século XVII, mas sobretudo depois do século XIX, o discurso católico provém daquilo que o bispo de Poitiers, Albert Rouet, chama (para condená-lo) de "jansenismo moral". O mesmo bispo, de modo bastante insolente, ironiza a hesitação puritana que conduziu a instituição a "corrigir" a tradução de um verso do *Te Deum*, cuja origem remontava ao século V. Literalmente, o texto latino dizia: "Não tivestes horror ao útero de uma virgem" (*Non horruisti Virginis uterum*). Com o passar dos séculos, a tradução pudica tornou-se "Não desdenhaste o seio de uma Virgem."[236] A modificação do texto é significativa por si só.

Como um eco a essas observações consternadas, o teólogo Robert Scholtus fala do "passo pesado" do catolicismo. De fato, há vários séculos, o dogma católico não para de condenar os "excessos da carne" e, *in fine*, do próprio corpo. Em sua *História da sexualidade*, Michel Foucault mostrou que, ao endurecer seu "jansenismo moral" no século XIX, o catolicismo se aliava em boa parte ao "espírito burguês" e a um puritanismo de inspiração cientificista. Isso ocorreu com respeito à masturbação, que médicos ateus,

---

[235] Malek Chebel, *Encyclopédie de l'amour en Islam*, Payot, 1995. Tomei desta obra a citação de Avicena.
[236] Albert Rouet, *J'aimerais vous dire. Entretien avec Dennis Gira*, Bayard, 2009, p. 107.

como o doutor Tissot (grande amigo de Voltaire), demonizaram deliberadamente, vendo nela uma patologia a ser curada energicamente.

Desde então, o moralismo eclesial — assustador nos anos 1950 — encontra-se em uma proximidade (deletéria) com a gnose dualista que reapareceu atualmente com outras roupagens nos "novos pudicos" do ciberespaço. Esse dualismo desencarnado foi combatido por certos padres da Igreja dos primeiros séculos. O que ocorreu com o passar do séculos para que prevalecesse uma visão tão estreita, um discurso de mortificação, um perfume azedo de sacristia cujo peso várias gerações tiveram de suportar? Por que a Igreja não compreendeu que, ao ceder a um jansenismo tão extremado, ao se tornar "escrutadora das consciências, até mesmo investigadora, desconfiada, severa",[237] ela afastava da fé gerações inteiras e contribuía desse modo com a secularização que atualmente lamenta?

O discurso abusivamente rigorista da Igreja em questões sexuais inscreve-se, na verdade, em uma longa história que, desde a origem, dividiu o cristianismo. A Gnose não é a única que está em questão. A corrente ascética foi muito ativa durante os primeiros séculos, dentro do próprio cristianismo canônico, e se perpetuou posteriormente, fundamentando-se especialmente em uma interpretação contestável das Epístolas de Paulo e depois dos textos de Agostinho, para desembocar no jansenismo de Port-Royal e depois na pudicícia clerical do século XX. Essa corrente, designada pelo termo *encratismo* (do grego *enkrateia*, *contingência*), reunia várias influências, dentre as quais a da seita judia dos *essênios*, mas também um dualismo proveniente de Platão e do estoicismo grego. Vários autores cristãos dos primeiros séculos, como Justino ou Taciano, foram seus ardentes — e tenebrosos — defensores.

Em compensação, uma outra corrente, mais complacente e alegre, manifestou-se já nos primeiros séculos de nossa era. Ela era representada sobretudo pela patrística grega. Clemente de Alexandria (*c.* 140-220), o autor da *Stromateis*, foi o melhor exemplo disso. Muito severo com os encratistas, Clemente elogiava a união entre o homem e a mulher, e até mesmo assegurava — contra o rigorismo essênio — que a vida sexual não implicava nenhuma espécie de impureza. Essa corrente permaneceu presente dentro do cristianismo. Os jesuítas, para ficar apenas neles, foram seus longínquos herdeiros. Isso significa que a oscilação entre as duas sensibilidades nunca cessou nos últimos dois mil anos.

---

[237] *Ibid.*, p. 316.

Certos períodos cristãos foram menos rigoristas do que geralmente se acredita. Em questões como a homossexualidade ou o "prazer solitário", aconteceu de a instituição católica mostrar-se paradoxalmente mais indulgente que os poderes temporais. O pecado dito de "preguiça" (o onanismo) era moderadamente punido nos "penitenciais" da Idade Média, guias práticos que supostamente guiariam os sacerdotes na confissão de seus fiéis.[238] No que diz respeito à homossexualidade, um historiador gay americano da Universidade de Yale, John Boswell, morto em consequência da Aids em 1994, demonstrou que ela foi menos sistematicamente condenada pela Igreja do que se pensa, e isso até a época medieval. Em seu estudo magistral, ele citava até mesmo o caso de um papa que assumiu a defesa de um "invertido" perseguido pelo poder temporal. "Dificilmente se pode sustentar", disse ele, "que a atitude relativamente indulgente adotada por eminentes representantes da Igreja da alta Idade Média em relação à homossexualidade se deva à ignorância. Com efeito, a homossexualidade não era ignorada: ela era tratada como uma falta menor."[239]

Nem sempre foi assim na história da Igreja, e esse é o problema. Embora tenha sido condenada, já no final do século IV, por vários decretos do imperador (cristão) Teodósio I, a corrente encratista permaneceu influente durante séculos. Em certas épocas ela retomou indiretamente uma posição dominante. Esse vaivém incessante entre ascetismo e benevolência tece toda a história do cristianismo. Ele permite compreender a súbita convergência, a partir do final do século XVIII, entre o rigorismo muito laico do "espírito burguês" e o discurso oficial do catolicismo. A pudicícia, reivindicada então por uma classe burguesa ascendente, preocupada em apregoar a sua "virtude" contra a depravação da aristocracia, se harmonizou com uma das duas vertentes do catolicismo, a mais abrupta, evidentemente. Desse modo, a Igreja conferiu ao espírito burguês o reforço solene de seu moralismo, de sua liturgia e de suas encíclicas. Uma singular "aliança pudica" perpetuou-se nos séculos XIX e XX. Ela foi ainda mais reforçada pelo pavor demográfico gerado pela derrota de Sedan em 1870. ("Os alemães têm mais filhos que nós!") Esse pânico demográfico incitou os franceses (republicanos e católicos misturados) a privilegiar a procriação em vez do "prazer". Foi contra

---

[238] Tratei longamente desse debate teológico em *La Tyrannie du plaisir*, op. cit. [*A Tirania do Prazer*, Bertrand Brasil, 1999.]

[239] John Boswell, *Christianisme, tolérance sociale et homosexualité. Les homosexuels en Europe occidentale des débuts de l'ère chrétienne au XIV*ᵉ *siècle*, Gallimard, 1985, p. 285.

esse moralismo cívico e religioso que as juventudes europeias se revoltaram repentinamente em 1968.

Essa hostilidade à carne do discurso eclesial equivalia a desautorizar toda uma ala da tradição dos Evangelhos. Isso pode ser mais bem compreendido agora. O cristianismo é a única religião monoteísta que coloca no âmago de sua mensagem o tema da *encarnação*, isto é, uma glorificação da carne, até mesmo uma *mística da carne*. Ao escolher, no momento de sua conversão — na virada entre os séculos XII e XIII —, pregar em uma manhã, sem nenhuma vestimenta, na cátedra da catedral de Assis, Francisco pretendia fazer com que todos se lembrassem de sua preocupação de "seguir nu, Cristo nu". De seu ponto de vista, o corpo não podia ser visto negativamente.

Pode-se compreender as reflexões ácidas de Emmanuel Mounier (das quais trataremos mais adiante) sobre as condenações anticristãs de Nietzsche, que criticava no cristianismo o fato de este ter sempre "difamado" o corpo. Mounier assegurava que, se Nietzsche tivesse consagrado a mesma energia que dedicou à Antiguidade pagã a estudar os primeiros séculos cristãos, o seu raciocínio seria outro. A herança que o autor do *Anticristo* procurou combater não foi o cristianismo, mas sim sua desfiguração clerical. Observemos que os autores contemporâneos que se alinham a Nietzsche podem ser alvo da mesma crítica. A "moralina" cristã que eles combatem não é senão uma regressão clerical. De resto, salvo a preocupação com a procriação que está ligada à história, a ética evangélica sobre o sexo não é tão diferente assim da de um Michel Onfray. Nos Evangelhos, Jesus não condena a mulher adúltera. Ele a salva do apedrejamento. A proibição mais importante da moral cristã, o "limite" absoluto do desejo físico, é o não desejo do outro. O "não" do outro não pode de modo algum ser contornado, ignorado, violentado ou manipulado. Em outras palavras, o respeito pelo outro necessariamente limita o meu próprio hedonismo.

Ora, em sua *Théorie du corps amoureux*, Onfray defende um "erotismo solar" e até mesmo um "solipsismo do prazer". Retomando Nietzsche, ele evidentemente investiu contra a "neurose" bíblica. Dito isso, ele se recusa a ser bárbaro ou torcionário como Sade. Não se trata, diz ele, de "sucumbir à violência". Ele reintroduz, pois, *in fine*, o princípio de um "contrato hedonista" entre os parceiros sexuais e legitima com isso a obrigação de respeitar o outro. Essa obrigação provém, de acordo com ele, de uma "ética da moderação" e do "respeito pela palavra".²⁴⁰ Para além das proclamações antirreligiosas, não há uma diferença tão grande assim entre essa "ética da moderação" e uma ética cristã esclarecida. Michel Onfray se dá conta disso? Uma coisa é certa: embora se possa aceitar sua condenação da pudicícia clerical, é difícil admitir que todo o cristianismo esteja implicado nesse requisitório. Veremos por que motivo.

No que diz respeito à crispação clerical, podem ser observadas atualmente algumas evoluções no discurso oficial da instituição. A encíclica *Deus caritas est*, de 2006, reconhecia o lugar eminente do *eros*. O próprio papa Bento XVI, em um livro de entrevistas publicado no outono de 2010, condenava explicitamente — e pela primeira vez — o "jansenismo" sexual. Com isso, ele não "rompia", como se chegou a dizer, com a tradição cristã; ele, na verdade, operava um reequilíbrio em favor de uma corrente que nunca deixou de existir. Ainda assim, essa inflexão aconteceu muito tarde e será preciso muito tempo antes que a nova abordagem seja posta em prática pela hierarquia católica. Mesmo condenado pelo papa, o "jansenimo" sexual ainda está fortemente implantado nesta última.

Contra um "cristianismo insosso"

Em todo caso, há muitas décadas que incontáveis cristãos confessam seu desengano, até mesmo sua "santa ira" em relação a essa questão. Os protestos de alguns deles contra a pudicícia católica não devem nada aos de Nietzsche ou de seus herdeiros, como Michel Onfray, ainda que suas perspectivas não sejam as mesmas. Às vezes eles fazem críticas mais severas que as dos nietzschianos assumidos. Pode parecer estranho, mas é assim.

Charles Péguy atribuía uma grande importância à encarnação de Jesus "feito homem", encarnação aceita até a crucificação, e que fazia Jesus Cristo entrar nas "condições orgânicas da memória dos homens"; sem isso, acrescenta ele, "a encarnação não teria sido integral e leal".²⁴¹ Georges Bernanos ironizava sem qualquer tipo de indulgência os "republicanos clericais" do século XIX, "que podiam ser vistos ruminando, entre mandíbulas enrugadas,

---

²⁴⁰ Michel Onfray, *Théorie du corps amoureux. Pour une érotique solaire*, Grasset, 2000; reed., Le Livre de Poche, 2001.
²⁴¹ Charles Péguy, *Note conjointe sur M. Descartes*, in *Oeuvres en prose complètes*, III, Gallimard, "Bibliothèque de la Pléiade", 1987, p. 1400.

seus velhos sonhos de uma república cristã, administrada pelos padres, que punha a serviço da humanidade — bem-pensante — uma guarda celeste e suplementar, eximindo-os aqui embaixo de qualquer preocupação nacional, assegurando-lhes a glória e os projetos do outro mundo".[242]

Muitos intelectuais ou romancistas cristãos compartilharam a decepção e a ira de Bernanos em relação às hesitações moralizadoras da Igreja. Pensamos aqui no autor incomum e sutil Pierre Boudot, cristão apaixonado pela história da abadia de Cluny, que, após oito séculos de brilho, foi vandalizada e depois destruída entre 1798 e 1823. Ele via nessa lenta "evaporação" do prédio um forte símbolo dos rumos erráticos da Igreja. "Quando o ser físico é identificado ao mal, ao licencioso, ao lascivo, ao anormal (comparado àquilo que é 'normatizado' pelo pecado), deixa de ser possível todo e qualquer discurso. Desse modo, a Igreja cria o vazio que será simbolizado pela derrubada do mais antigo de seus monumentos."[243]

Contudo, certamente foi Emmanuel Mounier (1905-1950) quem, em *L'Affrontement chrétien*, panfleto publicado em 1945 (há setenta anos!), tratou desse assunto do modo mais ardoroso. Ele estigmatizava o "contrassenso" que fazia com que o cristianismo fosse transformado em adversário do "instinto", isto é, da carne. Esse contrassenso fez surgir o que ele chamava de um "cristianismo insípido": "Se a carne do corpo era radicalmente viciada em sua filiação humana", disse ele, "como seria possível chamar a carne de Jesus Cristo de carne santa e o nosso corpo de templo do Espírito Santo?" Contra os "pequenos burgueses cristãos [...] muito pequenos, muito arredondados, muito chatos", ele apela para um "cristianismo de grande fôlego". Somente este último, acrescentou ele, seria capaz de reencontrar a vitalidade alegre do cristianismo medieval.

Em uma passagem esplêndida, ele expressa sua nostalgia da cristandade medieval e celebra "esses séculos densos em que a malícia subia nos capitéis das igrejas para gracejar com as orações, em que o senhor usava o cavalo sob si na caça ou na guerra, antes de abatê-lo com seu orgulho ao pé de um monastério, em que o monge controlava o timão na tempestade e o machado na floresta, em que os homens sabiam, quando pecavam, pecar bastante, e quando amavam, amar totalmente".[244]

---

[242] Georges Bernanos, *La Grande Peur des bien-pensants*, Le Livre de Poche, 1998 [prefácio de Bernard Frank], p. 96.
[243] Pierre Boudot, *Au commencement était le Verbe*, Grasset, 1980, p. 85.
[244] Emmanuel Mounier, *L'Affrontement chrétien*, op. cit., p. 57.

O amargo sabor da vida

A homenagem de Mounier a esse longo período da história europeia, que o século XIX demonizou injustamente ao batizá-la de "Idade Média", merece que nos detenhamos aqui mais um pouco. Sobre a relação com a carne e com a vida viva, é um equívoco minimizar a crueza dos *fabliaux* eróticos, a ambivalência muito sensual do *Roman de la Rose* (século XIII) ou a lascívia roborativa de um antigo monge — mas "bom cristão" — como Rabelais (1483-1553). Constituído pelo evangelismo, o herói rabelaisiano pretende "reabilitar o cristão em sua liberdade" e compartilha com seus contemporâneos Erasmo (1467-1536) e Montaigne (1533-1592) o gosto por um humanismo ao mesmo tempo guloso, sensual e otimista. Ele está mais de acordo, nisso, com a posteridade de Clemente de Alexandria do que com a dos encratitas.

Com o distanciamento, a cultura medieval se apresenta como rica em ensinamentos de diferentes naturezas. A inteligência do período medieval consistiu em "gerar" a contradição que habita o discurso católico desde a origem. As duas sensibilidades descritas acima não foram excluídas uma pela outra, elas foram habilmente *conjugadas*. O historiador Jacques Le Goff, especialista em Idade Média, descreve perfeitamente o que se poderia chamar de sutil "uso" medieval da mensagem dos evangelhos, uma sutileza muito "humana" da qual Mounier deplorava o esquecimento na virada da Contra-Reforma e depois do Iluminismo.

Desse modo, o espírito medieval conseguia tornar habitável a tensão que divide, profundamente, o discurso cristão sobre o corpo. Por um lado, este último é "a abominável roupa da alma", como dizia o papa Gregório Magno (540-604), e seus transbordamentos são contidos pela ideologia anticorporal da instituição. Por outro lado, a magnificência da carne é glorificada e o corpo é designado como o "tabernáculo do Espírito Santo". O clero, observa Le Goff, é conduzido a reprimir as práticas corporais, mas ao mesmo tempo as glorifica. Não se está mais no âmbito da ambivalência, mas sim no da contradição. Ela será levada em consideração e habilmente integrada à cultura popular graças à complementaridade divertida entre a Quaresma e o Carnaval. "De um lado o magro e do outro o gordo. De um lado jejum e abstinência, do outro empanturramento e gulodice. Essa oscilação se deve sem dúvida ao lugar central ocupado pelo corpo no imaginário e na realidade da Idade Média."²⁴⁵ A proximidade entre Quaresma e Carnaval foi imortalizada pelo pintor Pieter Bruegel em seu prodigioso quadro de 1559, *O Combate entre o Carnaval e a Quaresma*.

Ao conciliar os dois, ao ritualizar a confrontação pacífica entre Quaresma e Carnaval para que eles se tornem constitutivos, em partes iguais, do *habitus* popular, a cristandade medieval evidenciava uma compreensão intuitiva da condição humana. A sutilidade dessa transação, cotidianamente vivida e assumida, permitia salvaguardar "o amargo sabor da vida". Tomo essa expressão do autor de um dos melhores livros — talvez o melhor — já escritos sobre a vida medieval, o historiador holandês Johan Huizinga. Ele publicou em 1919 sua obra-prima, *O outono da Idade Média*.²⁴⁶ Traduzido em todo o mundo, constantemente reeditado há cerca de um século, esse grosso volume não é apenas uma suma erudita, ele conduz seu leitor a uma viagem muito carnal no âmago do cotidiano medieval.

Ao longo de suas páginas, descobre-se um universo em que a mais extrema brutalidade convive com um gosto marcado pelos prazeres do corpo e uma emotividade mostrada sem discrição. Nós a julgaríamos contraditória e pueril. Na época, ela conferia às relações que se tinha com a morte uma estranha *verdade*. Huizinga cita a decapitação feita com o machado, em 1411, durante o terror borgonhês, de Armagnac, senhor de Mansart du Bois. Antes de morrer, ele perdoara antecipadamente, e até mesmo abraçara, seu carrasco, que implorara por isso. Diante do espetáculo, observa um cronista, "muito povo lá havia, e quase todos choravam". Em outros casos, os suplícios infligidos a certos autores de crimes atrozes — desmembramento, banco de tortura, fogueira — suscitavam na assistência uma alegria bárbara. Desse modo, em 1488, em Mons, o povo "pagou" para ter certeza de que um assaltante fosse desmembrado. Cumprindo-se o ato, "o povo ficou mais feliz que se um novo santo tivesse ressuscitado".²⁴⁷

---

[245] Jacques Le Goff e Nicolas Truong, *Une histoire du corps au Moyen Âge*, Liana Lévi, 2006, p. 40. [*Uma História do Corpo na Idade Média*, Civilização Brasileira, 2006.]
[246] Johan Huizinga, *L'Automne du Moyen Âge* [Haarlem, 1919], trad. direta do holandês de J. Bastin, © 1989, Éditions Payot, © 2002, Éditions Payot & Rivages, "Petite bibliothèque Payot", 2006.
[247] *Ibid.*, p. 49.

> **Gauloiserie e amor cortês**
>
> "Costuma-se contrapor o espírito gaulês às convenções do amor cortês e a ver no primeiro uma concepção naturalista do amor, em oposição à concepção romântica. Ora, a *gauloiserie*, assim como a cortesia, é uma ficção romântica. O pensamento erótico, para ter valor de cultura, deve ser estilizado. Deve representar a realidade complexa e sofrida de forma simplificada e ilusória. Tudo o que constitui a *gauloiserie*: licenciosidade fantasiosa, desdém por todas as complicações naturais e sociais do amor, indulgência em relação às mentiras e aos egoísmos da vida sexual, visão de uma fruição infinita, tudo isso não faz senão proporcionar uma satisfação à necessidade humana de substituir a realidade pelo sonho de uma vida mais feliz. É também uma aspiração à vida sublime, assim como a outra, mas desta vez do lado animal. Mas ainda assim é um ideal: o da luxúria."
>
> Johan Huizinga, L'Automne du Moyen Âge, op. cit., p. 175.

O historiador holandês evoca as mil maneiras pelas quais a sociedade medieval muito cristã procura conjugar a "violência transbordante da paixão" com o refinamento cada vez mais exigente dos ideais corteses. Essa harmonização nunca termina, é sempre imperfeita. O ideal cavalheiresco rejeita conscientemente o cálculo em termos de utilidade militar pois está fora de questão *sacrificar os direitos da estética aos da estratégia*. Foi assim, ao preço de alguns desastres, na época das cruzadas. "As expedições, que exigiriam sobretudo cálculos precisos e pacientes preparativos, eram pelo contrário projetadas em meio a uma excitação de espírito que ornava com uma coloração romanesca um projeto vão ou fatal."[248]

Quer se trate do combate ou do amor físico, a violência que habita o corpo exige ser reconhecida e *estilizada*. Isso significa que às vezes as normas devem permitir sua própria transgressão. Desse modo, a cultura *cortês* à qual se filiava a aristocracia interiorizara seus limites e sabia colocar esse "jogo" (no sentido mecânico do termo) em seu proveito. "Na realidade", diz Huizinga, "a vida sexual das altas classes continuou sendo de uma rudeza impressionante."

O "escândalo" da encarnação

Neste estágio da análise, recordemos que o "comércio" entre os humanos e seus corpos não se reduz à sexualidade. A "mística da carne" evocada

---
[248] *Ibid.*, p. 151.

anteriormente não possui qualquer relação com a permissividade erótica, tal como a entendemos no presente. A encarnação, no sentido próprio do termo, não equivale à licenciosidade amorosa. Seu alcance é mais amplo, mais subversivo, mais radical. Ela consiste em *uma aceitação calma da carne que nos constitui enquanto humanos*. Esse consentimento carnal proíbe toda desvalorização ou coisificação do corpo. Ela rejeita qualquer dualismo que transforme o corpo em um simples envelope, uma mecânica ou uma prisão do espírito. Nisso, ela está de acordo com a tradição fenomenológica de um Edmund Husserl (1859-1938) ou de um Merleau-Ponty. Não *temos* um corpo, *somos* nosso corpo.

Michel Henry, já citado nestas páginas, ilustrava um novo "encontro", a respeito da encarnação, entre a fenomenologia e a tradição cristã. Aliás, essa convergência suscitou duros debates. Vários filósofos — dentre os quais o saudoso Dominique Janicaud — criticaram Michel Henry por ter "cristianizado a fenomenologia". Este último, longe de ficar abalado, explicou-se longa e brilhantemente sobre esse aspecto de sua reflexão.

Hoje, frente ao ganho de poder de uma pudicícia de outra ordem, a dos tecnoprofetas, a temática da encarnação volta a encontrar todo o seu sentido e sua utilidade. Com efeito, é como se, no fim das contas, a perspectiva se invertesse. Ainda ontem acusado de desprezar o corpo, o discurso cristão poderia tornar-se amanhã o seu melhor defensor. Frente a uma tecnociência fascinada pelo imaterial e irresistivelmente conduzida a rejeitar o corpo, volta a ser o advogado da *vida viva*. Ele possui armas para isso. Bastaria que retomasse de modo claro e determinado uma parte da herança evangélica que durante muito tempo foi negligenciada ou repudiada *de facto* pela instituição.

Durante as últimas décadas, vários autores mais ou menos marcados pela cultura cristã escreveram que desejavam que essa reviravolta ocorresse e fosse compreendida. Um amigo próximo de André Gorz, judeu convertido e antigo jesuíta, Ivan Illich, foi um deles. Em seu último livro (póstumo), esse autor lamentava que a Igreja Católica não tivesse sido capaz de reformular e reatualizar o tema da encarnação. É verdade que Illich — duramente criticado pelo Vaticano — não pesava suas palavras a respeito do clericalismo em geral. No terreno político, por exemplo, acusava a instituição católica de legitimar um sistema capitalista e produtivista impiedoso com os pobres. Ele até mesmo elevava o tom das críticas: "Recorrer aos Evangelhos para reforçar um sistema social ou político é uma blasfêmia."

No que diz respeito à carne, ele pressentira muito cedo, como seu amigo André Gorz, o horror representado pela "evicção do corpo" pelo pensamento cibernético. "De seu ponto de vista cristão fundamentado na Encarnação", diz seu biógrafo, "é *enquanto corpo* que vemos a verdade vir ao nosso encontro, e somente através de nosso corpo é que podemos conhecê-la."[249]

Para avaliar o alcance universal da encarnação é preciso compreender o que ela apresentava de revolucionário no contexto dos primeiros séculos, amplamente dominados pelo pensamento grego. Os filósofos gregos consideravam que a afirmação presente no Evangelho de João — "o Verbo se fez carne" — não tinha qualquer sentido. Ela não significava, como às vezes se pensa, que Deus assumira provisoriamente os atributos corporais de um humano — se esse fosse o caso, não teria havido nem ruptura nem subversão. Os deuses da mitologia grega, inclusive o próprio Zeus, frequentemente tomam um corpo emprestado antes de abandoná-lo para voltar ao Olimpo. O "escândalo" cristão trazido pela mensagem joanina significava outra coisa: o Deus bíblico não se *encarna* com o fim de dar uma pequena volta na terra; o corpo que ele assume não se destina a servir como um meio, como uma passarela ontológica entre o divino e o humano. A expressão *o Verbo se fez carne* significa que a carne humana muda de estatuto. Ela *dá origem à existência*. Ela é o meio de uma *emergência* subversiva, que é a da vida com sua profusão e sua capacidade de *provar a si mesma* em sua "autoafecção".

Michel Henry evoca a justo título o caráter *abissal* da afirmação de João, que introduz, aliás, uma distinção entre a carne e o corpo. Com efeito, por meio dela enuncia-se uma definição do homem completamente nova, definição que fundamentará em boa parte a cultura ocidental. "Pois nossa carne", diz ele, "não é nada mais que *aquilo que, provando a si mesmo, sofrendo a si mesmo e suportando a si mesmo e desse modo desfrutando de si mesmo de acordo com impressões sempre renascentes*, é, por esse motivo, suscetível de sentir o *corpo* que lhe é exterior, de tocá-lo e também de ser tocado por ele." A palavra joanina aproxima-se ao máximo da vida viva que, na carne, se autorrevela em nós. Por ser ele próprio carne, o homem é capaz de encontrar a carne do mundo e desfrutá-la. "Ele percebe cada uma de suas qualidades, ele vê as cores, ouve os sons, respira um odor, mede com o pé a dureza de

---

[249] David Cayley, "Présentation", *in* Ivan Illich e David Cayley, *La Corruption du meilleur engendre le pire*, Actes Sud, 2007, p. 75.

um solo, com a mão a maciez de um pano."²⁵⁰ Nesse sentido, com efeito, a *encarnação* rompe escandalosamente tanto com o pensamento grego como com o judaísmo. Ela é *loucura* para os pagãos e *escândalo* para os judeus. Em razão disso, ela é fundadora.

Na Grécia antiga, a carne definia a animalidade. O homem se distinguia do animal precisamente por ser *Logos*, antes de ser carne. Para Alcibíades (450-404 a.C.), companheiro de Sócrates, "o homem não é nada fora de sua alma". Fazer-se carne, isto é, *tornar-se em si mesmo carne* (Michel Henry) equivalia para os gregos, portanto, a destruir a condição humana e a regredir para a pura animalidade, o que é "loucura". Compreende-se melhor a cena descrita nos Atos dos Apóstolos. Quando Paulo evoca a encarnação e a ressurreição dos corpos diante dos filósofos reunidos no Areópago de Atenas, estes últimos riem e o dispensam imediatamente: "Nós te ouviremos sobre isso noutra ocasião" (Atos 17,32).

Para o pensamento judaico, a encarnação está ligada à blasfêmia. Que um simples humano de carne e osso como Jesus possa ter a pretensão de encarnar Deus, antes de sofrer, como um escravo, o suplício de uma crucificação ignominiosa, é algo que supera o entendimento. Tamanha blasfêmia merece a morte. A rejeição horrorizada dos sacerdotes do Templo e dos fariseus é, pois, tão absoluta como a dos filósofos gregos, ainda que por razões diferentes. No entanto, as últimas palavras de Jesus Cristo — "Meu Deus, por que me abandonastes!" — exprimem uma encarnação aceita até as últimas consequências, até o sofrimento do corpo e a chaga especificamente humana da *sensação de abandono*.

O corpo assim glorificado pelo "escândalo" da encarnação é o lugar para onde tudo converge. Ele não é uma simples reunião de células ou de genes, nem uma "ilusão" da qual seria preciso livrar-se, ele é uma realidade ao mesmo tempo sofredora e feliz, fora da qual nada acontece. O humano está inscrito em um corpo de carne, no âmago do mundo, e dessa carne brota desejo, expressam-se a falta e um apelo à alteridade. Um professor de teologia da Universidade de Lausanne expõe essa centralidade admirável do corpo. "A carne diz, ao seu modo, uma verdade que está fora do mundo; ela está ligada muito concretamente com aquilo que, no mundo e nos corpos,

---

²⁵⁰ Michel Henry, *Incarnation*, Seuil, 2000, p. 8-9.

vibra a partir de um além."²⁵¹ Esse "além" deve ser compreendido não como uma vaga designação do divino ou da vida eterna, mas como uma descrição precisa da própria vida, em sua imanência e superabundância. A Vida, assim compreendida e guarnecida com uma maiúscula, é uma emergência profusa, uma realidade oceânica. Ela é o misterioso *lençol freático* que irriga "nossas" vidas.

De um modo perturbador, uma feminista como Judith Butler se filia, à revelia, a essa designação feliz da vida viva quando descreve esta última como um "processo calmo". "As vidas determinadas", diz ela, "vêm ao ser e desaparecem, mas a 'Vida' parece ser o nome do *movimento infinito* que confere a forma e que a dissolve em geral. Nenhuma vida determinada esgota a Vida".²⁵²

Não é possível expressar-se melhor que isso. Em compensação, a ciência contemporânea não tem muita coisa a dizer a respeito dessa vida, e a tecnologia ainda menos. Não tanto porque lhe falte inteligência ou coerência, mas, simplesmente, porque *não é seu objeto*. O grande biólogo, Prêmio Nobel, François Jacob teve a modéstia — e a coragem — de reconhecer isso em um livro, *La Logique du vivant*, publicado em 1972: "Atualmente, não se interroga mais a vida nos laboratórios."

A encarnação, que não pertence apenas aos cristãos, torna-se mais *escandalosa* que nunca, no sentido combativo do termo.

---

[251] Pierre Gisel (org.), *Le Corps, lieu de ce qui nous arrive. Approches anthropologiques, philosophiques, théologiques*, Labor et Fidès, 2008, p. 10.
[252] Judith Butler, "Le corps de Hegel est-il en forme: quelle forme?", *in* Judith Butler e Catherine Malabou, *Sois mon corps, op. cit.*, p. 70.

Impresso no Brasil pelo
Sistema Cameron da Divisão Gráfica da
DISTRIBUIDORA RECORD DE SERVIÇOS DE IMPRENSA S.A.
Rua Argentina 171 – Rio de Janeiro, RJ – 20921-380 –Tel.: 2585-2000